中央司法警官学院特色专业系列教材

刑罚学

Penology

付少军 曾小滨 赵亮 主编

法律出版社
LAW PRESS·CHINA
—— 北京 ——

图书在版编目(CIP)数据

刑罚学 / 付少军, 曾小滨, 赵亮主编. -- 北京 : 法律出版社, 2022(2024.8 重印)
ISBN 978 -7 -5197 -6310 -7

Ⅰ. ①刑… Ⅱ. ①付… ②曾… ③赵… Ⅲ. ①刑罚－研究 Ⅳ. ①D914

中国版本图书馆 CIP 数据核字(2022)第 000305 号

刑罚学
XINGFAXUE

付少军 曾小滨 赵 亮 主编

责任编辑 慕雪丹
装帧设计 汪奇峰

出版发行 法律出版社
编辑统筹 法商出版分社
责任校对 赵明霞
责任印制 胡晓雅
经　　销 新华书店

开本 710 毫米×1000 毫米 1/16
印张 18 **字数** 323 千
版本 2022 年 3 月第 1 版
印次 2024 年 8 月第 3 次印刷
印刷 三河市龙大印装有限公司

地址:北京市丰台区莲花池西里 7 号(100073)
网址:www. lawpress. com. cn
投稿邮箱:info@ lawpress. com. cn
举报盗版邮箱:jbwq@ lawpress. com. cn

销售电话:010 - 83938349
客服电话:010 - 83938350
咨询电话:010 - 63939796

书号:ISBN 978 - 7 - 5197 - 6310 - 7　　**定价**:48. 00 元

凡购买本社图书,如有印装错误,我社负责退换。电话:010 - 83938349

序　言

本教材是付少军主编2009年版《刑罚学教程》的修订版，是中央司法警官学院特色系列教材之一。中央司法警官学院是司法部直属的唯一一所普通高等警察院校。作为全国司法行政系统最高学府和刑事司法领军院校，中央司法警官学院是司法行政系统后备人才培养基地、司法行政系统领导干部和高级警官培训基地、司法行政理论研究创新基地，被誉为我国“司法警官的摇篮”。中央司法警官学院以监狱学、矫正教育学为优势学科，在人才培养中提高学生的刑罚学理论与实务知识，必不可少。刑罚学课程是中央司法警官学院本科生的特色课程，掌握本课程相关知识，有利于学生在刑事执行工作实践中更好地发挥刑罚的功能。

本教材注重全面准确反映近年来我国刑事立法和司法解释中刑罚制度的发展变化，注重理论发展前沿与实践中相关经验和做法。在研究和吸纳刑罚相关理论的基础上，重视刑罚学教材应有的体系结构完整、基础知识反映通说、层次清晰、论证简洁等基本要求，并力求在教材的学术性、应用性之间做好平衡。

本教材由付少军教授整体筹划，曾小滨教授和赵亮副教授参与编写。付少军教授负责第一至九章的编写。曾小滨教授负责第五、十五至十八章的编写。赵亮副教授负责第一、十至十四章的编写。编写过程中我们参考、借鉴了大量前人与同行的成果，没有他们卓越的研究也就没有本教材的诞生。我们将会在今后的教学与研究工作中更加努力地反映刑罚理论与实践的新发展、新趋势。

目 录
Contents

第一章　绪　　论

第一节　刑罚学的研究对象

一、刑罚学的概念

刑罚学是研究刑罚哲理及其在刑事实践中如何贯彻的科学。

顾名思义,刑罚学是研究刑罚的学问。

首先,刑罚学需要研究的是刑罚的一般哲理。诸如刑罚的本质是什么、刑罚的功能如何实现、刑罚的目的立足何处以及刑罚的历史发展进程等。这是刑罚学之所以成为一门独立的学科,刑罚学之所以存在的理论基础。

其次,刑罚学还是研究如何使刑罚的基础理论、基本原理在刑事实践活动中得以贯彻的科学。例如,根据刑罚的一般哲理,科学合理地创制刑罚体系,公正科学地裁量刑罚,依法有效地执行刑罚等。这是刑罚学发挥其理论指导效用,得以发展的实践基础。

综上可以看出,刑罚学的独立存在和我们对刑罚学加以研究、利用的理论与现实意义在于:

第一,通过对刑罚原理的思考学习,可以更专注地研究刑罚,澄清对刑罚理论问题的模糊认识,进而掌握在刑罚问题上其他学科理论所没有深入研究或者全面解释的问题。

第二,通过对刑罚体系和相关制度的研究分析,可以为完善既存刑罚体系提供理论依据。现行刑罚体系在具体制度方面不可避免地存在尚需完善之处,可以通过对具体刑罚措施的及时调整,保证其与时代发展相适应。

第三,通过从刑罚的一般原理出发,深入研究刑罚的裁量,可以发现刑事诉讼过程中将刑罚付诸实践存在的问题,实现理论与刑事司法实践的良性互动。

第四,通过对刑罚一般原理的深入思考,可以全面研究刑罚的执行。刑罚执行是科学系统的工程,在对罪犯惩罚的基础上实现法律报应、积极的一般预防、特殊预防的动态结合,充分发挥刑罚的最大效益。

二、刑罚学与相关学科的关系

(一)刑罚学与刑法学的关系

刑法学是研究犯罪及其以刑罚为主的法律后果的科学。刑法学研究的是刑法中作为犯罪后果的刑罚,是现有刑法典上的刑罚规范。刑法学作为一门实践导向的注释学科,对刑罚的研究主要集中于解释、注释现有刑法中的刑罚规范,对其运用中相关规定如何解释更加符合时代需要加以研究。大陆法系国家的刑法学教材通常对犯罪论部分着重讲解,对刑罚部分则用一章或者两章简单介绍,刑罚不是刑法学研究的重点内容。

一方面,刑罚学要研究刑罚的全部问题,如刑罚的一般哲理、刑罚原理在实践中的运用等,而不仅仅局限于现有刑罚规范;另一方面,在和刑法学同样地把刑法典中现有刑罚规范作为研究对象时,研究角度和研究方法也是截然不同的。刑罚学并不是像刑法学那样把既存的刑罚规范作为注释对象,而是作为评价对象。刑罚学往往基于一定刑罚哲理对既存刑罚规范进行评价,得出其或优或劣的结论,进而为完善刑罚种类、体系、运用提出相应建议。注释现有法律体系中刑罚规范的内容,使之内涵愈加清晰,或者从刑罚哲理出发评价刑罚规范的得失,是刑法学和刑罚学的主要区别点所在。

(二)刑罚学与犯罪学的关系

犯罪学是研究犯罪现象、犯罪原因与预防措施的科学。它之所以与刑罚学关系密切,是因为它也研究作为犯罪预防手段的刑罚。其原理在于,犯罪学要研究犯罪的预防,刑罚是预防犯罪的众多及重要手段之一,故而犯罪学不可避免地要研究刑罚。

但是,犯罪学对刑罚的研究,只限于作为犯罪预防手段的刑罚。犯罪学仅仅研究如何更好地发挥刑罚在预防犯罪中的作用,以及刑罚与其他预防犯罪措施之间的关系。刑罚学所研究的绝大部分刑罚领域,如刑罚原理、刑罚创制与裁量、刑罚的执行等,犯罪学很少会涉及相关内容。二者在研究方法上存在一定差异,犯罪学研究多采用实证调研或者社会统计的方法,刑罚在基本原理、刑罚哲理方面大多数用定性分析的方式。

(三)刑罚学与监狱学的关系

监狱学是研究正确、科学执行刑罚尤其是自由刑,惩罚和改造罪犯、预防和减少犯罪的学问。监狱学以《监狱法》作为基础,包含监狱、刑罚执行、狱政管理、对罪犯的教育改造等内容。监狱学的研究对象中也涉及刑罚,但它对刑罚的研究范围相对较小。监狱学研究的刑罚种类有限,主要研究剥夺自由的刑罚以及少量死刑缓期执行,其他涉及较少;监狱学研究的刑罚环节有限,以研究相关刑罚执行环节为主;监狱学研究的刑罚内容有限,主要涉及刑罚如何贯彻落实,对其他哲理等内容研究相对较少。

三、刑罚学的研究对象

通过对刑罚学的概念和刑罚学与相关学科关系的分析可以看出,刑罚学的研究对象包括四个方面内容:

(一)研究刑罚基础理论

刑罚学所应有的一般哲理,包括刑罚的概念、刑罚的本质、刑罚的特征、刑罚的功能、刑罚的目的等。刑罚的概念是对刑罚本质的高度总结概括,使刑罚区分于其他惩罚或者强制措施。国家治理社会采用的惩罚或者强制措施种类多,能够上升到刑罚种类的,仅有几种,这与刑罚的本质与根基有着高度的联系。刑罚是国家最严厉的惩罚措施,重则剥夺生命,轻则剥夺财产或者剥夺政治权利,其使用目的决定了刑罚在立法、司法、执法中的表现。

(二)研究如何运用刑罚哲理创制科学的刑罚体系以及评价和完善现存的刑罚体系

有什么样的刑罚哲理,就有在它指导之下的刑罚体系。如果奉行神秘主义刑罚哲理,将出现《左传》中所描述的“刑不可知,则威不可测”的做法,法律不公开,让民众无所适从。如果尊崇威慑主义刑罚哲理,将出现商鞅的“禁奸止过,莫若重刑”思想,做法就是《汉书·刑法志》所记载的“秦用商鞅,连相坐之法,造三夷之诛”。如果主张特殊预防刑罚哲理,则会将改造罪犯的良好措施写进刑罚体系,减少死刑和肉刑适用。在不同刑罚哲理指导之下,刑罚体系构建、改革将会呈现不同面貌,刑种也会发生变化。

(三)研究如何运用刑罚哲理更好地裁量刑罚和执行刑罚

刑罚哲理需要指导实践,为实践服务,解决实践中的疑难问题。刑罚公正、刑法面前人人平等的哲理在量刑中需要得到体现,2010 年起,我国推行量刑规范化,准确裁量刑罚,实现公平正义。2020 年起,我国推行类案检索,更加有利于统一刑事法律适用、促进公正司法。刑罚执行中,需贯彻惩罚与改造相结合的哲理,减刑、假释条件过于宽松,不利于实现对罪犯的惩罚,而过于严格则不利于调动罪犯主动接受改造的积极性。于是我国在减刑、假释制度方面多次进行改良,以找到最有利于实现刑罚哲理的平衡点。

（四）研究刑事理论创新

刑罚学运用刑罚哲理科学分析评价古今中外的刑罚创制、适用和执行实践，把握刑罚的发展趋势和规律，从而能够创新刑事理论。刑罚历史是人类历史的重要组成部分，刑罚的产生和运行无不深受当时政治、经济、军事、文化等因素的影响。以今人刑罚理论评价古人或国外刑罚运行，需注意将其放在特殊时代背景中来评论，注意发现其矛盾的特殊性。借鉴古代或者国外经验教训，需要注意既不能厚古薄今，又不能崇洋媚外，应该因地制宜解决我国刑罚实践中存在的问题，创新刑事理论。

第二节　刑罚学的研究方法

一、定性分析研究法

定性分析法是从质的方面分析事物，通过研究事物的构成要素及要素间的关系，揭示事物固有的质的规定性。在定量分析的方法被引入刑罚学研究之前，对刑罚问题的研究主要借助于定性分析研究法。

定性分析研究法的优点在于：

第一，有些刑罚领域无法以定量分析的方法进行研究，只能运用定性分析法，如对刑罚概念、刑罚本质等的研究，即根据一般原理或原则，对所分析的问题的有关素材进行演绎推理或归纳总结，展示一定的理由，进而得出结论，形成由论点、论据、论证组成的一定的理论体系。

第二，在可以进行定量分析的刑罚问题中，也需要一定的定性分析。例如，对刑罚效果的研究，虽然大多采用定量分析法，用数量来表示效果的好坏，但这种定量分析必须有通过定性分析而提出的“一般预防”和“个别预防”的命题作指导，否则就会因为缺乏研究方向而无法进行。

定性分析研究法的缺点在于：定性分析得出的结论符合一定逻辑，但是每个理论都以一定的假设为基础，得出的结论是建立在该假设之上的。这种假设可能缺乏充分说服力，另一种理论往往从其他角度论证，以其他假设为基础，这导致许多刑罚问题上的观点不一，众说纷纭。例如，关于死刑是存还是废的问题，主存论者与主废论者通过对死刑固有特性的分析，可以罗列出许许多多截然相反的理由，这些截然相反的理由往往是基于不同立场得出的结论，论辩双方互相不能说服对方。

二、定量分析研究法

同定性分析研究法一样,这种原本属于物理、化学、生物等自然科学领域的研究方法逐渐被人们认识和掌握以后,被广泛运用于社会科学领域。为了解决定性分析法的局限性问题,人们将定量分析法引入刑罚学后,实验、统计数字、数学模型等使这种研究方法发挥着日趋重要的作用,原本抽象的本质、起源、概念甚至猜想、假设等,被追踪观察、数字、分类等具象化,越来越容易被理解。

定量分析法就是从量的方面分析事物,通过揭示事物量的规定性,进而认识其本质。

定量分析法的优点在于:它可以弥补定性分析法不够精确的不足,增强结论的说服力,尤其表现在对刑罚效果的分析或某一刑罚方法的存与废的论证当中。例如,通过拘役刑惩罚醉酒驾驶行为,在减少交通事故,降低交通事故死亡率,减少因醉酒而导致的交通肇事案方面,有明显的数字变化。公安部交管局数据显示,2019年上半年,全国共查处酒驾醉驾 90.1 万起,其中醉驾 17.7 万起,因酒驾醉驾而导致死亡的交通事故 1525 起,造成 1674 人死亡,分别同比减少 20.7%、20.4%。最高人民检察院 2020 年发布的 2019 年全国检察机关主要办案数据显示,起诉人数排在前 10 位的罪名是:危险驾驶罪 322041 人,占 17.7%;盗窃罪 249301 人,占 13.7%;诈骗罪 119383 人,占 6.6%;寻衅滋事罪 113850 人,占 6.3%;故意伤害罪 111509 人,占 6.1%;走私、贩卖、运输、制造毒品罪 79937 人,占 4.4%;交通肇事罪 71133 人,占 3.9%;开设赌场罪 70093 人,占 3.9%;聚众斗殴罪 34789 人,占 1.9%;强奸罪 27070 人,占 1.5%。危险驾驶罪超越盗窃罪,成为当年被起诉人数最多的罪名。

定量分析法虽然有数字支撑,具有显而易见的优势,但是在刑罚学研究领域存在一定不足之处。

第一,并不是所有的刑罚领域都能够运用定量分析法进行研究,有些刑罚领域,只能用定性分析法。例如,酷刑的历史、废除等议题,酷刑侵犯人权,阻碍人类历史发展进程,即使是为了打击严重犯罪实施的预防性酷刑也是在刑讯逼供罪的构成要件中,无可宽宥,从定性分析即可证明其应该废除。

第二,定量分析必须在定性分析的指导下进行。纯粹的定量分析难以确定分析的对象和范围,容易使刑罚学的研究陷入无序,缺乏应有的理论框架。漫无目的地收集数据,不为证明、解决某个事项或者刑罚命题而进行调研,结果是杂乱无章的。例如,假如经过定量分析,数据显示大部分重新犯罪的罪犯都有减刑经历,如果由此得出减刑对矫正罪犯无用、减刑应当被假释取代的结论,则有可能是偏颇的。

如上所述,定性分析和定量分析两种研究方法各有所长,又各有局限。在刑罚学的研究中,必须把二者有机地结合起来。

三、比较研究法

比较研究法就是把刑罚中的某一问题,放到不同的时空进行对比,从而找出其共性和个性,得出科学结论。比较的方法作为认识事物的重要手段,是刑罚学的主要研究方法之一。比较研究的主要方法有以下两种:

第一种是纵向比较法,即时间比较法,就是把某一刑罚问题置于不同的时间段进行动态比较分析,从而得出关于这一问题发展变化趋势等规律性的结论。例如,通过对不同历史发展阶段刑罚制度的对比分析,可以得出关于刑罚发展变化的特点、趋势等结论,如中国刑罚经历了重死刑、肉刑到重自由刑、财产刑的转变;通过对某国家或地区在增加或废除某一刑罚方法的前后不同时期刑罚效果的对比分析,可以得出这一刑罚方法效果优劣等结论。

第二种是横向比较法,即空间比较法,就是把某一刑罚问题置于不同的空间范围进行对比的方法。例如,通过特定时间段内不同地区刑罚效果的对比分析,可以了解、掌握某些因素在刑罚具体适用中的影响程度。在死刑遏制作用的研究中,人们会通过对保留和废除死刑的不同国家或地区死罪案件发案率的对比分析,来找出死刑遏制作用的有无或大小的决定性或辅助性论据。又如,在某些举办大型国际会议的国家或地区,由于较短时间内大量警力投入安保中,刑罚威慑向前延伸,积极的一般预防收到良好的效果,治安状况明显改善,犯罪率直线下降。

此外,比较研究还有诸如宏观比较与微观比较、综合比较与专题比较、定性比较与定量比较等多种形式,为人们提供了丰富的研究手段。

四、综合研究法

刑罚学的综合研究,是集合多种研究方法的研究。

首先,作为一种复杂的社会现象,刑罚受多种因素影响,如政治、经济、文化、历史、宗教、道德、习俗等。因此,对它的研究需要借助多学科的理论和研究方法,如法理学、社会学、伦理学、犯罪学、心理学、教育学、统计学、逻辑学等。例如,对刑罚目的的研究,就需要利用法理学、犯罪学、心理学、教育学等的研究成果;对刑罚效果的研究,离不开借助统计学、逻辑学、社会学等的研究方法。

其次,在刑罚学范畴之内,同样存在古今中外多种理论、观点、流派和实践积累等财富。在刑罚学的研究中，还需要对许许多多的内容进行比较、分析，去粗取精、去伪存真，在扬弃中加以综合利用，形成科学、严密的结构体系。

思考题

1. 什么是刑罚学?
2. 刑罚学与刑法学的主要区别是什么?
3. 刑罚学与监狱学的主要区别是什么?

第二章　刑　　罚

第一节　刑罚的本质

一、刑罚的概念

邓石如

顾蔼吉

郭有道碑

韩仁铭

居延简

马王堆

王基碑

银雀山简

“刑”,在古汉字中有“井”和“刑”两个字与其对应。“井”字在甲骨文中就已经出现,现存的共有84处,但其中大多作人名“妇井”(即名为井的商王之妻,一说商王之媳),还有的是表示地名的意思,另外因残缺不可解读的有3例,可见没有一处用法是和法律规范的意思相关的。“刑”字在甲骨文中至今没有发现,很显然,“井”字是先有的本字,而“刑”字是“井”字衍生出来并逐渐取代其意义的派生字。“井”字最原始的意义是现在“型”的意思,即模型,是铸器之范的象形,后来渐用作动词,表示遵循、以为典范的意思;进一步发展后,由于其有限制、使事物成形的规范的意义,因此转而可以表示法律规范,并成为其统称。由于当时的成文法以刑罚为执行手段,因此渐渐有了刑罚的意义。这是西周时期的用法。到东周时代,为有别于原用法,又因刑罚有杀戮的意思,所以加上刀部,即今天的“刑”。

刑 

“井刂,罚罪也,

从井，从刀。

刑罪也，国之刑罚也。

从井刀，刀守井，饮之人入井陷于川，守之割其情也。"①

"井，法也。"②这里的"井"字，读音为 Xíng，其写法为"开"。

"刑字，从刀，从井；井以饮人，人入井争水，陷于泉，以刀守之，割其情，欲人畏惧以全命也。故从刀，从井。"③

"刑者，侀（定型）也；侀者，成（成其品式）也，一成而不可变也。"④"侀"字就是指模具，由规范器具，发展为规范人们的行为。

罚、罸、罰

会意。小篆字，从刀，从詈（lì，骂人）。

"刀"指刑法。本义：处罚，惩办。

未以刀有所贼，但持刀骂詈则应罚。⑤

刑罚是国家在刑法中创制的，由专门机关对犯罪人适用和执行的最为严厉的强制措施。

从刑罚的概念可以看出刑罚具有以下内涵：

（一）刑罚是国家在刑法中创制的

1. 刑罚权是国家权力的外在表现形式之一。除国家外，任何党派、团体、组织都无权创制刑罚。在中国，只有国家的最高权力机关——全国人民代表大会才有权制定刑罚，而非任何享有立法权的机构都可以确立刑罚。比如，我国的国务院及其部委、地方各级人民政府、地方各级人民代表大会，都有一定的立法权，但无权创制刑罚。

2. 只有国家在刑法中规定的制裁手段和措施才称为刑罚。进一步说，规定在刑法中，且以刑罚为名义的才是刑罚。我国《刑法》第 32 ~ 35 条规定了刑罚；第 36 条、第 37 条和第 37 条之一规定的相关内容虽然也具有一定的剥夺或者限制性，但是由于没有被赋予刑罚之名而非刑罚。

（二）刑罚是强制措施，并且是最为严厉的强制措施

1. 刑罚作为一种强制措施，以国家的强制力来加以保证，体现了国家职能中对

---

① 《说文解字》。

② 《易经 · 井卦》。

③ 《一切经音义》。

④ 《礼记 · 王制》。

⑤ 《说文》。

内镇压的暴力的一面，进而维护法律和国家的尊严。

2. 刑罚作为一种强制措施，可以剥夺人的财产、人的自由乃至生命，其制裁的严厉程度达到极致。在国家统治机制中，其他诸多方面的强制措施，如工商行政管理中的罚款、停业，治安处罚中的拘留，诉讼程序中的监视居住等，都不能与刑罚相提并论。刑罚惩罚的严厉性除其程度本身的严厉之外，还进一步体现在其作为前科而对惩罚对象以后的社会生活产生巨大影响。

（三）刑罚的指向是犯罪人

1. 刑罚所适用的对象是确定的实施了犯罪行为的人，而不是行为。刑罚的具体实现是通过剥夺，即通过对某种权利的剥夺，使刑罚变为现实。其中，无论是对财产、政治自由权利、人身自由还是生命的剥夺，具体承受对象都是人而不是行为。

2. 刑罚所指向的对象是犯罪人，对于没有构成犯罪的人，禁止适用刑罚。这其中既包括对违反民事、行政等法律法规者可以处以民事处分或行政处分，但不能处以刑罚；也包括对触犯刑事法律但不具有刑事责任能力或行为轻微不构成犯罪者也不能处以刑罚；还包括罪责自负、刑不及无辜等原则。

（四）刑罚的适用和执行者是法院和其他特定机构

1. 刑罚由法院依据刑法和刑事诉讼法来适用，其他机构无权适用。行政机关所适用的行政拘留、罚款等制裁手段都不属于刑罚；法院依据民事法律所适用的强制方法也不属于刑罚。

2. 刑罚的执行者是由国家严格限定的。例如，在我国，死刑、财产刑由人民法院执行；死刑中的缓期二年执行，自由刑中的无期徒刑、有期徒刑由监狱执行；自由刑中的拘役以及资格刑由公安机关执行，有期徒刑被交付执行刑罚前剩余刑期在三个月以下的，由看守所代为执行；管制和自由刑的缓刑、假释、暂予监外执行由社区矫正机构执行。由此可见，在适用和执行上，同样明确显示了刑罚与其他强制措施的重要区别。

二、刑罚的本质

英国著名哲学家和政治理论家、古典自然法学派代表人物托马斯·霍布斯认为："惩罚就是公共当局认为某人做或不做某事是违法行为，并为了使人们的意志因此更好地服从起见而施加的痛苦。"①

---

① ［英］霍布斯：《利维坦》，黎思复等译，商务印书馆1985年版，第241页。

"本质是事物的内部联系。它由事物的内部矛盾构成,是事物的比较深刻的一贯的和稳定的方面……本质从整体上规定事物的性能和发展方向。"①从这一马克思主义哲学观点出发,刑罚的本质应该是指刑罚本身所固有的,决定刑罚之所以成为刑罚的根本方面。

刑罚作为一种强制措施,其本质是刑罚所特有的,区别于其他强制措施的内在属性;就刑罚本身而言,刑罚的本质是所有的刑罚方法所共同具有的属性。

从本质上讲,刑罚是对犯罪的惩罚,即对犯罪的惩罚性是刑罚的本质。

首先,惩罚性是刑罚这种强制措施所具有的十分鲜明的根本属性。惩罚是刑罚最原始、最直接、最根本的含义。在中国古代,刑罚被称为刑,而对刑的解释非常直白,即"刑者,罚罪也"。也就是说,在中国的刑罚史上,刑罚是被注解为惩罚的。同样,在英文中,刑罚与惩罚在表达上也没有严格的区别,都可以用"Punishment"来表示。可以说,人们对刑罚最直接的认识就是惩罚,惩罚性是刑罚之所以成为刑罚的根本所在。或者说,没有惩罚,则不能称为刑罚,而没有教育等属性,刑罚仍然是刑罚。

其次,刑罚的惩罚性主要是通过剥夺来实现的。任何一种刑罚方法都是对犯罪人某种权利或利益的剥夺。死刑剥夺了犯罪人的生命,无疑是最严厉的惩罚。自由刑以剥夺或限制犯罪人一定的人身自由来实现,这种给人带来痛苦和压抑的刑罚方法的惩罚性也是不言而喻的。财产刑和资格刑意味着犯罪人财产上的损失和某些政治权利、自由等的失去,都明显地体现了刑罚的惩罚性。可以看出,无论哪一种刑罚方法,都意味着对犯罪人的惩罚。刑罚教育改造、威慑、鉴别、鼓励等功能的发挥,预防犯罪目的的达到等都建立在剥夺犯罪人一定的权利和利益,给犯罪人造成一定痛苦的惩罚基础之上。这是一切刑罚方法所共同具有的属性,离开了惩罚性,刑罚就失去了其本来意义。

第二节 刑罚的特征

刑罚从其内在的根本属性来看,集中体现为对犯罪的惩罚性。从外在的表现形式来看,刑罚是人类以暴制暴的手段,是国家维护其统治,保护社会和公民的暴力方法,具有强制性特征;刑罚从其制定、适用到执行都有专门的机关,有严格的特

---

① 《辞海(缩印本)》,上海辞书出版社1980年版,第1247页。

殊程序,指向特殊的对象,具有特定性特征;同时,刑罚虽然作为犯罪的对立面而存在,但它并不一定完全适应纷繁复杂的犯罪现象,具有有限性特征。

一、强制性

刑罚创制者的本意各不相同,刑罚的适用者和解释者对刑罚的理解也是见仁见智,或是为了社会正义而制刑用刑,或是为了预防犯罪,保护社会利益而制刑用刑,或是二者兼而有之,等等。但就刑罚本身而言,其无可争议的一个表征就是,刑罚代表着国家暴力,刑罚是国家以暴力强制同犯罪做斗争的重要手段。

强制性是刑罚极其鲜明的外在特征。其不同于其他强制措施的重要之处在于,刑罚更突出地体现了国家这一特殊的组织形式为了实现其对内镇压职能而显示出来的绝对威严和极大强制力。刑罚以国家暴力作为其坚强后盾,具有民事、行政等强制措施所无法比拟的强制性。刑罚因犯罪的存在而存在,对刑罚的触犯,就是对国家、对社会、对他人的犯罪。犯罪作为人类社会最丑恶、最卑劣、最具危害性的社会现象之一,无疑要遭受到最具强制性的刑罚惩罚。国家也正是依靠刑罚的这一特性与犯罪现象进行强有力的斗争,惩恶扬善、保护国家利益、维护社会安宁、保证公民的合法权益不受侵犯。失去了强制性特征,刑罚将无力与犯罪相抗,刑罚则不能称为刑罚。

二、特定性

刑罚作为一种同犯罪这一特殊的社会现象做斗争的特殊的强制措施,具有十分鲜明的特定性。在我国,只有全国人民代表大会才有权制定刑罚。其他任何国家机关如国务院及其部委、地方人民代表大会及其常务委员会等,虽然可以在行政法规、经济法规和地方性法规中制定其他强制措施,但不可以制定刑罚。刑罚不仅由特定机关制定,而且由特定机关适用和执行。在我国,刑罚只能由人民法院适用,由监狱、法院和公安机关、社区矫正机构依照相应规定对不同刑罚方法分别执行。

刑罚的适用对象也是特定的。没有犯罪,则无所谓刑罚,刑罚之所以为国家所创制和适用,就是为了对付犯罪。因此,刑罚特定的适用对象就是犯罪人,对于没有犯罪的人绝不应该动用刑罚。

刑罚从创制到适用和执行,其程序也是特定的。无论刑罚运行的哪一阶段,都有严格的专门法律程序。例如,法院在对犯罪人适用刑罚时,必须严格按照刑事诉讼法所规定的管辖权限和诉讼程序进行;监狱在对被判处自由刑刑罚的犯罪人执行刑罚时,必须严格按照刑事诉讼法和监狱法的规定进行。严格、专门、特殊的法律程序,也充分体现了刑罚的特定性。

三、有限性

刑罚是国家对犯罪的否定评价,是在与犯罪的对立和斗争中存在的。犯罪是刑罚的前提,刑罚是犯罪必然的法律后果。刑罚与犯罪这两种特殊的社会现象产生、发展于相同的社会物质生活条件,犯罪是对社会和他人的一种侵害,是对刑罚的一种挑战,而刑罚则是社会为维护自身的良好秩序,保护公民而对犯罪的一种制裁,刑罚的目的是通过惩罚来达到预防犯罪的效果。但是,犯罪作为阶级社会特有的产物,在人类社会发展的各个阶段,在各不同体制类型的国家都必然地存在,它的消亡是一个极其漫长的历史过程。法国的埃米尔·迪尔凯姆认为,犯罪是一种难以避免的正常社会现象。① 因此,只要有社会存在,犯罪现象就是一个无法消灭的永恒现象,社会存在必有犯罪存在。可以说,犯罪作为一种阶级社会的客观存在,无论从其产生、发展和消亡的规律,还是从其存在的方式、类型的纷繁复杂的特征上看,相对于人为地创制出来的刑罚而言,它都是无限的,而刑罚则相对有限。

犯罪与刑罚产生于相同的社会条件。作为法律意义上的犯罪现象是伴随着无阶级氏族社会的崩溃,新的阶级社会的出现而出现的。正如恩格斯指出的:"最卑下的利益——庸俗的贪欲、粗暴的情欲、卑下的物欲、对公共财产的自私自利的掠夺——揭开了新的、文明的阶级社会;最卑鄙的手段——偷窃、暴力、欺诈、背信——毁坏了古老的没有阶级的氏族制度,把它引向崩溃。"②阶级社会中阶级矛盾和人们之间的利益冲突,使个人利益与社会利益由原始同一状态走向分离、对立的冲突状态,这种对立的冲突状态的尖锐程度和范围,已不可能单凭道德和传统习惯来调节,需要以国家强制力为保证的法律来调节,作为犯罪对立面的刑罚即伴随着犯罪现象的出现而出现。犯罪随着人类社会的发展变化而发展变化。列宁指出:"我们知道,产生违反公共生活的规则的捣乱行为的社会根源是群众受剥削和群众贫困。这个主要原因一消除,捣乱行为就必然开始'消亡'。虽然我们不知道消亡的速度和进度怎样,但是,我们知道这种行为一定会消亡。而这种行为一消亡,国家也就随之消亡。"③只有当社会生产力高度发达,与之相适应的生产关系高度完善,从而使人们之间的利益矛盾不再具有不可调和的性质,个人与他人、个人与群体、个人与

---

① 埃米尔·迪尔凯姆,法国首位社会学教授,该句引自其著作《社会学方法论规则》。

② 恩格斯:《家庭、私有制和国家的起源》,载《马克思恩格斯选集》(第4卷),人民出版社1972年版,第94页。

③ 《列宁全集》(第25卷),人民出版社1958年版,第45页。

社会之间的关系达到由分离而统一、由冲突而和谐的状态，从而消除产生犯罪的根源之时，犯罪现象才会被彻底消灭在阶级社会。无论在哪一种社会形态之下，都不能完全消除个人与社会、个人与群体的利益冲突，也不能完全消灭犯罪。由此，我们看到，作为犯罪对立面而存在的刑罚，虽然它的目的是预防犯罪的发生，但是它解决不了产生犯罪的根源问题，故在同犯罪的斗争中，刑罚是有限的。同时，犯罪作为一种客观存在，随社会的进步而发展变化，犯罪的表现形态是极其复杂的，也是多变的。而刑罚是人为创制的，具有其局限性，且刑罚要求相对稳定，在同犯罪的斗争中，刑罚必然显示出其局限性。

《四库全书总目提要·政书类》按语指出："刑为盛世所不能废，而亦盛世所不尚。"著名法学家蔡枢衡先生论说："在有任何社会生活制度的时候，刑罚都是必要而不可或缺的；但也不可专靠或偏重刑罚。""社会制度→犯罪→刑罚，原来是个不以人们意志为转移的客观规律，也是社会历史发展的辩证法。""刑罚不是万能的，督促和阻挠都有其限度。历代统治者从来不曾也不可能成功地单靠刑罚来维持统治地位，实是人所共知的显著事实。"①

第三节　刑　罚　权

刑罚权是国家制定、适用和执行刑罚，对犯罪人进行刑罚惩罚的权力。刑罚权是国家立法权和司法权的重要组成部分，是统治阶级行使国家权力的重要内容，是国家权力的外在表现形式之一。

一、刑罚权的内容

具体来讲，刑罚权包括制刑权、求刑权、量刑权和行刑权。这几个方面有机统一，构成刑罚权的完整内容。

制刑———→求刑———→量刑———→行刑

制刑权　　求刑权　　量刑权　　行刑权

（一）制刑权

制刑权就是国家创制刑罚的权力，因此也称为刑罚创制权。制刑权由国家立法机关行使，如我国的全国人民代表大会及其常务委员会。

---

① 蔡枢衡：《中国刑法史》，中国法制出版社2005年版，引言。

制刑权的行使首先是在刑法典中创制刑罚体系，规定刑罚方法。同时，其还包括对刑罚的修改——即对法典中的刑罚制度和方法予以修改，如我国 1997 年《刑法》中将管制刑的下限由 15 日修改为一个月；刑罚的补充——即根据同犯罪斗争的形势发展的需要对既存刑罚进行增补，如我国 1997 年《刑法》中根据破坏社会主义市场经济秩序犯罪的罪名增加而对相应刑罚方法的相应补充；刑罚的废除——即根据社会发展客观需要对某一刑罚制度或刑种的废除，如有的国家对死刑这一刑罚方法的废除，我国 1997 年《刑法》对资格刑中剥夺勋章、奖章和荣誉称号及剥夺军衔的废除等；刑罚的解释——即根据刑罚具体适用和执行的需要，对刑罚规范进行必要的解释。所有这些内容都是制刑权的有机组成部分。可以看出，制刑权解决的是刑罚在法律上的存在的问题。

（二）求刑权

求刑权即请求对犯罪人予以刑罚处罚的权力，也称为起诉权。

求刑权在刑罚的发展史上曾经属于被害人，而在现代，求刑权则是公诉权，属于公权力。例如，我国对刑事案件采用以公诉为主的体制，除法律有特别规定的以外，刑事案件均由人民检察院代表国家进行起诉，人民检察院是行使公诉权的唯一机关。

求刑权是请求权，是一项程序性权力，即由检察院代表国家提请法院进行审判，追究被告人的刑事责任。求刑权因犯罪的发生而产生，因被告人的死亡、时效的完成、赦免，以及有效判决的既判力而消灭。可以说，求刑权解决的是刑罚由存在到运行的问题。但是，求刑权是请求权，它不具有实体判定权能和最终处置权能。求刑的对象是法院，求刑权意味着请求法院来进行实体判定。例如，犯罪的成立或不成立，由法院来进行最终处置，如确定被告人应负的刑事责任，确定刑罚。求刑权本身则不具有这些内涵。

（三）量刑权

量刑权即法院代表国家在求刑的基础上，在认定有罪的条件下决定是否对犯罪人科处刑罚以及科处何种刑罚的权力，因此也称为刑罚裁量权或科刑权。

量刑权在现代世界各国均由法院来行使。在刑罚的运行中，量刑由求刑而引起。量刑的前提条件是确认被告人有罪，如果确认被告人的行为不构成犯罪，则不存在行使量刑权的问题。量刑权包含两个层面的含义：一是是否应该科处刑罚。若犯罪情节轻微无须判处刑罚，或存在免除处罚情节的，可以不处刑罚。二是如何科处刑罚。即如果确认应对犯罪人处以刑罚处罚，那么，使用何种刑罚方法，用到什么程度，这是量刑权的关键内容。量刑权解决的是刑罚的裁量问题，是刑罚由静态到动态的核心环节。

（四）行刑权

行刑权即对犯罪人执行刑罚的权力，因此也称为刑罚执行权。

行刑权并不像制刑权、求刑权和量刑权一样由一个专门的机关行使，而是由几个特定的机关分别行使。在我国，死刑中的缓期二年执行，自由刑中的无期徒刑、剩余刑期在三个月以上的有期徒刑由监狱行使行刑权；死刑立即执行和财产刑由法院执行；自由刑中的剩余刑期在三个月以下的有期徒刑、拘役和剥夺政治权利以及驱逐出境由公安机关执行。随着社区矫正制度化，管制、无期徒刑和有期徒刑中的假释部分和暂予监外执行部分，由社区矫正机构执行。

行刑权可以理解为量刑权的自然延伸，行刑权的行使以法院的判决为根据。同时，行刑权并不是消极地附属于量刑权，而是有其独立的积极的实质内容。例如在我国，监狱在保证对犯罪人执行刑罚的过程中，要积极地对犯罪人进行教育改造，要执行减刑、假释等行刑制度等。因此，没有了行刑权，量刑权会变得没有意义。由此可以看出，行刑权解决刑罚的具体落实问题，是刑罚权由法律上的存在变为现实的关键。

二、刑罚权的根据

所谓刑罚权的根据，是指国家是否拥有刑罚权和缘何拥有刑罚权。

（一）刑罚权根据学说

对于国家到底有没有刑罚权，“有”或者“没有”，“应该有”或者“不该有”的理由何在这一问题的争论由来已久。对于刑罚权的肯定态度占主流，即认为国家“有”或者“应该有”刑罚权，但“有”或者“应该有”的理由根据又各有不同，否定态度也是如此。

1. 否定说

持否定说者认为国家无刑罚权，或者说国家不应该有惩罚犯罪的权力。主要论据有：

（1）刑罚无效论

主要代表人物为德国刑法学家吉拉丁。该观点认为如果国家有权利用刑罚来惩罚犯罪，那么为国家所用的刑罚应该能够起到消灭或减少犯罪的作用，即国家的权力应该是有用的，否则国家就不应该有这一权力。而“刑罚发达最古，且无国无之，终未见其有消灭犯罪之功，减少犯罪之效，是亦可知国家之无刑罚权也”。①

① 王觐：《中华刑法论》，中华印书局1933年版，第1页。

(2)犯罪非自由意志论

主要代表人物为德国的高尔和意大利的菲利。该观点认为犯罪并不是犯罪人自由意志的产物,而是由犯罪人的生理因素或社会环境所决定的。作为国家,其对于这一类人的境遇是负有责任的,因此国家只有为他们进行治疗或者矫正的义务和责任,而无权对他们进行惩罚。例如,高尔主张:“犯罪人之犯罪也,其身心恒呈变态。约言之,无非癫狂或白痴而已。因家对于癫狂白痴之人,有为之治疗之义务,而不有加刑罚之权利。”①

2. 肯定说

持肯定说者认为国家有刑罚权,或者说国家应该拥有运用刑罚惩罚犯罪的权力。肯定说关于刑罚权根据的学说主要有以下几种:

(1)神授论

神授论是人类历史上最为古老的一种对刑罚权的解释。无论是在东方还是在西方,它都奠基于君权神授的理论。中国古代统治者以“敕天之命”“行天之罚”②来解释其统治权的来源和刑罚的根据,所谓“天讨有罪,五刑五用哉”③。而在《唐律疏议》中关于“十恶”重罪之首的“谋反”的注释,则更为清晰地反映了神授论的理论基础:“《左传》云‘天反时为灾,人反德为乱’。然王者居宸极之至尊,奉上天之宝命,同二仪之覆载,作兆庶之父母。为子为臣,惟忠惟孝。乃敢包藏凶慝,将起逆心,规反天常,悖逆人理,故曰‘谋反’。”④

在中世纪的西方,受宗教神学思想的影响,刑罚权神授论也曾盛行一时。古罗马神学家奥古斯丁认为,人类祖先犯了罪,留在人间生活是接受上帝的惩罚。⑤ 近代刑罚理论中神授论的代表人物之一、德国刑法学家斯达尔认为:“神之秩序,发现于俗界,是为国家。身体健全,财产保护,家族秩序,国家存立,寺院存续,莫非神明秩序之基础,有破坏此秩序者,曰犯罪。神明对此破坏秩序之犯罪人,命令俗界之权力代表者(即国家),加之以刑罚,是即国家刑罚权之所由来也。”⑥斯达尔的这段论述被认为是刑罚权神授论的经典代表而被广泛引用。

(2)契约论

契约论是从关于国家和法的起源的社会契约论中推论出来的,认为刑罚权的

---

① 王觐:《中华刑法论》,中华印书局1933年版,第2页。
② 《尚书·汤誓》。
③ 《尚书·皋陶谟》。
④ (唐)长孙无忌等撰,刘俊文点校:《唐律疏议》,中华书局1983年版,第6~7页。
⑤ 张宏生、谷春德主编:《西方法律思想史》,北京大学出版社1990年版,第84页。
⑥ 王觐:《中华刑法论》,中华印书局1933年版,第3页。

根据在于人们共同订立的社会契约，即刑罚权是由人民缔结社会契约时同意才产生的。契约论来源于古希腊的哲学理论，经过吕科弗隆、伊壁鸠鲁、格劳秀斯、洛克等发展，到卢梭的《社会契约论》于1762年在阿姆斯特丹出版而达到顶峰。卢梭认为，国家是由社会契约产生的，社会契约以保全缔约者为目的，为了自己的利益得到保障，缔约者同意如果自己侵犯了公众利益，自己愿受惩罚。“正是由于不至于成为凶手的牺牲品，所以人们才同意，假如自己做了凶手的话，自己也得死。”①西方一些杰出的思想家、哲学家都是契约论的拥护者，如斯宾诺莎、康德等。而意大利刑法学家贝卡里亚更是运用契约论对刑罚权进行了透彻而经典的阐释：“原始人类，本属战争状态，只因为人们后来都厌恶战争而渴望和平，才各自就天赋自由之权利中，各让一步，以契约的方式委托给他人（即主权者），并让其承担保护之责。于是，主权者对于违反契约者，有处罚之权。因此，刑罚权的渊源，只不过是人们所割让的自由权之一部分的总和而已。”②

与神授论相比，契约论引导人们的思想摆脱神的束缚，具有重大的启蒙意义。但由于它错误地理解了国家与法的起源，从而导致了唯心的刑罚权根据的谬误，不能正确揭示刑罚权的根据。就像黑格尔所指出的；“国家根本不是一个契约，保护和保证作为单个人的个人的生命财产也未必说是国家实体性的本质，反之，国家是比个人更高的东西，它甚至有权对这种生命财产提出要求，并要求其为国牺牲。”③

（3）自由意志决定论

自由意志决定论为德国著名哲学家康德、黑格尔所主张。黑格尔认为，刑罚是作为犯罪的对立面而存在，而犯罪人在选择犯罪的同时，也就选择了刑罚。国家用刑罚惩罚犯罪人的权力，正是来自犯罪人的这种自由选择。他主张：“加于犯罪人的刑罚不但是自在地正义的，因为这种刑罚同时是他自在地存在的意志……所以处罚他，正是尊敬他理性的存在。如果国家不对犯罪人处以刑罚，他就得不到这种尊重。因此，为了把犯罪人当人来尊重，国家就必须动用刑罚对他加以惩处。”④

自由意志决定论从犯罪与刑罚的关系中寻找刑罚权的根据，其立足点在于社会报应观念，认为刑罚权的根据在于正义的要求。因此，也有人把这一理论称为“纯正正义说”⑤。

---

① ［法］卢梭：《社会契约论》，何兆武译，商务印书馆1980年版，第46页。

② ［意］贝卡里亚：《论犯罪与刑罚》，西南政法学院1980年印刷，第1页。

③ ［德］黑格尔：《法哲学原理》，范扬等译，商务印书馆1961年版，第103页。

④ ［德］黑格尔：《法哲学原理》，范扬等译，商务印书馆1961年版，第103页。

⑤ 马克昌主编：《刑罚通论》，武汉大学出版社2001年版，第23页。

(4)必要论

必要论认为,人类社会要维持正常的生存与发展,就必须尽量减少和排除犯罪带来的骚乱和阻碍,而作为必要手段,国家动用刑罚权来打击犯罪是必不可少的。主张刑罚权的根据在于社会的利益或社会的必要。必要论的主要代表人物是英国的功利主义法学家边沁和意大利学派创始人龙勃罗梭。边沁认为:"社会秩序,端赖国家维持,国家为维护社会秩序计,所以才有行使刑罚权之必要。"①龙勃罗梭则以达尔文的进化论为理论依据,主张国家运用刑罚打击犯罪是人类为维护其生存与发展而必需的。龙勃罗梭认为:"社会为物,受进化理论之支配,是则社会为己身进化起见,对于侵害其生存之犯罪人,有抑压之必要,刑罚权即从此必要而发生。"②

与自由意志决定论不同,必要论的出发点在于社会功利观念,认为刑罚权的根据在于社会防卫自身免遭侵害的功利要求。

(二)刑罚权的根据

解释国家刑罚权的根据究竟何在这一问题,我们必须从马克思主义的基本原理出发,从马克思主义关于国家的起源、国家的职能、国家与法、国家与经济基础的关系理论中入手,去分析刑罚权,寻求答案。恩格斯曾指出:国家是社会在一定发展阶段上的产物;国家是表示:这个社会陷入了不可解决的自我矛盾、分裂为不可调和的对立面而又无力摆脱这些对立面。为了使这些对立面、这些经济利益互相冲突的阶段,不致在无谓的斗争中把自己和社会消灭,就需要一种表面上凌驾于社会之上的力量,这种力量应当缓和冲突,把冲突保持在"秩序"的范围以内;这种从社会中产生但又自居于社会之上并且日益同社会脱离的力量,就是国家。③ 马克思也在《政治经济学批判》中告诉我们:"法的关系与国家的形式一样,既不能从它们本来理解,也不能从所谓人类精神的一般发展来理解,相反,它们根源于物质生活关系。"④刑罚权作为国家统治权的一部分,作为一种法律现象,它来源于哪里,根据何在,我们完全可以从马克思和恩格斯对法的国家的起源的分析中找到答案。

1. 实现国家政治统治的需要

马克思主义认为,国家不是从来就有的,"曾经有过不需要国家,而且根本不知国家和国家权力为何物的社会。在经济发展到一定阶段而必然使社会分裂为阶级

---

① 王觐:《中华刑法论》,中华印书局 1933 年版,第 3 页。

② 王觐:《中华刑法论》,中华印书局 1933 年版,第 4 页。

③ 恩格斯:《家庭、私有制和国家的起源》,载《马克思恩格斯选集》(第 4 卷),人民出版社 1972 年版,第 161 页。

④ 《马克思恩格斯全集》(第 13 卷),人民出版社 1960 年版,第 7 页。

时,国家就由于这种分裂而成为必要了”。[①] 可见,国家是在社会划分为阶级的时候才出现的。“所以,它照例是最强大的,在经济上占统治地位的阶级的国家,这个阶级借助于国家而在政治上也成为占统治地位的阶级,因而获得了镇压和剥削被压迫阶级的新手段。”[②]这一所谓的“新手段”,就是国家的对内镇压职能。国家的职能一方面表现为对外防御,即防御外敌入侵,保卫国土、主权和人民;另一方面则表现为对内镇压。统治阶级将其意志制定为法律,其目的首先是利用国家的这一职能,以国家暴力的形式镇压敌对力量,维护其统治地位。所以,“法律就是取得胜利并掌握国家政权的阶级的意志的表现”。[③] 统治阶级实现其国家政治统治的力量由来正是刑罚权的根据所在。

2. 伸张社会正义的需要

社会正义是指一个社会要有是非标准,扶持社会正气,谴责歪风邪气,打击邪恶。习近平总书记指出,“促进社会公平正义是政法工作的核心价值追求”,要“努力让人民群众在每一个司法案件中都感受到公平正义”。

在希腊神话中,正义女神狄凯(DIKE)被塑造为手持标尺的形象。在西方语言中,“正义”一词源于拉丁语 justitia,由拉丁语中“jus”演化而来,具有公正、正直、公平、法、权利等各种意义。在汉语中,正义即公正的道理,与公平、公道、正直、公正等相连。社会正义是对恶的事物的排斥和谴责,国家运用刑罚权对犯罪进行惩罚是伸张社会正义所必需。

3. 维护社会秩序的需要

从马克思主义唯物史观出发,我们知道,任何国家权力都产生于具体的社会物质生活条件,刑罚权当然也不例外。马克思指出:“刑罚不外是社会对付违反它的生存条件(不管这是些什么样的条件)的行为的一种自卫手段。”[④]社会的“生存条件”,也就是该社会的经济基础,也可以泛化为社会秩序。作为国家权力的重要组成部分,刑罚权必定受到其所存在的经济基础的制约,同时也必定要为维护这一经济基础,维护其所存在于其中的社会秩序服务。

犯罪行为是对社会生存条件的破坏,因此是社会所不能容忍的。国家为维护良好的社会秩序,则必须用特殊手段制止犯罪,这种特殊手段就是刑罚。所以,刑罚权的根据,还在于维护社会秩序的需要。

---

① 黎国智主编:《马克思主义法学论著选读》,中国政法大学出版社 1993 年版,第 19 页。

② 《马克思恩格斯选集》(第 4 卷),人民出版社 1972 年版,第 168 页。

③ 《列宁全集》(第 16 卷),人民出版社 1988 年版,第 292 页。

④ 《马克思恩格斯全集》(第 8 卷),人民出版社 1961 年版,第 579 页。

4. 防止私人惩罚的需要

刑罚起源于原始古老的私人复仇，当国家产生以后，人类社会告别了无序的野蛮与蒙昧时代，无论是国家权力的取得和运用，还是个人权利的行使和放弃，人们更多的是理性的选择。马克思指出：公众惩罚是罪行与国家理性的调和。因此，它是国家的权利，但这种权利国家不能转让给私人。正如同一个人不能将自己的良心让给别人一样。国家对犯人的任何权利，同时也就是犯人对国家的权利。任何中间权利的插入都不能将犯人对国家的关系变成对私人的关系。[①] 可见，只有国家具有惩罚罪犯的权力，即刑罚权是实施"公众惩罚"的公权力，它只能专属于国家，而不能转让给私人。因此，国家将刑罚规定在法律之中，以防止私人惩罚，正如马克思所指出的，"法律应该是社会共同的，由一定物质生产方式所产生的利益的需要的表现，而不是单个人的恣意横行"。[②]

思考题

1. 试述刑罚的概念与本质。
2. 简述刑罚的特征。
3. 试述刑罚的有限性。
4. 简述刑罚权的内涵。
5. 试述马克思对刑罚权的根据之论断。

① 樊凤林主编：《刑罚通论》，中国政法大学出版社 1994 年版，第 31 页。

② 《马克思恩格斯全集》（第 6 卷），人民出版社 1961 年版，第 292 页。

第三章　刑罚的趋势

第一节　刑罚的起源

列宁指出:“马克思和恩格斯是唯物主义者。他们用唯物主义观点观察世界的人类,看出自然界中一切现象都有物质原因作基础,同样,人类社会的发展也是由物质力量即生产力的发展所决定的。人们在生产人类必需的产品时彼此所发生的关系,是以生产力的发展为转移的。所以,社会生活中的一切现象,人类的意向、观念和法律,都是由这种关系来解释的。”①刑罚作为一种社会现象,它既不是与生俱来的,也不是统治者主观臆想出来的,而是社会存在决定社会意识的客观反映,是人类社会历史发展的必然结果。具体来讲,刑罚是伴随着原始公有制的解体和阶级的出现,而逐渐由原始复仇习俗演变而来,因此便有了刑罚“孕育于公有制的解体,分娩于阶级的出现,脱胎于复仇的习俗”②这样的概括。

一、刑罚孕育于公有制的解体

“曩古之世,无君无臣,穿井而饮,耕田而食;日出而作,日入而息。泛然不系,恢尔自得;不竞不营,无荣无辱。山无蹊径,泽无舟梁。川谷不通,则不相并兼;士众不聚,则不相攻伐。”③“身无在公之役,家无输调之费,安土乐业,顺天分地,内足衣食之用,外无势利之争。”④原始人类由于生产方式落后,生产工具原始,其生产力十分低下。为维持人类的生存,人们必须全力以赴地为满足最起码的生活条件而奋斗,毫无剩余可言,因此只能实行平均分配的原始公有制。“天下为一家,而无私耕

① 列宁:《弗里德里希·恩格斯》,载《马克思恩格斯选集》(第1卷),第35~36页。
② 樊凤林主编:《刑罚通论》,中国政法大学出版社1994年版,第50页。
③ 《抱朴子·诘鲍》。
④ 《抱朴子·诘鲍》。

私织,共寒其寒,共饥其饥。”①在人与人之间的关系上,自无尔虞我诈、你争我夺和偷盗、抢劫之事发生。这一人类历史阶段被称为“大同”。《礼记·礼运篇》中有全面而精确的描述:“大道之行也,天下为公。选贤与能,讲信修睦。故人不独亲其亲,不独子其子,使老有所终,壮有所用,幼有所长,矜、寡、孤、独、废疾者皆有所养,男有分,女有归。货恶其弃于地也,不必藏于己;力恶其不出于身也,不必为己。是故谋闭而不兴,盗窃乱贼而不作,故外户而不闭,是谓大同。”在这样原始质朴的社会环境中,人们“与麋鹿共处”,而“无有相害之心”,②自然也没有产生刑罚的基础和条件。因此,在这时“刑罚未施而民化”③,“厚赏不行,重罚不用,而民自治”④。

原始社会初期,人与人之间的社会关系完全靠习俗来调整,“没有大兵、宪兵和警察,没有贵族、国王、总督、地方官和法官,没有监狱,没有诉讼,而一切都是有条有理的。一切争端和纠纷,都由当事人的全体即氏族或部落来解决,或者由各个氏族互相解决”⑤。随着生产工具的不断改进,社会分工不断扩大,劳动生产不断得到提高,开始出现了剩余产品和交换。这样,“民有所利,则有争心;富贵之家,所利重矣”。“尚贤则民争名,贵货则盗贼起。见可欲则真正之心乱,势利陈则劫夺之途开。”⑥建立在公有制基础上的自由、平等、和谐的原始社会趋于瓦解。财富的占有者为了保护既得利益,必然产生以强有力的手段和办法保卫自身的要求,刑罚作为最原始的强力手段也就孕育在这一公有制解体的特殊背景之中。可以说,公有制的解体是刑罚产生的经济根源。

二、刑罚分娩于阶级的出现

恩格斯指出:“从第一次社会大分工中,也就产生了第一次社会大分裂,分裂为两个阶级:主人和奴隶、剥削者和被剥削者。”⑦由于私有财产的逐渐滋长,原始公社日益分化。原始氏族、部落的首领们凭借其地位,把公有财产占为己有,从而成为一个特殊的集团,最终形成剥削阶级,而其他社会成员则逐渐贫困下来,最终形成被剥削阶级。这样,互相对立的社会集团出现了,阶级形成了。正如《礼记·礼运篇》

---

① 《尉缭子·治东》。

② 《庄子·盗跖》。

③ 《路史·前纪》卷八。

④ 《韩非子·五蠹》。

⑤ 恩格斯:《家庭、私有制和国家的起源》,载《马克思恩格斯选集》(第4卷),人民出版社1972年版,第95页。

⑥ 周密:《中国刑法史纲》,北京大学出版社1998年版,第24页。

⑦ 《马克思恩格斯选集》(第4卷),人民出版社1972年版,第161页。

中所描述的："今大道既隐，天下为家。各亲其亲，各子其子，货力为己。大人世及以为礼，城郭沟池以为固。礼义以为纪，以正君臣，以笃父子，以睦兄弟，以和夫妇，以设制度，以立田里，以贤勇知，以功为己。故谋用是作，而兵由此起。禹汤文武成王周公，由此其选也。"天下为公的原始社会为"天下为家"的阶级社会所代替，经济意义上的富人和穷人由经济地位而及政治地位，逐渐演变为政治意义上的统治阶级与被统治阶级。

"当尧之时，未赏而民劝，未罚而民畏。民不知怨，不知说，愉愉其如赤子。今赏罚甚数，而民争利且不服，德自此衰，利自此作，后世之乱自此始。"①社会阶级矛盾的发展规律充分证明，有压迫就有反抗，有剥削就有斗争。被压迫、被剥削的阶级为了追求政治、经济上的平等地位，通过各种形式进行抗争。除组织起来反抗、革命以外，还有个人因无法生存下去而铤而走险，偷盗、抢劫等犯罪现象也开始出现。正如恩格斯所指出的："这些人需待自己寻求出路，国家不管他们，甚至把他们一脚踢开。因此，男人进行抢劫和盗窃，女人偷窃和卖淫。"②这种以反抗统治关系为特征的行为，为统治阶级所不予容忍，他们通过法律形式将其规定为犯罪，严厉镇压和打击。统治阶级"除必须以国家的形式组织自己的力量外，他们还必须给予他们自己的由这些特定关系所决定的意志的国家意志即法律的一般表现形式"③。可见，阶级的出现是刑罚起源的政治基础。

三、刑罚脱胎于复仇的习俗

刑罚虽然是在公有制解体和阶级出现以后，伴随着犯罪的出现而出现，为适应阶级统治的需要而产生的，但并不是统治者主观臆想出来，也不是蓦然而现的，而是逐渐由原始社会的复仇习俗进化而来。刑罚的产生过程，实际上也就是原始复仇习俗向刑罚进化的过程。所以说刑罚脱胎于复仇的习俗。

复仇作为原始人类的重要习惯之一，经历了由血族复仇到血亲复仇、同态复仇和赎罪的漫长进化过程。在原始社会之初，为了弥补个人能力的不足，人类必须以集体的力量同自然界进行斗争，进而形成了以血缘为基础的最初人类社会组织——氏族。在必须依赖集体的力量才能求得生存的环境条件下，氏族中的任何个人受到了伤害，都会被认为是整个氏族的损失，氏族又是以血缘关系维系的，因此氏族成员个人受到外族的伤害，也被视为整个氏族遭到了凌辱。所以，"假使一

---

① 《吕氏春秋·恃君览》。

② 《马克思恩格斯全集》(第1卷)，人民出版社1956年版，第556页。

③ 《马克思恩格斯全集》(第3卷)，人民出版社1960年版，第378页。

个氏族成员被外族人杀害了,那么被害者的氏族必须实行血亲复仇"①。故复仇往往是氏族间的集体杀戮,常常导致氏族的大混战,甚至最终导致整个氏族的毁灭。随着生产力的发展,交换的出现,氏族间的封闭状态逐渐被打破,血缘关系日渐松弛,集体观念慢慢淡漠,特别是劳动力价值的日显重要,以集体杀伐为唯一手段的血族复仇逐渐过渡到血亲复仇,进而演变为同态复仇,复仇的对象由侵害者所在氏族的全体成员缩小为侵害者本人。而当生产力进一步发展,并使社会分工达到一定高度,产品交换十分频繁时,尤其是货币出现以后,用实物或者货币补偿受害人的赎罪作为同态复仇的替代物继而出现。在这一过程中,氏族渐渐地已不能向个人提供保障,氏族终于走到了尽头,复仇习惯也逐渐蜕变为在氏族之后建立起来的国家之公共权力体现的刑罚。

可以说,公有制的解体是刑罚产生的经济根源,阶级的出现是刑罚起源的政治基础,而刑罚的具体产生过程,是由原始复仇习俗经过漫长的演化而来,即原始复仇习俗是刑罚的社会基础。正如恩格斯所指出的:"我们今日的死刑,只是这种复仇的文明形式,而带有文明的一切好处和弊害。"②

第二节　中国古代刑罚

正如人类社会的历史发展一样,中国古代刑罚在其历史发展阶段及特点上,与西方刑罚的发展既有相同之处,也有其自身的特点。按照一般较为公认的观点,中国古代刑罚的演化进程,大致可分为四个阶段,即蒙昧时代、蜕变时代、成熟时代和衰落时代。

一、蒙昧时代

刑罚的蒙昧时代指中国社会的奴隶制发展阶段。我国奴隶制国家由夏朝开始逐渐形成,至西周发展到鼎盛时期,蒙昧时代即是指夏、商、周三代的刑罚发展阶段。

蒙昧时代刑罚的主要特点有:

(一)有比较完备的刑罚体系

由夏经商至周,确定了奴隶制度的五刑共3000条。

---

① 《马克思恩格斯选集》(第4卷),人民出版社1972年版,第83页。

② 《马克思恩格斯选集》(第4卷),人民出版社1972年版,第92页。

夏启代伯益之后，将天下划为九州，“茫茫禹迹，划为九州，经启九道”，①正式建立了国家的行政管理区划。之后，“夏有乱政，而作禹刑；商有乱政，而作汤刑；周有乱政，而作九刑”②。从夏朝开始，经过长期演化，至周穆公时令司寇吕侯制作《吕刑》（吕侯的封国先称吕，后改为甫，故《吕刑》也称《甫刑》），形成了比较完备的刑罚体系。“夏刑有大辟二百，膑辟三百，宫辟五百，劓墨各千，殷因于夏，盖有损益。”③夏、商、周三代的刑罚制度基本一脉相承，只是根据需要各有损益，更为完备，逐步制度化，到周时已有系统的刑罚体系。根据《吕刑》，周有五刑，即墨、劓、剕、宫、大辟的奴隶制五刑，其中墨刑有1000条，劓刑有1000条，剕刑有500条，宫刑有300条，大辟有200条。

（二）以礼为治，以刑为用

周礼有五类，即吉礼、凶礼、宾礼、军礼、嘉礼。周礼以国家强制力来保证，甚至在《周礼》之中直接规定刑罚，认为治理国家首先靠礼。“礼者，禁于将然之前；而法者，禁于已然之后。”④“礼者民之防，刑者礼之表。二者相须，犹口与舌然。”⑤礼与刑并存，且礼在先，刑在后，违礼即犯罪，礼是划分犯罪与否，是否该受刑罚惩罚的根据与标准。即所谓：“分争辨讼，非礼不决。”⑥“礼周教明。不从者，然后等之以刑，刑罚中，民不怨。”⑦

（三）刑起于兵，兵刑交用

蒙昧时代的刑罚可以说是兵刑合一，先兵而后刑，刑不及功，则用兵；兵不致功，有赖于刑。⑧ 当时所用的许多刑具，往往就是兵器。《周礼·秋官·司寇》明确规定：“大司寇之职，掌建邦之三典，以佐王刑邦国，诘四方。一曰，刑新国用轻典；二曰，刑平国用中典；三曰，刑乱国用重典。”《汉书·刑法志》规定：“大刑用甲兵，其次用斧钺；中刑用刀锯，其次用钻笮；薄刑用鞭扑。大者陈之原野，小者致之市朝。”甲兵、斧钺是兵器，也是杀俘虏的工具。以兵器为刑具，以战场为刑场，把刑与兵有机地结合在一起。

---

① 《尚书·甘誓》。
② 《左传·昭公六年》。
③ 《魏书·刑罚志》。
④ 《尚书大传》。
⑤ 《唐律释义序》。
⑥ 《礼记·曲礼》
⑦ 《盐铁论·周秦》。
⑧ 周密：《中国刑法史纲》，北京大学出版社1998年版，第81页。

(四)刑罚不公开,“议事以制”

蒙昧时代奉行“刑不可知,则威不可测”①,刑罚不向人民公开,需要时“临时而议罪”,议定刑罚,认为这样可以“令民不测其深浅,常畏威而惧罪也”②。可见,制刑者的目的是用刑罚来制服人民,因此《吕刑》明确说明“折民惟刑”,叔向认为如果让人民全部都知道了刑罚是怎样规定的,则会导致“乱狱滋丰,贿赂并行”。原因是“昔先王议事以制,不为刑辟,惧民之有争心也……民知争端矣,将弃礼而征于书”③,“君、法不两立,君之所以可畏,在于其威不可测”④。

(五)刑罚严酷,滥施肉刑

蒙昧时代的刑罚仍带有原始复仇的特点,加之适应专制统治的需要,除生命刑以外,毁损身体的肉刑最为统治者所迷信和欣赏。“以为禹承尧、舜之后,自以德衰,而制肉刑。”⑤墨、劓、刵、宫、大辟这五种刑罚,除大辟是生命刑外,其余全是肉刑。除了这五种正刑,还有名目繁多的非刑,多集死刑与肉刑为一体,如剖腹、挖心、断手、剜眼、炮烙、醢脯、活埋、脯宰、车裂、鞭、扑、刵、焚、戮尸、刳、剔等。其中醢脯是将人杀死后制成肉脯,极其残忍。众所周知的夏桀和殷纣王时代,更是蒙昧时代以滥施肉刑为标志的严刑峻法的典型代表。

二、蜕变时代

蜕变时代是指公元前476年至公元618年这一历史发展阶段。从公元前476年开始,中国历史上的奴隶制瓦解,封建制全面确立。一直到公元618年隋朝统治的终结,前后1000多年间,中国古代刑罚经历了一个漫长的蜕变时期。到隋代在法律上正式废除了肉刑,最后确定了笞、杖、徒、流、死的封建五刑。

蜕变时代刑罚的主要特点有:

(一)刑罚由奴隶制五刑过渡到封建制五刑

蜕变时代的刑罚受社会变革的影响,处于不断的演化、蜕变之中。新兴地主阶级在与奴隶主阶级的斗争中,从批评“礼不下庶人,刑不上大夫”的等级原则开始,不断地对奴隶制五刑加以改变。商鞅明确提出“刑无等级”的新的刑罚原则,“自卿

---

① 《左传·昭公六年》。

② 《左传·昭公六年》。

③ 《左传·昭公六年》。

④ 蔡枢衡:《中国刑法史》,中国法制出版社2005年版,第112页。

⑤ 《汉志·援俗说》。

相将军以至大夫庶人,有不从王令,犯国禁,乱上制者,罪死不赦”①。经过春秋战国,至秦汉开始确立封建五刑,经过各个朝代不断修改变动,至隋《开皇律》正式确立了较为稳定的封建五刑,标志着封建社会刑罚开始进入成熟状态。其中笞刑五等,由10至50;杖刑五等,由60至100;徒刑五等,由1年、1年半至3年;流刑三等,分别为1000里、1500里、2000里;死刑二等,分别为绞、斩。

(二)公布成文法,刑罚公开

公元前536年,郑国子产首先把郑国制定的刑法刻铸在礼器鼎上,公布于众,史称铸刑书,是中国历史上首次公布成文法。

公元前513年,晋国赵鞅、荀寅把范宣子制定的刑法全文铸鼎上公布,史称“刑鼎”。

公元前502年,郑国邓析自编成文法,因无力铸于鼎上,写在竹简之上,史称“竹刑”。

战国时期,各诸侯国又陆续制定公布了许多成文法,如楚国的《宪令》、燕国的《奉法》、韩国的《刑符》、赵国的《国律》、魏国的《法经》、秦国的《秦律》等。其中战国法家学派的创始人李悝制定的《法经》集诸侯国立法之大成,已形成比较完整的法律体系,反映了封建社会初期刑事法律的基本面貌,是封建社会第一部系统的成文法典。

在奴隶制刑罚向封建制刑罚的蜕变过程中,新兴地主阶级政治家认为,刑罚必须晓之于百姓,使人们的行为有所规避、有所选择。因此,商鞅说:“圣人之为民法,必使之明白易知,愚智遍在之。”②韩非则指出:“法莫如显……是以明主言法,则境内卑贱莫不闻知也。”③这彻底否定了奴隶制时期“刑不可知,则威不可测”和“临事议制”的刑罚思想。

(三)废除肉刑

在中国古代刑罚史上,西汉文帝、景帝时期进行的刑罚改革是一个极为重要的转折过渡。这次以徒、笞、死三刑取代肉刑为主要内容的刑罚改革的完成,标志着中国古代刑罚体系的重要转变。

这次刑罚改革开始于汉文帝十三年(公元前167年),直接起因是刑罚史上有名的少女缇萦上书:齐太仓令淳于公有罪当刑,系于长安狱,其小女缇萦上书愿以身为官婢,以赎父罪。缇萦上书陈曰:“妾父为吏。齐中皆称其廉平;今坐法当刑,

① 《商君书·赏刑》。
② 《商君书·赏刑》。
③ 《韩非子·难三》。

妾伤。夫死者不可复生,刑者不可复属;虽后欲改过自新,其道亡繇也。妾愿没入官婢,以赎父刑罪,使得自新。”文帝阅后,甚怜之,曰:“夫刑至断支体,刻肌肤,终身不息,何其刑之痛而不德也,岂称为民父母之意哉!其除肉刑,有以易之。”①

汉文帝废除肉刑以后,魏晋时期发生多次废、复之争,几经反复,但在原则上没有恢复肉刑。至隋《开皇律》最后确立笞、杖、徒、流、死的封建五刑,从法律上彻底废除了肉刑,作为蒙昧时代刑罚主要特征的肉刑已不再是刑罚体系的中心。

(四)确立徒刑

秦汉时期刑罚,已明确出现类似于有期徒刑的刑种,如城旦、城旦舂、鬼薪、白粲、隶臣、隶妾等。这些刑罚都是剥夺犯罪人一定期限自由并强制劳役,时间一般为1~5年,但此时并无“徒刑”的正式名称。

“徒刑”正式以一种刑罚方法被确定在法律中,开始于南北朝的北周。制定于公元563年的北周《大律》共25篇,其中明确规定了徒刑,分五等:徒一年鞭六十笞十;徒二年鞭七十笞二十;徒三年鞭八十笞三十;徒四年鞭九十笞四十;徒五年鞭一百笞五十。隋《开皇律》将徒刑确定为由一年至三年五等,每等相差半年,并废除了徒刑加鞭、加笞的规定。此后,徒刑便作为一种主要的刑罚方法被确定于各个朝代的法律当中,但都是有期徒刑。徒刑的本意也不是现代自由刑意义上的性质,而是奴役、羞辱之意。“徒者,奴也,盖奴辱之。”②因此,当时的徒刑是强制罪犯从事苦役卑贱之事,除惩罚外,还有羞辱之意。

(五)轻罪重刑

与蒙昧朝代相比较,蜕变时代的刑罚是趋向平缓宽和的,但是轻罪重刑思想仍是这一时期刑罪的显著特点之一。韩非主张:“行刑,重其轻者,轻者不至,重者不来。”③商鞅提出:“禁奸止过,莫若重刑。”④“行刑重其重者,轻其轻者,轻者不止,则重者无从止矣。”⑤他们都认为如果罪刑相当,则不能阻止犯罪。秦统治者赞同这些主张,以致出现“五人盗,臧(赃)一钱以上,斩左止(趾),有(又)黥以为城旦”⑥等轻罪重刑的极端案例,导致“赭衣塞路,囹圄成市”⑦。

汉以后伴随着儒家思想对法律的影响,统治者多主张仁政、德治,主张德主刑

① 《汉书·刑法志》。
② 《唐律疏议》。
③ 《韩非子·饬令》。
④ 《商君书·赏刑》。
⑤ 《商君书·说民》。
⑥ 《睡虎地秦墓竹简·法律答问》。
⑦ 《汉书·刑法志》。

辅,以刑辅德。同时经汉、隋两次主要的刑罚变革,刑罚趋于宽缓。但在刑罚的具体制定和适用上,各朝仍遵循重刑轻罪的原则。如隋有“三人共盗一瓜”即并处死刑,以及盗一钱以上,处死刑,并暴尸市井等①都体现了这一特点。轻罪重刑的核心是用刑的本意不在惩罚而在于防范。

三、成熟时代

成熟时代从唐朝开始,至清朝鸦片战争,前后共1000多年。这一时期的中国古代刑罚在经历了由奴隶制五刑向封建制五刑的漫长演化过程之后,臻于成熟。被称为中国封建制法典典范的唐律,成为以后各朝代立法蓝本,其影响甚至流传国外。中国古代刑罚制度,在唐律中达到了极为完备的程度,其中笞、杖、徒、流、死五刑,在我国通用1000多年,各代相沿不改,成为定制。

成熟时代刑罚的主要特点有:

(一)以唐律为本,刑罚稳定

成熟时代各朝代刑罚以唐律为蓝本,基本不变,相对稳定。唐律继承隋朝的五刑制度,并作出进一步系统明确的规定,将刑罚固定为五刑二十等。其中笞刑五等,由笞十至笞五十,刑具为长三尺五寸的楚条,粗的一端为二分,细的一端为一分,行刑部位为腿和臀部;杖刑五等,由杖六十至杖一百,刑具也是长三尺五寸的楚条,但粗端为二分七厘,细端为一分七厘;徒刑五等,由一年至三年,每等相差半年,服刑人戴钳或枷,强制从事奴辱性劳役;流刑三等,分别为二千里、二千五百里、三千里,服刑人同时服苦役一年;死刑分绞、斩二等,斩重于绞。

唐律对笞、杖、徒、流、死的封建五刑进行完善、固定以后,五代、宋、元、明、清代代相沿,稳定连贯,成为这一时期刑罚的主要特点之一。各朝只是根据各自需要,稍有损益,如《宋刑统》另设折杖法,宋及元、明、清在死刑中增加凌迟等。

(二)刑罚制度规范、成熟、完备

经过蜕变时代的不断探索、改革,到唐代以唐律为标志,以及唐以后各朝的不断完善,中国古代刑罚制度臻于成熟,已极为完备和规范。就封建五刑而言,不但相对稳定,而且对每一种刑罚的含义、刑种等级、刑具的规格、执行的方式等都有详尽的规定。

此外,在刑罚创制的程序、刑罚适用的政策等方面都十分规范,如明确划分公罪与私罪,自首减免刑,累犯加重,老幼废疾减刑,数罪并罚等。

---

① 朱勇主编:《中国法制史》,法律出版社2001年版,第172页。

四、衰落时代

鸦片战争后,帝国主义列强侵入中国,中国逐渐沦为半封建半殖民地国家,经历了数千年的刑罚制度自此走向衰落。清末修订刑律,引入西方刑罚制度,从而结束了中国古代刑罚的历史。

1902 年(清光绪二十八年),清政府命沈家本、伍廷芳为修律大臣,并于 1906 年延聘日本法学博士冈田朝太郎来中国法律学堂主讲刑法,并帮助修订《大清新刑律》。1910 年,《大清新刑律》钦准颁布,但未及施行。沈家本等对原《大清律例》进行的修改主要体现在:第一,修改刑种,将笞刑、杖刑改为罚金;徒刑、流刑改为“工艺”等。第二,删除原《大清律例》中的凌迟、枭首、戮尸等酷刑,以斩立决为最重刑罚。第三,废除羞辱人格的肉刑“刺字”刑。

伴随着帝国主义军事、政治、经济、宗教、文化和思想的侵入和渗透,西方刑罚思想也相继传入中国。查看一些清末特别是中华民国时期的刑法理论著作,无不“言必称西方”,“理必道洋人”,好像中国历史上根本没有所谓刑法理论,一切理论似乎都是来自西方资产阶级。[①] 西方刑罚思想的巨大冲击和中华传统理念的深厚演变出了独特的半封建半殖民地的刑罚制度,它集中反映在《大清新刑律》和《中华民国刑法》当中。外抄和内承相间,西方刑罚理论和儒家伦理纲常交杂、混乱和急功近利,是这一时期刑罚制度的突出特点。

第三节　西方刑罚的发展

经济基础决定上层建筑,各种不同的社会经济制度形成不同的社会意识形态。不同社会制度的国家创制不同性质的刑罚,这是其社会经济基础所要求的,否则,刑罚就会失去其存在的必要性。根据日本刑法学家牧野英一首倡,国内较为认可的刑罚进化理论,西方刑罚自产生以后,经历了复仇时代、威吓时代、博爱时代和科学时代四个阶段。

一、复仇时代

复仇时代是指奴隶制社会的刑罚发展时期。奴隶制时期的刑罚,由于刚刚脱

---

① 周密:《中国刑法史纲》,北京大学出版社 1998 年版,第 345 页。

胎于原始复仇习俗，因此带有浓厚的复仇色彩，以复仇为刑罚的目的。

这一时期刑罚的主要特点有：

（一）同态复仇是刑罚的主要原则

复仇时代的刑罚制度，认可原始社会的复仇习俗，体现了“以眼还眼”“以牙还牙”的同态复仇原则。例如，古巴比伦王国著名的《汉穆拉比法典》第196条、第197条、第200条规定，如果自由民毁损任何自由民之眼，则应毁其眼。如果折断自由民之骨，则应折其骨。如果自由民击落与之同等之自由民之齿，则应击落其齿。古伊斯兰法中也有同样原则，如《古兰经》明确规定，杀人罪、伤害罪适用同态复仇或赎金，由被害人的亲属决定采用哪种方式。

（二）血亲复仇以株连责任的方式反映在刑罚制度中

复仇时代的刑罚，从两个不同角度以株连责任的方式反映了血亲复仇的旧习，一是地缘株连，二是血缘株连。例如，《汉穆拉比法典》规定，在一些情况下，犯罪者的所在公社和亲属要负连带责任或代为承担责任。

1. 地缘株连。《汉穆拉比法典》第23条规定：“如强盗不能捕到，被劫者应于神前发誓，指明其所有失物，则盗劫发生地点或其周围之公社之长者，应赔偿其所失之物。”

2. 血缘株连。古法兰克法规定，为被害者复仇是同族男性成员的权利与义务。《汉穆拉比法典》第12条规定，盗卖他人财物的罪犯已死，则其家属应担负五倍于原物的赔偿费。《汉穆拉比法典》第210条规定，打死自由民之女则应杀其女；第230条规定，建筑师建造的房屋不坚固而致房主之子死亡，则应杀该建筑师之子。古雅典刑法规定，对因谋杀罪而被处死刑的，要在受害人亲属面前执行死刑，明显带有血亲复仇的遗风。

（三）刑不及复仇

复仇时代的刑罚以复仇为目的，因此在用刑的指导思想上，则肯定公开的复仇行为。刑罚不惩罚私人复仇行为。例如，古日耳曼法规定，公开杀人、强奸妇女等侵犯私人利益的行为，由受害人及其家族进行复仇。复仇是受害者家庭成员的权利，也是他们的义务。复仇的对象既可以是加害者本人，也可以是其近亲属。复仇必须公开进行，如果秘密进行，则属违法行为。古雅典刑法规定，如男子发现妻子、姐妹与人通奸，他有权当场杀死奸夫。古法兰克法也规定，氏族之间的复仇，只要是公开进行的便不受刑罚惩罚。

二、威吓时代

威吓时代是指封建社会的刑罚发展时期。封建制时期的刑罚，逐渐摆脱原始复仇习惯的遗风,适应封建专制统治的需要,威吓主义成为刑罚的主旨。所以,威吓时代的刑罚极其严厉残酷,以严酷为其主要特征。

威吓时代刑罚的主要特点有:

(一)滥用死刑

基于对死刑的威慑力的迷信,威吓时代死刑的适用范围十分广泛。中世纪西方各国的刑罚无不规定了大量的死刑。例如,英国在 17 世纪完成资产阶级革命以后,封建刑法却以英国特有的方式被继承下来。据布莱克斯通(Blackstone)在 18 世纪 60 年代保守的估计,当时英国仅规定有死刑的成文法就有 160 多部,每部成文法中又规定数种乃至数十种死罪,更不用说普通法上的死罪数量了。死刑不仅适用广泛,而且执行方式极为残忍。封建德国刑法以《萨克森法典》和《加洛林纳法典》中的刑法部分为代表,其中刑罚之严酷从恩格斯的批判中可略见一斑:“加洛林纳法典中的各章论到‘割耳’、‘割鼻’、‘挖眼’、‘断指断手’、‘斩首’、‘车裂’、‘火焚’、‘夹火钳’、‘四马分尸’等,其中没有一项没有被这些尊贵的老爷和保护人随一时高兴就用在农民身上”①,对于英国刑罚的残酷,恩格斯指出,“谁都知道,英国的刑法典在欧洲是最森严的。就野蛮来说,早在 1810 年它就已经毫不亚于加洛林纳法典了:焚烧、轮碾、砍四块,从活人身上挖出内脏等曾是惯用的几种刑罚。不错,从那时起最令人愤慨的酷刑固然已经废止,但刑法中仍然原封不动地保留了大量野蛮的和卑劣的酷刑,处死刑的有七种罪(杀人、叛国、强奸、兽奸鸡奸、破门入盗、暴力行劫、纵火杀人);而以前应用范围广泛得多的死刑,也只是到 1837 年才限制在这几个方面”②。在中世纪的法国,死刑也是同样广泛而且残忍。例如,1610 年杀死法国皇帝亨利四世的拉瓦莱克被捆系于断头台上,用硫黄之火烘烤,用铁针刺身体各部,再用溶化、煮沸的铅液、油和松脂灌入伤口,然后四马分尸,最后再将解体的身体各部分集中在一起,用火点燃。整个死刑的执行过程可谓残酷至极。

(二)广施体刑

同中国古代刑罚一样,中世纪的西方,身体刑也广泛地被适用,封建统治者用大量的毁损人的肉体的刑罚以期达到威慑的目的。例如,前面提到的德国的《加洛林纳法典》就规定了断手、割耳、挖眼等肉刑。英国则把鞭笞、烙印等作为对付流浪者的常用刑罚。而法国直到资产阶级革命前夕,仍存在用灼热的铁条穿舌、割舌、鞭笞、烙印等肉刑。

---

① 《马克思恩格斯全集》(第 1 卷),人民出版社 1956 年版,第 397 页。

② 《马克思恩格斯全集》(第 1 卷),人民出版社 1956 年版,第 701 页。

（三）株连无辜

株连无辜是威吓时代刑罚的又一重要特点。1670 年路易十四颁布的法国刑事法令规定连坐原则，一人犯罪，株连家族，即便孩童也不能幸免，甚至罪犯所在村社的全体都遭连坐。英国的封建法律也有类似规定，在找不到杀死法兰克人的凶手情况下，案发地区的全体居民都要承担责任。株连无辜一方面反映出复仇时代刑罚的影响，另一方面则充分反映了封建统治者以刑罚的威吓作用来镇压和控制农民的刑罚指导思想。

（四）轻罪重罚

威吓主义的刑罚思想必然导致轻罪重罚。德国《加洛林纳法典》规定，入室行窃者，无论所得多少，一律处以死刑。英国威廉一世的森林法规定，杀死国王林地里的一只鹿，就要处以残害肢体刑；伊丽莎白一世时，三次被捕的流浪者，即使别无他罪，也要处以死刑，每年因流浪被处死者多达三四百人。在法国，1386 年颁布的有关狩猎的法律规定，捕捉鸠鸟者应处死刑；1651 年颁布的有关流浪的法律规定，停留在巴黎附近的流浪者，应处鞭笞，再犯者，即处死刑。

三、博爱时代

博爱是资产阶级在推翻封建专制政权的革命过程中提出的战斗口号。资产阶级夺取政权以后，和人道、民主等一样，博爱被贯彻于他们的政治、法律制度当中。因此，资本主义初期的自由资本主义时期被称为刑罚的博爱时代。

博爱时代的刑罚主要有以下特点：

（一）明显对立于封建刑罚

资产阶级在夺取政权的过程中对封建时代的政治、法律思想和制度进行了无情的抨击和批判，这些抨击和批判最终都反映在博爱时代的刑罚制度之中。例如，在对封建时代罪刑擅断、株连无辜、法外用刑的猛烈抨击过程中，提出了罪刑法定思想，而这一思想最终上升为一条重要的刑法原则；在对轻罪重罚的封建刑罚思想的批判中，博爱时代以刑罚的价值观念为思想基础，确立了罪刑等价原则。同样，提倡人道主义，削减死刑、废除肉刑等，都无不明显体现出其与威吓时代刑罚的针锋相对。

（二）刑罚明显轻缓

受人道主义思想影响，相对于威吓时代而言，博爱时代的刑罚明显轻缓。以死刑为例，在被许多国家作为蓝本的 1810 年《法国刑法典》中，只就部分政治犯罪，人身及财产犯罪规定了死刑；1848 年，更进一步废除了政治犯罪的死刑。残酷的行刑方式也同时被废止,1810年《法国刑法典》规定,除对杀害尊亲属的死刑犯先斩断右手再斩首外,其他死刑的执行方式均为斩首;到1832年,先斩手的规定也被废除。英国1820年将死刑的执行方式确定为绞刑一种。1871年《德国刑法典》规定,死刑的执行方式为斩首。再以肉刑为例,在博爱时代,残害肢体和毁损容貌的肉刑被认为是极其不人道的,因此逐渐被废除。1791年《法国刑法典》也排除了肉刑。所有这些都使刑罚由严酷而趋向缓和。

(三)自由刑成为刑罚体系的中心

伴随着对死刑的削减和对身体刑、肉刑的废除,自由刑上升为刑罚体系的中心,这是刑罚制度演化进程中的一个重大转折。作为世界上第一部资产阶级刑法典的1810年《法国刑法典》是在法律上确立自由刑核心地位的标志,它以无期或有期苦役、单独禁锢、监禁或拘留、拘押组成自由刑系统,并以之为核心建立整个刑罚体系。1871年《德国刑法典》规定的刑罚种类有死刑、无期徒刑、有期徒刑、苦役、拘留、罚金和剥夺公民权等,其中自由刑同样占据了核心地位。随着世界各国的纷纷认可和仿效,自由刑上升到刑罚体系的中心地位。

(四)确立罪刑法定和罪刑等价原则

在博爱时代,各国纷纷确立了"法无明文规定不为罪""法无明文规定不处罚"的罪刑法定原则。1789年《法国人权宣言》第8条规定:"除非根据在违法行为之前制定、公布并且合法地适用的法律,任何人都不受处罚。"这一罪刑法定原则的明确规定被广泛地确认。1810年《法国刑法典》第4条规定:"没有在犯罪行为时以明文规定刑罚的法律,对任何人不得处以违警罪、轻罪和重罪。"1871年《德国刑法典》以及《意大利宪法》等都明确规定了类似的原则。而1791年《美国宪法修正案》第5条规定的"未经正当法律手续不得剥夺任何人的生命、自由或财产"更是被称为"著名的正当法律程序条款"。与此同时,以资本主义价值观念为基础,相对于封建刑罚的轻罪重罚,博爱时代各国纷纷确立和认可了罪刑等价原则。例如,1789年《法国人权宣言》第15条规定:"刑罚应该与违法行为相适应。"主张刑罚的严厉程度与犯罪的严重程度相适应,反映了用刑指导思想由预防向公平正义的转变。

四、科学时代

19世纪末20世纪初,实证派犯罪学的兴起给刑罚制度带来了根本性的变革。这一变革的主要趋势是刑罚走向目的化,刑罚自此进入了有目的的科学时代。

科学时代刑罚的主要特点有:

(一)刑罚个别化

德国刑法学家沃尔伯格在1869年首先提出了刑罚个别化原则,经过法国学者塞莱尔斯的进一步理论化,刑罚个别化得到了绝大部分实证派学者的拥护,并对世界各国的刑罚制度产生了深刻的影响。

刑罚个别化原则是指对于不同类型的犯罪人,应该适用不同的刑罚方法,刑罚应该与犯罪人的人身危险性相适应。其主要体现在以下几个方面:

1. 对人身危险性大的惯犯、累犯加重惩罚

根据刑罚个别化的要求,在现代各国刑罚制度中体现了对惯犯、累犯的从重处理。法国1885年颁布法律增加了对职业犯和常习犯终身流放殖民地的刑罚,1891年又颁布法律加重了对累犯的处罚。美国1927年至1929年间颁布了若干关于累犯的法律,规定对于再犯应处最低法定刑之上和最高法定刑的两倍之下的剥夺自由,对于被四次定罪的累犯,应处没有提前释放可能的终身监禁。1933年《丹麦刑法典》规定,对两次实施不同犯罪的人,应加倍惩罚。

2. 对偶犯、初犯及其他危险性小的罪犯创设缓刑、假释制度

根据刑罚个别化的要求,一方面,对惯犯、累犯等人身危险性大的罪犯应该重惩;另一方面,对偶犯、初犯等人身危险性小的罪犯则应该从宽从轻处理。因此,在科学时代缓刑与假释制度便应运而生。1870年,美国波士顿首创缓刑制度,此后美国其他各州纷纷把缓刑当作鼓励偶犯、初犯及其他人身危险性较小的罪犯积极改造的重要措施予以采用。世界各国也先后修改刑罚制度,增设缓刑,并且在实践中大量适用。例如,法国在1960年被判处拘禁刑的罪犯有大约39.3%被宣告缓刑,到1973年则上升到58%。日本1955年至1976年间被判自由刑的罪犯大约有60%被宣告缓刑。① 与此同时,假释制度也被广泛采用,如日本1954年假释率高达79.5%,美国1970年有18个州假释率高达75%。②

3. 对少年犯实施非刑化措施和从轻或减轻处罚

少年犯除人身危险性较小以外,还有其心理和生理上的特殊性,因此根据刑罚个别化的理论,科学时代各国均对少年犯采取了专门处理办法。1899年,美国的芝加哥率先制定了少年法,确立了少年法院审判制度,并得到了其他国家的认可和仿效。根据少年法的规定,对于少年犯尽量不处刑罚,一般采取交付特定的保护观察人员教育,责成家长教育,委托环境良好的家庭教育或送入特设的教育机构,对于恶性较深或有严重疾病者设立特定的感受化机关进行教育和治疗等非刑化措施。在某些必须处以刑罚的情况下,对少年犯的刑罚适用也明显不同于成年犯,具体表现为:(1)对少年犯通常不适用死刑或无期徒刑;(2)从轻或减轻处罚;(3)从宽适

---

① 邱兴隆:《刑罚理性评论》,中国政法大学出版社1999年版,第73页。

② 邱兴隆:《刑罚理性评论》,中国政法大学出版社1999年版,第73页。

用假释;(4)行刑期间的待遇优于成年犯。

(二)弱化刑罚的惩罚性,注重刑罚教育功能的发挥

科学时代的刑罚更加注重对犯罪人人身危险性的消除,注重对犯罪人的教育改造,因此出现了以下几种刑罚特点:

1.增设保安处分体系

保安处分的提出主要是针对不堪教育或尚未构成犯罪的人,通过与社会相隔离的措施而防止其人身危险性转化为危害社会的现实。有的国家在刑罚体系之中增设保安处分体系,如1926年《苏联刑法》、1959年《瑞典保护法草案》等。而有的国家则在刑罚体系之外设立保安处分体系,如1930年《丹麦刑法典》、1930年《意大利刑法典》等。

2.废除和限制死刑

由于死刑自身的突出弊端和不人道性,伴随着教育刑理论的提出,许多国家采取了废除死刑的政策。其具体做法一般是平时和普通犯罪的废除,或实际废除,也有的国家在宪法或刑法中彻底废除。没有废除死刑的国家则更加严格地对死刑进行限制,如限制死刑的适用对象,限制死刑的范围,通过赦免等减少死刑的实际执行等。

3.行刑由消极到积极

科学时代刑罚的执行改变了过去消极地执行法院判决,简单地实现对犯罪人的惩罚的状况,而赋予了其更加积极的内容,从而使行刑变成了一个教育、改造犯罪人,以便于犯罪人重返社会的过程。因此,刑罚执行出现了社会化、人道化、规范化、教育化等特征。例如,许多国家的监狱由传统的封闭式转向开放式,使犯罪人由与外界的隔离状态转向更加贴近社会;许多国家相继提高犯罪人在服刑期间的待遇,在探亲、休假、通信会见、医疗卫生等诸多方面寻求对犯罪人的积极的感化;与此同时,世界各国不同程度地加强对犯罪人的品德教育、职业训练,使其养成良好生活习惯和守法习惯,掌握谋生技能,以便复归社会。联合国第一届防止犯罪和罪犯处遇大会通过的《囚犯待遇最低限度标准规则》也明确作出了这方面的规定。例如,“对于一切受刑人可因教育而受益者,应继续施教”,“受刑人劳动,应以其本身之利益,及职业训练为主要目的”,“劳动应在可能范围内,使受刑人能维持并增进其开释后之谋生能力”等。所有这些改变,都使行刑走向积极而有目的。

五、刑罚发展的新时代——折中刑时代

20世纪中期以后,随着教育刑实践的失败,出于对报应论与预防论二者的弊端

与缺陷的不断认识，人们越来越趋向一种折中主义的态度，一体论（折中论）被广泛接受，刑罚实践进入“折中刑”时代。

折中刑时代，公平正义理念回归，理念上报应和功利的有机交融带动用刑的折中。各国在刑罚实践上纷纷提出了诸如“轻轻重重”“宽严相济”等刑事政策。强调用刑既要考虑已然之罪，又要考虑未然之罪，报应与功利并重，公平正义和预防犯罪一个不能少。

20世纪，预防理论对刑事政策产生的影响是巨大的，人类的刑罚实践由注重追求公平正义转向注重追求刑罚效益，刑罚轻缓化趋势越加明显。然而，犯罪和重新犯罪不但没有得到有效遏止，反而不断加剧，最终促使各国在重新反思中逐渐倾向折中理论的选择。例如，美国由假释的滥用到监禁刑的强势回归，使监狱押犯从1978年的30万人猛增到2014年的150万人。从20世纪后期开始，产生了“轻轻重重”的刑事政策，简单讲就是既不是一味重刑化，也不是一味轻缓化，而是轻者越轻，重者越重。所谓轻者重者，并不是简单指犯罪人所犯罪行的轻重，还指犯罪人的人身危险性轻重或再犯罪可能性大小。换言之，已然之罪轻和未然之罪可能性小二者兼具的为“轻”，已然之罪重和未然之罪可能性大二者兼具的为“重”。例如，我国的“宽严相济”刑事政策即不能理解为简单的“惩办与宽大相结合”政策的翻版。

单纯地强调惩罚或是单纯地强调改造，单纯地强调报应或是单纯地强调预防，单纯地强调公平正义或是单纯地强调刑罚效益都是不可取的。前些年，受西方单纯预防理论，特别是李斯特教育刑论的影响，我们过于强调教育感化而忽视了刑罚的惩罚功能。作为监狱的刑罚执行，首先是公平正义的要求。习近平总书记强调，“促进社会公平正义是政法工作的核心价值追求。从一定意义上说，公平正义是政法工作的生命线，司法机关是维护社会公平正义的最后一道防线。政法战线要肩扛公正天平、手持正义之剑，以实际行动维护社会公平正义，让人民群众切实感受到公平正义就在身边”。

第四节　刑罚的演化趋势

由中外刑罚的发展进化过程可以看出，刑罚的演化大致有以下几种共同的趋势：刑罚体系的中心由死刑、肉刑转向自由刑；刑罚由严酷到缓和；刑罚由复杂到简单；刑罚由消极到积极；刑罚越来越趋于理性。

一、刑罚体系的中心不断变迁

刑罚体系的中心随着时代发展，不断发生变化。在刑罚发展的复仇和威吓时代，死刑和肉刑在刑罚体系中占据着绝对主导地位，大量犯罪都可以处以死刑或肉刑。例如，中国汉武帝时“大辟四百九十条，千八百八十二事，死罪决事比三千四百七十二事”①。资产阶级革命前的法国，死罪多达 115 种。唐律以宽简著称于中国封建刑律，其死罪条文也达 229 条，占全部法条的一半还多。到博爱时代，受人道主义影响，世界各国纷纷对肉刑进行废除，对死刑进行削减和限制，自由刑开始取代死刑和肉刑在刑罚体系中的核心地位。进入科学时代以后，这种趋势更加明显，肉刑在绝大多数国家被彻底废除，死刑的废除也逐渐被越来越多的国家所实践。在肉刑和死刑逐渐被废除和限制的过程中，自由刑被越来越广泛地适用，从而取代死刑和肉刑而成为刑罚体系的中心。

现代社会，自由刑因其具有标签化、交叉感染等负面作用，运用更加谨慎。为弥补这一缺点，财产刑逐渐成为适用率较高刑种。在我国《刑法》中，“罚金”一词出现 500 余次，多数分则罪名可以并处或者单处罚金刑。在其他国家，罚金刑也逐渐成为几乎可以和自由刑并重的刑罚方式。罚金刑在世界范围内逐渐成为运用广泛的刑罚。

二、刑罚由严酷到缓和

纵观数千年的刑罚进化史，刑罚发展过程中所展现的最为明显的趋势就是不断趋于缓和。从博爱时代对刑及无辜、法外用刑的禁止，到对肉刑的废除以及对死刑削减和限制，都大大地弱化了刑罚的严酷性。而到了科学时代，刑罚趋向缓和更是成为各国改革刑罚制度的重要趋势。死刑的废除或严格限制，缓刑和假释的创设并大量适用，行刑的社会化，使刑罚达到前所未有的缓和程度，同时，人们对犯罪的评价也不像中世纪及以前那样严厉。自由刑取代死刑、肉刑占据刑罚体系中心的地位之后，又被赋予了教育性的丰富内涵，从而使自由刑的惩罚性和严厉性大大减弱，终身和长期自由刑的适用也受到限制。例如，在 1950 年至 1979 年这 30 年间，英国对强奸、夜盗、抢劫这三类重罪所判处监禁的平均期限不到 4 年。而荷兰在同期对这三类重罪所判处平均刑期则不到 3 年。

---

① 《汉书·刑法志》。

三、刑罚由繁到简

在复仇时代和威吓时代，刑罚的种类繁多。例如，中国的秦律，设有生命刑 19 种，身体刑 15 种，使役刑 32 种，流刑 5 种，财产刑 9 种和资格刑 2 种。繁多复杂是刑罚发展初期的一个鲜明特征。从博爱时代开始，世界各国大量削减刑种，使刑罚体系趋于简单，具体表现在两个方面：一方面，实现了死刑的单一化；另一方面，基本废止肉刑和流刑。这样，刑罚体系从构成上基本固定为死刑、自由刑、财产刑和资格刑，比较简单明了。到了科学时代，刑罚进一步简化，很多国家废除了死刑，也有很多国家实现了自由刑的单一化。例如，英国 1948 年《刑事审判法》把自由刑简化为监禁一种。前西德 1969 年的刑法典把以前的重惩役、轻惩役、禁锢和拘留等刑罚统一为无期监禁和有期监禁。法国 1976 年的刑法典修正草案取消了重罪拘禁刑和轻罪拘禁刑的区别，统一为拘禁刑一种。南斯拉夫 1976 年联邦刑法典把严格监禁和普通监禁合二为一。罗马尼亚、波兰等国家也先后废止了终身监禁，从而只设有期监禁一种剥夺自由刑。继死刑的单一化、肉刑与流刑的废除和死刑的废除之后，自由刑的单一化使刑罚由繁到简的进化趋势又达到了一个新的阶段。

四、刑罚由消极到积极

在刑罚产生和发展的初期，刑罚与犯罪的关系极为简单，即刑罚只是对犯罪的机械反应、消极反应，刑罚只是对犯罪的简单报复和惩罚。从威吓时代开始，刑罚由消极惩罚向积极预防进步，刑罚被赋予了更加丰富的内涵。无论是威慑、剥夺和限制，还是教育矫正，都体现了刑罚由消极向积极的进化。刑罚不仅仅以已然的犯罪为根据，更以防止未然的犯罪为出发点，刑罚的创制和适用，由注重已经发生的犯罪的严重程度，到更加注重犯罪人的再犯可能性，刑罚的重心由犯罪逐步转向犯罪人。如果说产生和发展初期的刑罚是被动的、消极的，那么在这一意义上讲，刑罚的进化就是一个越来越主动、越来越积极的过程。

五、刑罚越来越趋于理性

从用刑的指导思想到实践，刑罚在人类几千年文明史中不断地发展变化着，漫长的演化史反映了人类对于犯罪和刑罚这对矛盾的认识不断地趋于深刻。在阶级社会中，刑罚与犯罪是永恒的话题，刑罪关系永远是困扰人们的难题之一。刑罚是回顾过去，着眼于已然的犯罪，还是前瞻将来，着眼于未然的犯罪，势必出现不同的用刑指导思想，产生不同的用刑实践。刑罚着眼于已然的犯罪，则体现的是惩罚，产生的是罪刑相当的公正理念和用刑实践;刑罚着眼于未然的犯罪,则体现的是预防,产生的是轻罪重刑的威吓以及立足人身危险性的教育理念和用刑实践。

从感性上看,刑罚的变化可能源于经济的发展、所有制的变化、人的价值认识、君臣权力争夺以及君权和人权的斗争等复杂的因素。但从理性上看,刑罚演变的核心因素还是人类对于犯罪问题的认识和态度变化。无论是从死刑核心到肉刑核心,还是到自由刑核心,以及当代财产刑的地位不断上升,种种变化都反映出刑罚的逐渐成熟和理性。尤其是当今国际范围内对刑罚折中理念的趋同,更是说明了刑罚对于犯罪的存在和可能的全面考量和理性对待。

思考题

1. 试述刑罚的起源。
2. 试述蒙昧时代刑罚的主要特点。
3. 试述科学时代刑罚的主要特点。
4. 试述刑罚的发展趋势。

第四章　刑罚的功能

第一节　刑罚功能概述

一、刑罚功能的概念

刑罚功能是国家制定、适用和执行刑罚所可能产生的积极的社会作用。刑罚功能是刑罚内在属性的外化，是刑罚内在属性在其运动过程中的外在表现。这也决定了刑罚功能不同于刑罚的本质，刑罚本质是静态的，而刑罚功能则是通过对刑罚的动态考察来得到对刑罚的认识。

二、刑罚功能的特征

从刑罚功能的概念中可以明确刑罚功能的特征，即刑罚功能是刑罚的社会作用、刑罚的积极作用和刑罚的可能作用。

（一）刑罚功能是刑罚的社会作用

社会作用是相对于自然作用而言的。刑罚的社会作用是指刑罚对整个社会成员都发生作用，这里不仅包括犯罪人，而且包括被害人、潜在的犯罪人及其他守法公民。我们不能因刑罚的直接作用对象是犯罪人，就否定刑罚对犯罪人以外的其他人所发生的作用。潜在的犯罪人是社会上的不稳定公民，具有犯罪意识，只是没有转化成犯罪行为，刑罚的制定及对犯罪人进行的刑罚惩罚，不可避免地会对潜在的犯罪人的思想产生影响，在一定程度上抑制其犯罪意识。被害人因受到犯罪的侵害，基于本能会对犯罪人产生报复等情感和欲望，而对犯罪人进行刑罚处罚会使被害人心理上得到安慰并消除被害人的报复心理。其他的守法公民痛恨犯罪，渴望安宁，刑罚的制定和适用会对他们产生一定的心理作用。由此来看，考察刑罚的功能，不应仅限于刑罚对犯罪人的作用，而应从整个社会的角度，即应将整个社会成员都纳入考察的范围，这样才能对刑罚的功能予以全面了解并进行恰当的评估。

（二）刑罚功能是刑罚的积极作用

不同的人对刑罚的感受是不一样的，有的作出积极的反映，作出有利于社会的反映,有的则是消极的反映。这里强调的是积极的反映,即刑罚的积极作用。刑罚有其积极作用,也有其消极作用,正如德国学者耶林所说,“刑罚如两刃之剑,用之不得其当,则国家与个人两受其害”。我们在强调刑罚积极作用的同时,不能忽略刑罚消极作用的存在,刑罚消极作用的产生既有刑罚自身的原因,如刑罚方法存在的缺陷,也有刑罚适用不当的因素。要尽可能避免刑罚消极作用的出现,发挥刑罚的积极作用。

(三)刑罚的功能是刑罚的可能作用

刑罚的可能作用是一种潜在的作用,是指刑罚功能的发挥还只是蕴含在刑罚之中的一种客观的现实可能性。其一,刑罚功能是客观存在的,而不是主观臆想的。其二,它是一种可能性,而不是现实性,也因此而将刑罚功能与刑罚效果相区分。刑罚效果是已经实现了的刑罚功能,或者说现实性包含在可能性之中,没有刑罚功能,也就不会产生相应的刑罚效果。其三,可能性转换为现实性需要一定的条件,意味着不是所有的可能性都会变成现实性,即刑罚可能产生的积极作用并不一定都转化为现实,但不能因此否认刑罚功能的客观存在。如刑罚有改造功能,然而并不意味着所有的犯罪人都能被改造好,有些犯罪人在刑满释放后仍然重新犯罪,但我们并不能否认刑罚改造功能的存在。基于对刑罚的可能作用的认识,须防止两种倾向:一是刑罚无用论,二是刑罚万能论。

第二节　刑罚的具体功能

一、剥夺功能

剥夺功能是刑罚的首要功能和最基本的功能,是随着刑罚产生而具有的功能。剥夺功能是刑罚其他功能的前提,离开了剥夺功能,刑罚的其他一切功能都无从谈起,刑罚的惩罚性本质正是通过对犯罪人权益的剥夺而体现出来的。

(一)剥夺功能的惩罚之义

刑罚的剥夺功能是通过对犯罪人权益的剥夺或限制而体现出来的。不同的刑罚方法其所剥夺或限制的权益内容是不同的,死刑剥夺的是生命权,自由刑剥夺或限制的是犯罪人的人身自由权,财产刑剥夺的是财产所有权,资格刑剥夺的是一定权利和资格的享有权。无论哪一种权益的剥夺或限制都必然对犯罪人造成生理或精神上的痛苦,这种痛苦是必须加诸犯罪人的痛苦,此痛苦既是犯罪人实施犯罪行为的法律后果,是国家对犯罪人的惩罚,并以此来维护社会公平和正义,也是对犯罪人的否定评价。也正因如此,有的学者将刑罚剥夺功能的惩罚之义称为“奠基于报应之上的剥夺功能”,认为刑罚首先是对犯罪人的惩罚,是犯罪必然的报应,而这种惩罚和报应则具体通过刑罚的剥夺功能来实现。日本学者吉川经夫对刑罚的剥夺功能所具有的含义作出了明确具体的阐述,他认为,“作为报应的刑罚,以对受刑者剥夺其财产,或剥夺其身体的自由,有时剥夺其生命为内容。那对被判处刑罚者是明显的非常痛苦。刑罚是一种害恶,必然发生痛苦这一现实,必须率真地承认”。

然而,对犯罪人权益的剥夺并不是无限制的,对犯罪人权利剥夺的目的是让犯罪人感受到痛苦,但不能超过必要的限度,超过必要限度的刑罚痛苦是残酷而不人道的。因此,对犯罪人权利的剥夺需要与犯罪人所造成的危害相适应,以维护社会的公平正义。

(二)剥夺功能的预防之义

对犯罪人权益的剥夺或限制不仅在于惩罚犯罪人,体现国家对犯罪人的否定评价,还在于对犯罪人再犯罪能力的剥夺或限制,通过对犯罪人权益的剥夺或限制来预防犯罪人再犯罪。对权益的剥夺或限制之所以能预防犯罪人再犯罪,是因为这些权益有可能成为犯罪人再次犯罪的前提和条件。刑罚对这些权益的剥夺和限制,可以使犯罪人失去再次犯罪的资格、条件和能力,从而起到个别预防的作用。因此,有学者将其称为“立足于预防之上的剥夺功能”。不同刑种的剥夺或限制犯罪功能是不同的。生命刑是使犯罪人完全失去了再次犯罪的能力,自由刑是永久或一定时间内剥夺或限制犯罪人再犯罪能力,财产刑和资格刑对某些犯罪人再次实施某些犯罪有较强的预防功能。

剥夺犯罪能力论最早由意大利学者龙勃罗梭提出,龙勃罗梭在前人心理病理学基础上,运用实证的方法,对几千名犯罪人作临床和人体测量学的调查,并进行尸体解剖。最终,他认为,犯罪人之所以会犯罪是由遗传性和堕落性造成的。遗传性因素包括生理上的缺陷和心理上的特质,而堕落性因素包括身体发育不完全、疾病等,这些因素决定了某些人必然要实施犯罪,即其主张的“天生犯罪人”。天生犯罪人约占全部犯罪人总数的33%。这些天生犯罪人不是根据威慑心理模式行事的,而是受无意识的动机的压抑而行事的,威慑对于他们来讲如同对牛弹琴。对于他们,只有通过监禁、隔离、死刑、流放荒岛等方法来防止其犯罪。

剥夺再犯能力,作为刑罚剥夺功能的重要内涵,在现代各国的刑罚制度中都得到了充分的体现。但也必须充分认识剥夺功能存在的局限性:一是预测的准确性难以保障;二是剥夺和限制的相对性;三是剥夺和限制的暂时性。

二、改造功能

改造功能是刑罚的主要功能之一，它与剥夺功能都是针对犯罪人而言的，但剥夺功能是刑罚与生俱来的功能，与刑罚同时产生，而改造功能是近代才提出来的。改造功能的发挥主要是在行刑阶段，因此很大程度上要依赖于自由刑。只有在自由刑成为刑罚主流，自由刑的执行被高度重视以后，改造功能的重要意义才得以显现出来。

改造，也即矫正，我国与西方国家的说法不一样。荷兰启蒙思想家格劳秀斯曾提出惩罚的第一目的是“矫正”的思想，英国功利主义法学家边沁使之得到进一步的发展，边沁根据功利主义原则，提出应当以尽可能小的代价防止犯罪，而对犯罪人进行有效的矫正无疑是达到这一目的的最佳途径。而犯罪社会学派代表、德国刑法学家李斯特完成了关于矫正罪犯的系统理论。李斯特认为，应通过矫正来消除犯罪人的人身危险性，使其不再犯罪，并认为“矫正可以矫正的，不能矫正的不使之为害”。

在我国，刑罚改造功能的存在的理论依据在于：一是基于无产阶级改造社会和改造人类的伟大使命。马克思指出：“为了谋得自己的解放，同时达到现代社会由于本身经济发展而不可遏制地趋向着的更高形式，他们必须经过长期的斗争，必须经过一系列将环境与人都改变的历史过程。”①毛泽东同志曾经指出：“无产阶级和革命人民改造世界的斗争，包括实现下述任务：改造客观世界，也改造自己的主观世界……所谓被改造的客观世界，其中包括了一切反对改造的人们，他们的被改造，须要通过强迫的阶段，然后才能进入自觉的阶段。”②二是基于人是可以改造的辩证唯物主义的认识观。马克思主义认为，人不仅是自然的产物，更重要的是社会的产物。人的思想意识并非头脑里所固有的，而是来源于社会实践，是自然界和社会客观存在的事物在其头脑中的反映。因此，人的思想意识是可以改变的，犯罪人的思想观念和行为方式也是可以改变的。

罪犯是可以改造的，但其改造是有条件的，必须以强制性为前提，其改造会经过“强迫—半强迫—自觉”的过程。

三、威慑功能

刑罚的威慑功能，亦称威吓、震慑功能，其含义为刑罚以其具有剥夺权益的强

① 《马克思恩格斯选集》（第2卷），人民出版社1972年版，1976年印，第379页。
② 《毛泽东选集》（第1卷），人民出版社1991年版，第296页。

制力而令人畏惧以致不敢犯罪。现代刑罚的威慑在于一种心理反应,通过刑罚的制定与适用让人们从心理上产生恐惧、畏惧反应,而不敢实施或再次实施犯罪。

(一)正确认识威慑功能

同剥夺功能一样,刑罚的威慑功能也是刑罚惩罚性本质最直接的体现。刑罚的国家强制力加以保证的惩罚必然使人产生畏惧而极力避免遭受这种惩罚。

刑罚的威慑功能一直倍受重视甚至推崇,其直接结果之一便是重刑思想。例如,在中国刑罚史上,周公旦"治乱国用重典"的主张对后世产生了深远的影响,而所谓"乱世用重典"的根据就在于刑罚的威慑功能。又如,商鞅的"重刑连其罪,则民不敢试,民不敢试,故无刑也"①,韩非的"重一奸之罪而止境内之邪,此所以为治也"②等,都源于对刑罚威慑作用的推崇,进而导致重刑主张。无论是在东方还是在西方,都有过对死刑的滥用阶段,也说明了这一点。当然,在对刑罚功能的认识不断发展变化过程中,也产生了否定威慑功能的思想和主张。例如,黑格尔提出,"如果以威吓为刑罚的根据,就好像对着狗举起杖来,这不是对人的尊严和自由予以应有的重视,而是像狗一样对待他"③。

刑罚威慑功能的存在是客观事实,刑罚威慑功能不会大到无边而使人迷信的程度也是客观事实。因此,对刑罚的威慑功能,既不能断然否定,也不能随意夸大。

(二)制刑威慑、量刑威慑与行刑威慑

一般认为,在刑罚的创制、适用和执行阶段,都存在威慑功能。有的学者从刑法学意义上将其提炼为"立法威慑"与"司法威慑",我们也可以从刑罚学的角度将刑罚在其运行的三个不同阶段的威慑功能提炼为"制刑威慑"、"量刑威慑"与"行刑威慑"。制刑威慑就是国家通过刑罚的创制与公布,向世人昭示罪与刑的必然关系,使"公民皆知所避就"。量刑威慑是指通过对犯罪人适用刑罚,使欲犯罪者看到和确信犯罪所受到的刑罚惩罚,从中得到警戒。行刑威慑则体现在两个方面:一是通过对犯罪人执行刑罚,使其亲身体验受刑之苦,因畏惧刑罚而不敢再犯罪;二是通过对犯罪人受刑罚惩罚的所见所闻,使意欲犯罪者因畏惧遭受同样命运而打消犯罪之念。

制刑威慑、量刑威慑和行刑威慑是有机统一的,它们的共同作用使行刑的威慑功能得以发挥。

---

① 《商君书·赏刑》。

② 《韩非子·六反》。

③ [德]黑格尔:《法哲学原理》,范扬、张企泰译,商务印书馆1961年版,1982年印,第102页。

（三）个别威慑和一般威慑

刑罚的威慑从刑罚的作用对象来看，可以分为个别威慑与一般威慑。个别威慑是通过对犯罪人适用刑罚而使其不敢再次实施犯罪；一般威慑则是通过刑罚的制定、适用与执行而使社会上的其他人因畏惧刑罚而不敢实施犯罪行为。

四、安抚功能

安抚功能是针对被害人而言的功能，是通过对犯罪人予以刑罚处罚，在一定程度上满足被害人及其家属要求惩罚犯罪的强烈愿望，平息他们因受到犯罪侵害而产生的报复情感，抚慰其受到的精神创伤，防止他们对犯罪人实施私人报复。因此，日本学者将其称为“报复感情平息机能”。

从社会生活的实际情况来看，应当肯定刑罚对被害人具有安抚功能或报复感情平息机能。因为受到犯罪侵害后，基于犯罪侵害所造成的物质损失和精神痛苦，被害人及其家属不可避免地会对犯罪人产生憎恨甚至报复的心理，这是人类的自然情感。但这种报复是私力报复，而现代社会是不允许私力报复存在的。在此种情况下，只有通过其他的途径来满足被害人及其家属的报复愿望，这个途径就是国家行使刑罚权，通过对犯罪人进行刑罚处罚来满足被害人及其家属报复的愿望，使其心理上得到慰藉，精神上得到补偿。正如日本学者西原春夫所言：“认为刑罚具有这样的机能，如果正视社会生活的现实是容易理解的。既然现代国家独占刑罚权，禁止私人复仇，并且没有消灭人的复仇心，所以，解释为刑罚不能不经营这种机能。”①

五、教育功能

刑罚的教育功能是指通过制定、适用与执行刑罚，对犯罪人及其他社会成员的思想所产生的触动教育作用。

刑罚的教育功能体现在：其一，发挥刑罚的教育作用，通过刑罚的制定、适用与执行，提高广大公民遵纪守法的自觉性，使之认识到犯罪之后刑罚的不可避免性，并积极参与同犯罪分子的斗争。其二，发挥鉴别作用，即通过刑罚的制定、适用与执行，使犯罪人及其他公民了解刑罚，清楚罪与非罪的界限，从而达到预防犯罪的目的。刑罚的鉴别功能同样可以分为制刑鉴别、量刑鉴别与行刑鉴别。制刑鉴别即通过刑罚的制定、公布和宣传，使人认识某些行为的性质，清楚地了解什么是法律所

① ［日］西原春夫：《刑法总论》，成文堂1978年版，第437页。

禁止的、什么行为是刑罚所惩罚的。制刑鉴别对刑罚教育作用的发挥至关重要，其意义在于防患于未然，使人在实施某种行为之前先对行为的性质有所鉴别，进而有所规避、有所选择。因此，韩非说："法莫如显……是以明主言法，则境内卑贱莫不闻知也。"①量刑鉴别则使人清楚地认识到犯罪行为与刑罚之间的必然联系。行刑鉴别通过对犯罪人实际执行刑罚而实现，更加切实地表明刑罚对犯罪的否定。刑罚的鉴别功能尤其体现在对不知法而犯罪者产生的影响之上，因为对于这类犯罪人而言，刑罚的威慑作用微乎其微，甚至不存在。从这一意义上讲，刑罚的鉴别功能是对威慑功能的有力补充。

六、鼓励功能

刑罚的鼓励功能是指通过对犯罪人适用与执行刑罚，对广大公民所产生的鼓舞与激励作用。它是一种肯定功能，其意义在于肯定、巩固、强化公民的守法意识。

一方面，犯罪以侵犯国家、社会和他人利益的方式，牟取个人利益，既降低公民的社会安全感，又是对奉公守法、正当获利的一种挑战。通过对犯罪人适用刑罚，可以使公民的痛恨情感得到平息，社会正义得到维护，守法的价值得以体现。通过直接对犯罪行为进行惩罚，间接肯定了守法行为。

另一方面，刑罚的创制中明确规定公民正当防卫的权利，保护公民检举、揭发犯罪的权利，直接起到了鼓励公民为保护自己或社会的利益而自觉地、坚决地与犯罪作斗争的作用。

刑罚上述功能的客观存在是不争的事实。但刑罚功能的实现有赖于国家的刑事法律活动，即刑罚功能是否发挥出来，以及发挥到何种程度，最终产生什么样的效果，取决于人们的主观选择。因此，在不同的历史时期，不同的国家和地区刑罚功能的内涵及实际效果会存在一定的差异。

思考题

1. 简述刑罚功能的概念和特征。
2. 试述刑罚的剥夺功能。
3. 试述刑罚的改造功能。
4. 试述刑罚的威慑功能。

---

① 《韩非子·难三》。

第五章　刑罚目的

第一节　刑罚目的概述

一、刑罚目的的概念

刑罚目的是国家制定、适用和执行刑罚所追求的客观效果。

恩格斯指出:“在社会历史领域内进行活动的,是具有意识的,经过思虑或凭激情行动的,追求某种目的的人;任何事情的发生都不是没有自觉的意图,没有预期的目的的。”①国家制定、适用和执行刑罚也有其所期望达到的效果,这就是我们所说的刑罚目的。由此来看,刑罚目的属于主观范畴。然而,刑罚目的究竟是什么?我国学界见仁见智,归纳起来,主要有三种不同观点。

第一种是狭义的刑罚目的说。此观点将刑罚目的仅限在刑罚适用的阶段,认为刑罚目的是“指国家对犯罪分子适用刑罚的目的,即人民法院对犯罪分子判处刑罚所期望达到的结果”②。

第二种是中义的刑罚目的说。此观点不再局限于适用阶段,认为还应包括制定阶段,即刑罚目的是国家制定刑罚和人民法院对犯罪分子适用刑罚所要达到的目的。③

第三种是广义的刑罚目的说。此观点认为刑罚目的包括刑事法律活动的所有阶段,认为刑罚目的“是指国家运用刑罚的目的,即国家通过制定、适用、执行刑罚所期望达到的目的”④。

上述三种观点都是从动态的角度去考察并界定刑罚目的,不同的是,它们对于刑罚目的外延的界定不同。显然,第三种观点即广义刑罚目的说的外延最为宽泛,

---

① 《马克思恩格斯选集》(第4卷),人民出版社1958年版,第243页。

② 高铭暄、马克昌主编:《中国刑法学》,中国人民大学出版社1989年版,第229页。

③ 陈兴良:《刑法哲学》,中国政法大学出版社2015年版,第437页。

④ 杨春洗、杨敦先主编:《中国刑法论》,北京大学出版社1994年版,第186页。

它涵盖了刑罚运行的整个过程,而这一观点也为更多的学者所接受。毕竟刑罚运行包括刑罚制定、刑罚适用及刑罚执行等不同的阶段,这些阶段彼此独立,但又是相互联系、相互配合、相互协调的。刑罚制定是前提,没有刑罚制定,刑罚适用也就没有了法律依据;而离开了刑罚适用,刑罚的执行也不复存在;没有刑罚执行,刑罚最终无法实现。如果仅将刑罚目的限于某一阶段,无异于是将一个有机联系的刑罚活动整体加以割裂,也无法准确界定刑罚目的。刑罚目的是国家制定、适用和执行刑罚的目的,是国家制定、适用和执行刑罚所追求的客观效果。

二、刑罚目的与相关概念的关系

(一)刑罚目的与刑罚本质

刑罚本质是刑罚的内在属性,是决定刑罚之所以成为刑罚的根本方面,是刑罚所固有的。它不以人的主观意志为转移,并使刑罚与其他事物相区别。

刑罚的本质属于客观范畴,明显不同于属于主观范畴的刑罚目的。但二者又有一定的联系:其一,存在决定意识,刑罚目的同样是由刑罚本质所决定的,刑罚本质是刑罚目的得以确立的根本前提和决定性因素。“作为一种合目的性的人为之物,刑罚乃是国家基于对其属性(特别是其本质属性)的认识,并为了利用其各种属性,特别是其本质属性,而设计创造出来的。”①其二,刑罚目的并不是消极地受刑罚本质所左右,如同意识可以反作用于存在一样,刑罚目的在一定程度上也可以反作用于刑罚本质。例如,若单纯地将刑罚目的确定为报应,必然会使刑罚的惩罚性过度膨胀,从而导致刑罚的过苛和刑罚的浪费;反之,如果将预防作为刑罚的唯一目的,则又会忽略刑罚的惩罚性,使犯罪人被当成实现某种功利目的的工具,而忽略了刑罚的公正性。

(二)刑罚目的与刑罚功能

刑罚功能是国家制定、适用和执行刑罚所可能产生的积极的社会作用。与刑罚本质一样,刑罚功能也是客观存在的,不以人们的意志为转移。然而,刑罚功能和刑罚目的同样有一定的联系,发挥刑罚功能是为了实现刑罚目的;而刑罚目的之所以能够实现,是因为刑罚具有刑罚功能,否则,刑罚目的只能是可望而不可即的空中楼阁。

刑罚本质、刑罚功能与刑罚目的三者的关系是:刑罚目的是人们借助刑罚功能所希望达到的表现刑罚本质的结果;刑罚目的是人们希望通过刑罚功能的充分发挥所达到的结果。

---

① 谢望原:《刑罚价值论》,中国检察出版社 1999 年版,第 116~117 页。

第二节 刑罚目的基本理论

不同的刑事立法、刑事司法所蕴含的不同的刑罚政策选择体现了对刑罚意义的不同理解以及对刑罚目的的不同追求,而“当代刑罚一直处于两股热情的争夺之中:一种观点认为对道德上不齿行为的惩罚本身就具有正当性;另一种观点认为刑事程序的唯一和适当的目的就是预防反社会行为的发生”。[①] 前者为报应主义刑罚观,后者为功利主义刑罚观。报应论、预防论(功利论)都曾占据一定的地位,在当代,在深刻认识到报应论与预防论的不足的基础上出现整合报应论与预防论的一体论。

一、报应论

“报应”一词本意源于佛教用语,即所谓“善有善报,恶有恶报”,种善因得善果,种恶因得恶果。作为教义,报应主要是对恶行的一种禁忌,提醒人们不要作恶。在世俗社会,报复、报仇、复仇作为报应的同义词往往被看作一种正当的行动而采用,“罪有应得”则是对这类行动的肯定评价,其中蕴含着一种朴素的公正观念。因此,报应观念实际上是社会公正观念的神圣化,寄托着人们对恶行予以报复、报仇、复仇的正当期待,体现着人们对报复行动的肯定评价。与中国一样,西方立足于朴素的社会报应观念来解释刑罚问题,历史久远。最早将刑罚的目的归结为报应的,是古希腊哲学家亚里士多德。亚里士多德认为:“以刑罚惩治罪恶,就某一意义(如给人痛苦)而言,仍旧只是一种可以采取的坏事,相反,人就惩恶的目的在于消除罪恶而言,施善恰恰是可以开创某些善业而成为善德的基础。”

报应论成为一派刑罚理论,起始于德国古典哲学家康德、黑格尔的刑罚哲学。报应论的核心思想在于,主张犯罪是刑罚的先因,刑罚是犯罪的后果。其认为善有善报、恶有恶报是天经地义,是社会公正观念的体现。犯罪是一种恶,应该受到恶的报应,而刑罚则正是这种“恶报”的具体化。因此,报应论主张,社会报应观念是刑罚赖以存在的正当根据,刑罚是为惩罚犯罪人、谴责犯罪而存在的,刑罚只能以已实施犯罪的人为其唯一对象,刑罚的轻重取决于已然的犯罪的严重程度。

刑罚与犯罪的关系,从不同的视角出发,既可以“回顾”,也可以“前瞻”。所谓

---

① 转引自梁根林:《合理地组织对犯罪的反应》,北京大学出版社2008年版,第213页。

“回顾”,是指刑罚与既已发生的、客观存在的犯罪的关系,即刑罚与已然的犯罪的关系。所谓“前瞻”,是指刑罚与尚未发生的犯罪之间的关系,即刑罚与未然的犯罪的关系。可以看出,报应论主张刑罚是对已然的犯罪的回顾。

报应论在其演变和发展的过程中,形成了各种不同的立论。以不同的立论角度为根据,报应论可以划分为以下几种:

(一)从报应的根据角度划分

从报应的根据角度,报应论可以划分为神意报应论、道义报应论和法律报应论。

1. 神意报应论

该立论认为神是正义的象征,神意就是正义。神是人世间万物的主宰,世俗社会秩序是神的安排,是神的秩序的折光反射。犯罪侵害了世俗社会秩序,实质上也就是违背了神的意志,故应受到神的惩罚。国家是神在人世间的代言者,神授予国家以刑罚权,国家设置刑罚以惩罚犯罪人,是执行神的意志,是根据代表正义的神意而行的报应。

德国学者斯达尔和约尔克是神意报应论的代表人物。神意报应将法律与宗教混为一谈,用虚幻世界的神意,来解释世俗世界的刑罚问题,显然是荒谬的。

2. 道义报应论

德国著名哲学家康德创立了道义报应的刑罚哲学。康德认为,“人是现实上创造的最终目的”①。人作为目的的价值应受到尊重,作为目的的人是道德的人,受道德律的支配,自身的权利不受侵害,也不侵害他人的权利。犯罪人侵害了他人的权利,没有尊重他人作为目的的价值,违背了道德律,因而应受惩罚。正如康德所指出的:“违背道德上之原则,加害恶于他人者,须受害恶之报应(刑罚),此理有固然者也。”②即为了恢复他人作为目的的价值,恢复被犯罪人所侵害的道德秩序,犯罪人应受惩罚,亦即道义报应是刑罚的正当根据。从这一观点出发,康德主张,对犯罪人适用刑罚,应以其道德罪过为基准。依照刑法的绝对命令,刑罚必须是对犯罪的“动的反动”。只有依照同害报复的原则,使体现正义的刑罚所施加予犯罪人的痛苦与犯罪加予被害人的恶害保持数量的绝对等同,才能维持正义和天平的均衡。对此,康德进行了经典的阐述:“任何一个人对人民当中的某个个别人所作的,可以看作他对自己作恶。因此,也可以这样说:‘你诽谤了别人,你就是诽谤了自己;如

① [德]康德:《判断力批判》(下卷),韦卓民译,商务印书馆1964年版,第89页。

② 转引自高铭暄主编:《刑法学原理》(第3卷),中国人民大学出版社2005年版,第49页。

果你偷了别人的东西,你就是偷了自己的东西;如果你打了别人,你就是打了你自己;如果你杀了别人,你就是杀了你自己。'这就是报复的权利。"①在康德看来,只有这种与犯罪恶害同态的、等量的刑罚才是公正的报应,这也就是等量报应。从等量报应角度考虑,康德指出,"谋杀人者必须处死"。

道德与法作为两种现实的社会现象,有着密切的联系,用道德罪过来解释刑罚的本质,有其合理的成分。但是,道义报应论把刑罚的意义完全归结为恢复道德秩序,把道德作为刑罚的唯一决定因素,显然是不合适的。尤其是康德主张的等量报应,正如黑格尔所说,根据这种观点,很容易得出刑罚上同态报复的荒诞不经的结论。例如,以牙还牙,犯罪人全口牙齿都已脱落怎么办?② 犯罪的表现形式是多种多样的,"法有限,情无穷",刑罚不可能与之绝对等同,这也证明了等量报应的局限性。

3. 法律报应论

在否定康德的道义报应主义的基础上,黑格尔将其辩证法中的否定之否定规律运用于对犯罪与刑罚关系的考察,提出了著名的法律报应主义。其认为正义的根据在于法律,刑罚是对犯罪的法律的报应。"刑罚毕竟只是犯罪的显示,这就是说,它是以前一半为前提的后一半。"③黑格尔认为,犯罪是对法律秩序的否定,刑罚则是对犯罪的再否定,"刑罚不过是否定的否定"④。犯罪是犯罪人基于自由意志而选择的危害社会的行为,因而是一种害恶。而善有善报、恶有恶报是社会常理,从这一社会报应观念出发,作为害恶的犯罪理所当然地应受恶的惩罚,刑罚则只不过是这种恶的处罚的有形的体现。因此,犯罪和刑罚之间只能是一种因果报应关系。故国家运用刑罚惩罚犯罪就是为了使否定法的犯罪得到再否定。正是为了强调法的价值,恢复被犯罪侵害的法律秩序,才能存在作为犯罪之否定的刑罚。

黑格尔主张,对违背法律的犯罪予以报应,便是刑罚的正当根据。其主张从犯罪人的客观行为中去寻找刑罚的概念和尺度,即刑罚以已然的犯罪为对象,刑罚的分量取决于犯罪所造成的损害的大小,刑罚应该与犯罪是内在价值上的等同,"不是侵害行为特种性状的等同,而是侵害行为自在地存在的性状的等同,即价值的赞

---

① 法学教材编辑部《西方法律思想史编写组》编:《西方法律思想史资料选编》,北京大学出版社1983年版,第424页。

② 法学教材编辑部《西方法律思想史编写组》编:《西方法律思想史资料选编》,北京大学出版社1982年版,第449页。

③ [德]黑格尔:《法哲学原理》,范扬、张企泰译,商务印书馆1961年版,第99页。

④ [德]黑格尔:《法哲学原理》,范扬、张企泰译,商务印书馆1961年版,第100页。

同”①。但此处的等同也只能做到接近于等同,而不存在绝对的等同。

法律报应论从法律本身寻求刑罚的正当根据,注重刑罚作为法律制裁手段的特殊性,强调用法律作为尺度衡量犯罪的危害,确定刑罚的分量。同时,黑格尔抛弃了康德同害报复的刑罚原则,代之以罪刑等价主义,显然有着更加进步的意义。但是,完全排斥道德评价在解释刑罚规范过程中的意义,以及把国家确立刑罚的目的理解为仅仅是恢复被犯罪所侵害的法律秩序,都是法律报应论所存在的缺陷。

(二)从是否主张报应是刑罚的唯一根据角度划分

从是否主张报应是刑罚的唯一根据角度,报应论可以分为绝对报应论与相对报应论。

1. 绝对报应论

绝对报应论认为,报应是刑罚赖以存在的唯一根据,刑罚的目的就是惩罚本身,认为预防犯罪不是刑罚的根据,也不能成为刑罚的目的。绝对报应论由康德、黑格尔首倡。康德指出,如果不把报应而把预防犯罪当作刑罚的正当根据,那么,“公正就不成为公正,好像它被什么东西换走了”。② 而被认为是绝对报应论在现代的代言人的布雷德利更是认为:“刑罚只有在该受惩罚时才成其为刑罚。我们只是因欠罪犯的惩罚账才用刑,而无其他理由。如果刑罚是因其他任何理由而适用的,即不是基于错误之罪有应得而适用的,则刑罚便是一种严重的不道德,一种惊人的不公正,一种极其可恶的罪恶,而不是它所伪装的任何东西。”③

2. 相对报应论

相对报应论认为,刑罚是一种报应,但同时具有预防犯罪的目的,包括一般预防与特别预防。德国刑法学家费尔巴哈则认为,刑罚既有报应根据,也有功利根据,即刑罚对于犯罪人是报应,对于一般人则是通过威吓而预防犯罪。费尔巴哈与康德一样否认把个别预防作为刑罚的目的,认为如果把个别预防作为刑罚的目的,则刑罚就不是针对既已存在的犯罪事实,而是针对犯罪人将来可能实施的行为,从而把犯罪人当作防卫社会的手段,进而侵害了犯罪人“作为人的人格”。因此,费尔巴哈认为,“犯罪人也是人,不管在哪种场合,只有以犯罪人犯了罪为由才能科处刑罚”④。同时,费尔巴哈又提出了心理强制学说,主张刑罚对一般人有通过威慑而预

---

① [德]黑格尔:《法哲学原理》,范扬、张企泰译,商务印书馆1961年版,第104页。

② 法学教材编辑部《西方法律思想史编写组》编:《西方法律思想史资料选编》,北京大学出版社1983年版,第424页。

③ 邱兴隆、许章润:《刑罚学》,中国政法大学出版社1999年版,第35页。

④ 邱兴隆、许章润:《刑罚学》,中国政法大学出版社1999年版,第38页。

防犯罪的作用。

二、预防论

预防论与报应论针锋相对，认为刑罚之所以存在，并不是因为它能够满足抽象的社会报应观念，而在于可以达到预防犯罪的目的。刑罚的正当根据与刑罚的目的是预防犯罪。而刑罚的分量则取决于预防犯罪的实际需要。

预防论以功利主义为哲学基础，对刑罚能够促进社会利益的多寡给予了深切的关注，一般称为功利论。美国学者戈尔丁指出："威慑论之正当性的最热忱的支持者曾是享乐主义的功利论者。享乐主义功利论是一种伦理学说，它认为只有快乐才是真正的好事，而痛苦才是真正的坏事。一个特定的行为的正确与否——或者按照某种说法——一种行为类型的正确与否，取决于它倾向于维持或者增加该社会中快乐对痛苦的有利平衡。遭受痛苦的唯一正当理由是，若非如此就会有更多的痛苦或更少的快乐。刑罚本身虽然是不愉快的，但只要它通过遏阻有害的（产生痛苦）行为而维持或增加了快乐对痛苦的有利平衡，它就可以是正当的……简言之，个人受惩罚是为了社会利益（普遍幸福）。"①

西方历史上用预防犯罪作为刑罚目的的观点可以追溯到古希腊智者派哲学家普罗塔哥拉。普罗塔哥拉指出："谁要是以理智来处罚一个人，那并不是为了他所犯的不法，因为并不能由于处罚而使已发生的事情不发生。刑罚应该为着未来而处罚，因此再不会有其他的人，或被处罚者本人犯同样的不法行为。"②在普罗塔哥拉之后，古希腊另一位著名的哲学家柏拉图也表达了同样的思想。柏拉图认为，刑罚的目的是使犯罪者改邪归正，惩罚不仅教育他本人，而且对其他人给予警告，并有教育作用。国家的一切惩罚措施都要以引导公民走向善德的道路为目的，给罪犯一个刺激，使其改变不义而恢复灵魂中的正义。柏拉图在他的著作《法律篇》中指出："刑罚并不是对过去的报复，因为已经做了的事是不可能再勾销的。它的实施是为了将来的缘故，它保证受处罚的个人和那些看到他受惩罚的人既可以学会彻底憎恶犯罪，还至少可以大大减少他们的旧习。"③柏拉图的这一观点得到后来被誉为"现代国际法之父"的荷兰启蒙思想家格劳秀斯的赞同。格劳秀斯指出："关于惩罚的目的，迄今我们说的只证明犯法者如果受到惩罚，是没有冤枉他们的。但是，

---

① ［美］戈尔丁：《法律哲学》，齐海滨译，三联书店 1987 年版，第 141 页。

② 林山田：《刑罚学》，台北，台湾商务印书馆 1992 年版，第 64 页。

③ 法学教材编辑部《西方法律思想史编写组》编：《西方法律思想史资料选编》，北京大学出版社 1982 年版，第 158 页。

由此不应得出必然的结论，认为他们应该受到惩罚，也不能认为这种惩罚一定是必要的……柏拉图在其法律篇中的观点，受到了人们的赞美，塞涅卡把它译为：‘没有一个聪明的人惩罚别人是因为他犯过错误，而是为了他今后不再犯错误’。”①

预防论按其预防对象的不同，可以划分为双面预防论、一般预防论及个别预防论等不同学说。

（一）双面预防论

双面预防主义始于享有“现代刑法学之父”厚誉的意大利学者切萨雷·贝卡里亚。1764年，26岁的切萨雷·贝卡里亚出版了其成名作《论犯罪与刑罚》，提出了法律的唯一目的在于“使大多数人得到最大幸福”这一功利主义的著名命题。其断然否定了以回顾已然为主旨的报应主义，提出“刑罚的目的既不是要摧残折磨一个感知者，也不是要消除业已犯下的罪行”。在否定报应主义的基础上，切萨雷·贝卡里亚提出了双面预防的刑罚目的观，认为“刑罚的目的仅仅在于：阻止罪犯再重新危害社会，并规诫其他人不要重蹈覆辙”。显然，“阻止罪犯再重新危害社会”体现刑罚的个别预防目的，而“规诫其他人不要重蹈覆辙”则是刑罚的一般预防目的。在这种刑罚目的论的指导下，切萨雷·贝卡里亚提出了罪刑均衡、刑罚及时等实现刑罚目的的一系列原则。其认为要预防犯罪，便必须使犯罪的阻力与犯罪动机的强度相适应。因此，人们试图实施的犯罪越严重，便越应以重刑相遏制，这就要求刑罚的严厉程度与犯罪的严重程度相均衡。切萨雷·贝卡里亚指出：“犯罪对公共利益的危害越大，促使人们犯罪的力量越强，制止人们犯罪的手段就应该越强有力，这就需要刑罚与犯罪相对称。”他进而提出了罪刑阶梯论，认为我们可以找到“一个由一系列越轨行为构成的阶梯，它的最高一级就是那些直接毁灭社会的行为，最低一级就是对于作为社会成员的个人所犯下的最轻微的非正义行为。在这两极之间，包括所有侵害公共利益的，我们称之为犯罪的行为，这些行为都沿着这无形的阶梯，从高到低顺序排列”。与犯罪的阶梯相对应，“也很需要有一个相应的，由最强到最弱的刑罚阶梯。有了这种精确的、普遍的犯罪与刑罚的阶梯，我们就有了一把衡量自由和暴政程度的潜在的共同标尺，它显示着各个国家的人道程度和败坏程度”。

继切萨雷·贝卡里亚之后，英国著名法理学家、伦理学家，被誉为“功利主义法学创始人”的边沁对双面预防论进行了发扬光大，并首次将刑罚的目的明确划分为“一般预防”与“特殊预防”。边沁认为，实现刑罚一般预防目的的途径是借助于刑

① ［美］戈尔丁：《法律哲学》，齐海滨译，三联书店1987年版，第141页。

罚的威慑作用。边沁指出:“一件过去的抢劫罪行,可能包含着削弱旨在防止这种罪行发生的政治法令的效力。这种政治法令防止抢劫的方法,就是宣布对任何犯抢劫罪的人,处以稳定的刑罚……如果刑罚最后实施了,这类犯罪的伤害性,才会最终停止。”①其认为刑罚特殊预防目的的实现主要取决于三个因素:第一,通过把犯罪人关押于一定的场所,使其丧失实施犯罪的身体能力;第二,借助道德改造、消除犯罪人欲望;第三,借助法律的威吓或恐怖而使犯罪人恐惧刑罚。与切萨雷·贝卡里亚主张罪刑均衡不同,边沁认为,刑罚目的的实现,不要求刑罚的分量与犯罪的严重性相适应,而要求刑罚与犯罪的诱惑相适应,认为刑罚的分量应该取决于犯罪人的主观情况与预防一般人犯罪的需要。他指出:“为预防一个犯罪,抑制动机的力量必须超过诱惑动机。作为一个恐惧的刑罚必须超过作为诱惑物的罪行。一个不足的刑罚比严厉的刑罚更坏。因为一个不足的刑罚是一个应被彻底抛弃的恶性循环,从中不能得到任何好结果。对公众如此,因为这样的刑罚似乎意味着他们喜欢罪行;对罪犯如此,因为刑罚未使其变得更好。”②

切萨雷·贝卡里亚与边沁尽管都是双面预防主义者,但他们并不认为特殊预防与一般预防并重,他们更加注重的是一般预防。切萨雷·贝卡里亚用了大量篇幅论述一般预防对于刑罚体系与刑罚原则的决定意义,而对于特殊预防则论述甚少。边沁则直截了当地指出:“无论如何,刑罚的主要目的都是一般预防。”切萨雷·贝卡里亚与边沁对一般预防的偏爱,为双面预防论的分化、一般预防论的崛起提供了条件。

(二)一般预防论

一般预防论产生于功利主义刑罚论内部。这一理论产生和流行于18、19世纪的德国,其内部又可分为立法威慑论、行刑威慑论和威慑—教育论。

1. 立法威慑论

立法威慑论由费尔巴哈所主张,认为可以通过法律的制定来发挥刑罚的威慑作用,以成文法的形式明确规定罪刑价目表,使意欲犯罪者因恐惧受刑之苦而舍弃犯罪之乐,自我抑制“违法的精神动向”,使这种“精神动向”不发展为犯罪行为。③心理强制说与罪刑法定主义为立法威慑论提供心理依据与法律依据。威慑的心理依据在于费尔巴哈提出的心理强制说。受功利主义思想影响,费尔巴哈认为,人是

---

① 法学教材编辑部《西方法律思想史编写组》编:《西方法律思想史资料选编》,北京大学出版社1983年版,第493页。

② [英]边沁:《立法理论:刑法典原理》,孙力等译,中国人民公安大学出版社1993年版,第69页。

③ 张卫平、邱兴隆:《费尔巴哈早期刑法思想剖析》,载《外国法学研究》1986年第1期。

理性的享乐动物,都有追求快乐、避免痛苦的本能。犯罪人之所以犯罪,是为了追求犯罪所带来的快乐,是由于受到了“潜在于违法行为中的快乐”的诱惑与“不能得到快乐时所潜在的痛苦的压迫”。① 为此,使违法行为中蕴含着某种痛苦,已具有违法精神动向的人就不得不在违法行为可能带来的乐与苦之间进行细致的权衡,当违法行为所蕴含的苦大于其中的乐时,主体便会基于舍小求大的本能,回避大于不违法之苦的苦,而追求大于违法之乐的乐,自我抑制违法的精神动向,使之不发展成为犯罪行为。由此,费尔巴哈认为,刑罚的威慑能起到心理强制作用,实现一般预防的目的。威慑的法律依据在于费尔巴哈所提出的罪刑法定主义,罪刑法定原则使威慑的对象限于刑法明文规定的范围之内,起到限制威慑的范围与强度的作用。

2. 行刑威慑论

行刑威慑论的代表人物是菲兰杰里。菲兰杰里认为,刑罚的目的不在于追求法律中所确定的刑罚可能产生的纸上谈兵式的威慑作用,而在于执行刑罚时的活生生的场面所产生的令人望而生畏的作用。“刑罚的执行给公众以恐怖,使之目击犯罪所应得的惩罚而生戒心,进而防止一般人犯罪。”②

3. 威慑—教育论

威慑—教育论的代表人物是巴也尔。巴也尔认为,犯罪的原因多种多样,为满足欲望而犯罪者虽然不乏其人,但因不知行为的应受惩罚性与因行为者缺乏道德而犯罪者也大有人在。所以说刑罚不可能对所有人都起到威慑作用,以威慑作为一般预防的唯一内容是不科学的。更重要的是,对于不知自己行为的违法性和缺乏道德而可能犯罪的人,刑罚的作用不是威慑而是教育。因此,教育这类人不犯罪,也应该成为一般预防的内容。

(三)个别预防论

报应论以及预防论中的双面预防论、一般预防论同属古典学派的刑罚理论,在研究方法上带有很大的经验主义色彩。这些理论大都是奠基于对犯罪原因、人的心理的定性分析与逻辑推理之上。其代表人物大都从“犯罪是犯罪人自由意志的结果”这一命题中寻找国家刑罚权的根据。双面预防论和一般预防论虽然把刑罚的目的建立在对刑罚的作用的认识上,但对刑罚的作用的认识并没有辅之以必要的实证研究与定量分析的结论作为论据。因此,其刑罚理论难免失之空泛,缺乏足够的说服力。当一般预防主义占据长期的统治地位以后,西方国家的犯罪率尤其

---

① 张卫平、邱兴隆:《费尔巴哈早期刑法思想剖析》,载《外国法学研究》1986 年第 1 期。

② 高铭暄主编:《刑法学原理》(第 3 卷),中国人民大学出版社 2005 年版,第 53 页。

是累犯率大幅度增加,刑罚的威慑作用引起人们的怀疑。与此同时,欧洲大陆兴起实证主义哲学,倡导观察优于思考的学风。这样,刑事古典学派以法律概念中的刑罚为对象的研究方法受到冲击,以实证主义为思想方法的个别预防主义应运而生。

个别预防论属于刑事实证学派的刑罚理论。它产生于19世纪末,盛行于20世纪前半叶。个别预防论的主要代表人物有意大利的龙勃罗梭、菲利和德国的李斯特,他们分别代表了不同的三个学派,即剥夺犯罪能力论、刑罚替代物论和教育刑论。

1. 剥夺犯罪能力论

龙勃罗梭运用实证的方法对犯罪原因进行考察,认为犯罪不是犯罪人的自由选择,而在于遗传性的犯罪基因与堕落因素。身体上的缺陷决定了某些人必然犯罪,即所谓"天生犯罪人"。龙勃罗梭认为"意志自由只是哲学家的虚构,在现实生活中,一个人根本没有意志自由可言,人的行为是受遗传、种族等先天因素制约的,对于这些人来说,犯罪是必然的,是命中注定的"①。也就是说,刑罚对于天生犯罪人并不能产生威吓作用,因此,刑罚不能以一般预防为目的。

对于天生犯罪人,龙勃罗梭主张应根据不同的情况,分别采取以下措施:(1)对尚未犯罪但有犯罪倾向的人实行保安处分,即预先使之与社会相隔离;(2)对于具有犯罪生理特征者予以生理矫治,即通过医疗措施如切除前额、剥夺生殖机能等来消除犯罪的动因;(3)将犯罪危险性很大的人流放荒岛,终身监禁及至处死。这三种措施的共同目标都是使犯罪人丧失犯罪或再犯罪的能力或条件,因此,龙勃罗梭的刑罚理论被称为剥夺犯罪能力论。

2. 刑罚替代物论

龙勃罗梭的学生菲利认为,天生犯罪人论有其合理之处,也有不足之处。菲利认为,犯罪是个人体质、社会环境和自然条件三者作用的结果,当这三种因素达到一定量时,必然产生一定的犯罪;犯罪就像一种化学溶剂,到了一定的程度就不再变化,即在一定条件下,犯罪可以达到饱和状态。这就是菲利著名的犯罪饱和定律。

根据犯罪饱和定律,社会环境一旦变化为不再造成犯罪的良好环境,那么所有的犯罪就达到了饱和状态。也就是说,不适用刑罚,犯罪也是可以被控制乃至消灭的。因此,菲利否认国家具有处罚犯罪人的刑罚权,进而提出刑罚替代物论,主张根据造成犯罪人不同的人格的社会情形,用不同的救治方法取代刑罚。菲利指出:"我们坚信,科学真理的成就将把刑事司法变成一种自然功能,用以保护社会免受

---

① 陈兴良:《基因的奴隶——龙勃罗梭论》,载《比较法研究》1994年第1期。

犯罪这种疾病的侵害，铲除所有今天尚存在的复仇、憎恶和惩罚等未开化时代的遗痕。”①他认为采取一些替代刑罚的措施可以减少和预防犯罪。例如，减轻关税可以防止走私等犯罪，用金属货币替代纸币可以减少伪造货币罪，加宽道路、设置路灯可以防止夜盗，将公有森林分给穷人可以减少盗伐林木罪，保护非婚生子女可以避免堕胎、溺婴罪等。

3. 教育刑论

教育刑论的倡导者李斯特认为，犯罪既非犯罪人自由意志的结果，也非天生固有的，而是不良社会环境的产物。他指出“大众的贫穷，是培养犯罪的最大基础”，认为贫困、失业、亚文化的影响等决定了人必然犯罪。国家不应该惩罚作为社会环境的牺牲品的犯罪人，而应该用刑罚教育改造犯罪人。刑罚的本质应该是教育而不是惩罚。

因此，李斯特主张刑罚应以改造罪犯、保卫社会为出发点，不仅要根据犯罪人的具体情况，对其进行教育改造，使其尽快复归社会，而且应根据犯罪人的人身危险性程度，适用相应的刑罚，使刑罚的轻重符合改造罪犯、保卫社会的需要。在此基础上，李斯特进一步提出了刑罚的个别化问题，主张根据犯罪人的人身危险性即再犯罪的可能性以及其人格形成过程，来决定适用相应的刑罚；同时，他把犯罪人分为偶犯、惯犯、可能改造者与不可能改造者等类别，按具体情况分别适用刑罚。

三、一体论

通过对报应论与预防论的分析不难看出，报应论强调刑罚以现实的犯罪为基础，注重刑罚对已然之罪的惩罚，功利论则注重防患于未然，使刑罚由消极的惩治转向了积极的预防。二者都从各自的角度揭示了刑罚与犯罪的关系，阐明了刑罚存在的合理性，但又都存在本身难以克服的片面性。预防论的致命弱点在于追求刑罚的功利性可以得出惩罚无辜是正当的这种极端结论，即预防论承认刑罚本身是不愉快的，是以恶治恶的无奈选择，但只要它通过遏制有害行为而维持或增加了社会中快乐对痛苦的有利平衡，它就可以是正当的。所以，预防论认为惩罚单个人是为了社会的普遍利益，从而忽视了正义的客观考察。报应论虽然满足了社会的报复心理或正义观念，但无效益却是其致命的弱点，就像美国学者泰勒所指出的，报应既未改变犯罪人，也未阻止犯罪人或任何其他人将来可能进行的伤害，没有什么社会效益可言。正是出于对报应论与预防论二者的弊端与缺陷的不断认识，人

---

① ［意］恩里科·菲利：《实证派犯罪学》，郭建安译，中国政法大学出版社1987年版，第21页。

们越来越趋向一种折中主义的态度，正如美国学者哈特所言："围绕刑罚制度的困惑与日俱增……对这一制度的任何在道德上讲得通的说明，必然表现为对诸种性质各异且部分冲突的原理的一种折中。"①报应与预防一体论便脱颖而出。

一体论作为一种系统的刑罚理论，产生于 20 世纪中期。它的出现得到了比较普遍的认可，在学术界被视为通说，同时对西方的刑事立法与司法实践产生了重大的影响。一体论的基本立论在于，报应与功利都是刑罚赖以存在的根据。刑罚既回顾已然的犯罪，也前瞻未然的犯罪。对于已然的犯罪，刑罚以惩罚为目的，对于未然的犯罪，刑罚以预防为目的。在预防未然的犯罪中，刑罚的目的既包括防止犯罪人再犯罪的个别预防，也包括阻止一般人犯罪的一般预防。在这一立论的前提之下，一体论还可分为不同的派系。

（一）以美国学者帕克为代表的一体论

以美国学者帕克为代表的一体论者认为，刑罚具有报应和预防的目的，刑罚对于杀人、盗窃等传统犯罪的惩罚目的主要是表达社会谴责，因此其根据在于道义报应。对于非法停车等非传统犯罪，由于其并未违背社会道德或者道德罪过极为轻微，因此刑罚惩罚纯粹出于社会功利观念的要求，必须从功利的角度寻求刑罚的根据。

（二）以美国学者赫希为代表的一体论

以美国学者赫希为代表的一体论者认为，刑罚既蕴含有痛苦，也潜藏着谴责。刑罚给人以痛苦的属性产生于威吓的需要，其根源在于预防犯罪。刑罚的谴责性则有独立于预防犯罪之外的根据，它并不针对犯罪人将来的行为，而是针对已经实施的犯罪行为本身。因此，刑罚的痛苦性以功利为根据，刑罚的谴责性以报应为根据。

（三）以英国学者哈特为代表的一体论

以英国学者哈特为代表的一体论者认为，刑罚的目的应视刑事活动的不同阶段而定。刑罚在立法上的确定，主要取决于一般预防的需要。在审判阶段，刑罚的具体化裁量以报应为根据。在刑罚的执行阶段，占主导地位的是个别预防的需要。

长期的刑罚目的论之争，极大地丰富了刑罚学的内容。其中很多观点在刑罚理论的发展过程中起到了重要的作用，但由于历史条件等局限，这些刑罚目的学说也都不可避免地存在一定的缺陷。对此，在学习和借鉴时应有客观的评价和认识。

---

① ［美］哈特：《惩罚与责任》，王勇、张志铭、方蕾等译，华夏出版社 1989 年版，第 1 页。

第三节　我国的刑罚目的

一、中国古代刑罚目的说

（一）刑期于无“刑”说

刑期于无“刑”是指用“刑”处罚犯罪人的目的，不是惩罚犯罪人，而是从根本上消除犯罪现象，不再适用“刑”。《尚书·大禹谟》中记载，“汝作士，明于五刑，以弼五教。期于予治，刑期于无刑，民协于中，时乃功，懋哉”。这是舜帝对皋陶的称赞，意思大体是皋陶晓明五刑之罚，以辅佐五教的推行与完成，目的都在于搞好社会的治理，而适用刑罚的目的在于今后不再适用刑罚，这样才能使人们在每一件事的处理上，都能合于中正之道，实现治理的目的。在《尚书·大禹谟》的疏注中还解释道：“以刑辅教，当于治体”，“虽或行刑，以杀止杀，终无犯者，刑期于无所刑”。

中国古代没有形成系统的刑罚目的理论，但是并不代表没有刑罚思想，“刑期于无刑”的思想就是很好的说明。其暗含着辩证法的观点，尽管在当时只能是一种美妙的幻想，但在有刑之始就预见到无刑的可及，并以其为目标，以实现“不赏而民劝，不罚而民畏”的大治局面，不能不说是一种远见卓识，是难能可贵的。

（二）报应说

报应说是指刑罚的目的是对犯罪的报应。报应思想在奴隶制社会初期就已出现，是以天意报应的形式而出现，“天讨有罪”“替天行罚”“因天讨而制五刑”等是夏商周时的主要刑罚思想。战国末期的思想家荀子则从“法治”的角度阐述了刑罚报应思想：“凡爵列官职，庆赏刑罚，皆报也，以类相从者也……赏不当功，罚不当罪，不祥莫大焉。”其认为刑罚和庆赏一样都是报应，只是刑罚是对犯罪的恶报，庆赏是对功绩的善报，而罪与刑应相称，功与赏应相当。

报应说在我国古代社会留下了深远的影响，“杀人者死，伤人者刑”的说法就是例证。这一方面反映了我国古代朴素的报应观念，另一方面也多少带有原始社会同态复仇的痕迹。

（三）威吓儆戒说

开启威吓儆戒说的应是晋秦法家。他们认为，颁布严刑峻法，在于威吓世人不去“作奸犯科”；而适用严刑峻法，在于儆戒众人不敢去以身试法。即所谓：“立君之道，莫广于胜法；胜法之务，莫急于去奸；去奸之本，莫深于刑严。”为了达到儆戒的目的，商鞅提出，“去奸之本莫深于严刑”，“禁奸止过，莫如重刑，刑重而必得，则民不敢试”。韩非提出,“严刑者,民之所畏也;重罚者,民之所恶也。故圣人陈其所畏”。由此可见,法家均认为重刑才足以令民畏惧慑服,不敢以身试法,如此才能吓阻犯罪。若刑罚太轻,则不足以去奸除恶。基于这种论调,不可避免出现轻罪重刑思想。例如,商鞅提出,“行刑重其轻者,轻者不生,则重者无从至矣。此谓治之于其治也;行刑重其重者,轻其轻者,轻者不止,则重者无从止矣。此谓治之于其乱也”,并以“以杀去杀,虽杀可也;以刑去刑,虽重刑可也”作为论据。韩非提出:“重一奸之罪而止境内之邪,此所以为治也。重罚者,盗贼也;而悼惧者,良民也。欲治者奚疑于重刑!”

威吓儆戒说对于中国数千年的刑事政策产生极为深远的影响。在刑罚制度上,无不采用生命刑与身体刑,死刑名目繁多,不但执行方法残忍,而且实行公开的执行方式,这些都是为了发挥刑罚的威吓效果。

二、我国当代刑罚目的理论

刑罚目的,在我国理论界是一个长期争论的问题,高铭暄教授在《新中国刑法学研究综述》一书中将当时争论的观点概括为七种:(1)惩罚说。其认为惩罚是刑罚的本质属性,对犯罪分子适用刑罚的目的就是惩罚,即通过对犯罪人的自由和权利剥夺与限制,使其感受到痛苦和压力,以制止犯罪的发生。(2)改造说。其认为对犯罪分子判处刑罚,既不是为了报复,也不是为了惩罚,而是为了通过惩罚这一手段,达到改造犯罪人,使其重新做人的目的。(3)预防说。其认为刑罚的目的是预防犯罪,具体表现为两个方面,即特殊预防和一般预防。(4)双重目的说。所谓双重目的说就是认为对犯罪人适用刑罚,既有惩罚的目的,又有教育、改造的目的。(5)三目的说。其认为对犯罪人适用刑罚,要达到三个目的:一是惩罚与改造犯罪人,预防其重新犯罪;二是教育和警戒社会上的不稳定分子和可能犯罪的分子,使他们不走上犯罪道路;三是教育全体公民增强法制观念,积极同犯罪作斗争。(6)预防和消灭犯罪说。其认为,犯罪人适用刑罚,是为了把他们中的绝大多数人改造成为新人,从而达到预防犯罪,最终消灭犯罪,以保卫国家和人民利益的目的。(7)根本目的和直接目的说。其认为刑罚的目的可分为根本目的和直接目的。刑罚的根本目的是预防犯罪,保卫社会。刑罚的直接目的则包括三项内容:第一,惩罚犯罪,伸张正义;第二,威慑犯罪分子和社会上的不稳定分子,抑制犯罪意念;第三,改造犯罪分子,使其自觉遵守社会主义法律秩序。后又有许多新的观点出现,有学者将我国刑罚目的的研究概括为一元的刑罚目的观和复合的刑罚目的观。一元的刑罚目的观包括惩罚说、改造说、预防说、刑罚功能充分发挥说;复合的刑罚目的观包括二元目的说、惩罚改造说、三目的说、预防和消灭犯罪说、三层次说等九种观点。

综观我国刑罚目的的研究,更多的刑罚目的的争论主要在于:报应是不是我国的刑罚目的。一般预防应不应该属于刑罚目的?较有代表性的三种观点的争论也在于此。第一种观点认为,报应不是刑罚目的,报应是刑罚的正当根据,刑罚的目的是预防犯罪。第二种观点认为,我国的刑罚目的既有报应,也有预防;对于已然犯罪,刑罚以报应为目的,对于未然犯罪,刑罚以预防为目的。第三种观点认为,将刑罚的报应目的与预防目的有机地结合起来,使刑罚的惩罚性和教育性在刑罚目的中得到了很好的贯彻与体现;但是,将一般预防也作为刑罚目的值得商榷,刑罚目的是特殊预防(个别预防)与报应的统一。

每一种观点都有其合理性,本书中刑罚目的分析是围绕预防犯罪展开的,既包括个别预防,也包括一般预防。

第四节　刑罚的个别预防与一般预防

一、刑罚的个别预防

(一)个别预防的含义

个别预防,又称特殊预防,即通过对犯罪人适用和执行刑罚,使其不再犯罪。

(二)个别预防的对象

个别预防的对象是犯罪人。犯罪人是犯罪行为的实施者,当然应该是刑罚的具体承受者。因此,个别预防的对象是已然的犯罪人。

首先,作为个别预防对象的犯罪人,必须是实施已然犯罪的人,这是由个别预防的性质所决定的。

其次,作为个别预防对象的犯罪人,必须是具有刑事责任能力的人。刑事责任能力是构成犯罪和承担刑事责任的必备要件,而对于未达到刑事责任年龄和患有各种精神疾病的人即无刑事责任能力的人,刑罚预防作用无从谈起。因此,无刑事责任能力的人既不能成为犯罪主体,也当然不能成为个别预防的对象。

(三)个别预防的实现

一般来讲,个别预防是通过三种途径来实现的:一是剥夺或限制犯罪人的再犯能力,使其不能再犯罪;二是通过刑罚带来的痛苦使犯罪人不敢再犯罪;三是将罪犯改造成为守法公民,使其不愿再犯罪。

1. 剥夺或限制犯罪人的再犯能力,使其不能再犯罪

刑罚个别预防的目的首先是通过剥夺或限制犯罪人再犯罪的能力来实现的,即通过剥夺功能的发挥来实现的。死刑剥夺了犯罪人的生命,彻底消灭了犯罪人的肉体,是对犯罪人再犯罪能力最彻底的剥夺,也最彻底地实现了刑罚个别预防的目的。自由刑通过剥夺或限制犯罪人的人身自由,财产刑和资格刑通过剥夺犯罪人的财产和行使某些特定权利的资格,实际上都是剥夺或限制了犯罪人再犯罪的一些特定条件,使犯罪人无法再犯罪或很难再犯罪。

2. 通过刑罚给人造成的痛苦,使犯罪人不敢再犯罪

刑罚是以给人造成痛苦为实现前提的。刑罚对犯罪人生命、自由、财产等内容的剥夺过程,即刑罚执行过程会使犯罪人切切实实体验到刑罚的痛苦,感受到犯罪所带来的严重后果,因此不敢再犯罪,进而达到刑罚个别预防的目的。

3. 改造犯罪人成为守法公民,使其不愿再犯罪

除被判处死刑的犯罪人以外,相对于其他绝大多数犯罪人,个别预防目的得以实现的主要途径就是通过劳动改造、教育改造、狱政管理、心理矫治等手段将犯罪人改造成为守法公民,使其不愿再犯罪。

二、刑罚的一般预防

(一)一般预防的含义

一般预防是指通过制定与适用刑罚,而阻止、防止社会上其他人特别是不稳定分子犯罪。费尔巴哈认为:"刑事法律是面向全体公民的,它威胁着每一个人。"[①]苏联刑法学家贝斯特洛娃指出:"借对犯罪者施用刑罚的方法达到影响四周人民意识的目的,称为一般预防的目的。"[②]

但从一般预防的发展来看,一般预防已不再局限于通过刑罚的一般威慑作用来预防犯罪,即消极的一般预防;而是通过立法规定犯罪行为及其法律后果以及司法追究犯罪行为的刑事责任,明确国家赏善惩恶的法律信念,促成公众对法律秩序的信赖,从而实现预防社会公众犯罪的功利目的,即积极的一般预防。[③] 德国的罗克辛教授主张,刑罚的一般预防应能产生三种效应:"受社会教育动机推动的学习效果,也就是通过刑事司法活动在人民中号召学会法律忠诚;国民通过法律得到贯彻执行而产生忠诚效果;最后是满足效果,即一般公众基于对违法行为的惩罚从而

① 樊凤林主编:《刑罚通论》,中国政法大学出版社 1994 年版,第 102 页。

② 樊凤林主编:《刑罚通论》,中国政法大学出版社 1994 年版,第 102 页。

③ 梁根林:《刑事制裁:方式与选择》,法律出版社 2006 年版,第 13 页。

使法律意识得到抚慰”①。我国学界亦存在类似观点，认为刑法的正当性既不仅在于满足报应，也不仅在于实现功利，在更为根本与重要的意义上说，在于“确立忠诚”。② 相对于消极的一般预防，积极的一般预防是一般预防的升华。

（二）一般预防的对象

一般预防的对象可以分为三类：潜在犯罪人、受害人和其他守法公民。

其中守法者尚无犯罪心理，刑罚对他们的作用在于抑制犯罪心理的形成；潜在犯罪人则已经形成了一定的犯罪心理，刑罚对他们的作用表现为矫正或消除这种犯罪心理，使之不外化为犯罪行为；而受害人，既兼备了守法者与潜在犯罪人的一些特点，但又不完全等同于这两类人，故刑罚对他们的作用既可以表现为遏制犯罪心理的效果，也可以表现为遏制犯罪行为的效果。通过刑罚对潜在犯罪人的作用，一触即发的犯罪行为得到遏制；通过对受害人的作用，可以阻止私力报复，避免犯罪连锁反应；而通过对守法者的作用，一方面可以防止守法者蜕变为犯罪者，另一方面可以鼓励守法者同不法行为进行斗争，加强对犯罪的社会控制，从而达到预防犯罪的目的。

（三）一般预防的实现

同个别预防一样，刑罚一般预防目的的实现，有赖于正确的刑事司法活动。一般预防的对象是除犯罪人以外的一般人，它的实现是人们不犯罪，其前提是刑罚必然、刑罚及时和刑罚适度。

1. 刑罚必然

犯罪能否受到实际的惩罚，是刑罚一般预防能否实现的关键。所谓刑罚必然，即所有的犯罪肯定地受到刑罚惩罚。贝卡里亚认为：“对于犯罪最强有力的约束力量不是刑罚的残酷性，而是刑罚的必定性。”③列宁也曾指出：“有人早就说过，刑罚的防范作用，绝不在于刑罚的残酷，而在于有罪必究，最重要的不是对犯罪行为处以重刑，而是要把每一桩罪行都揭发出来。”④犯罪人犯罪前的侥幸心理是支配其实施犯罪的最主要心理，而破除其侥幸心理的重要途径就是刑罚必然。

---

① [德]克劳斯·罗克辛：《德国刑法学总论》（第1卷），王世洲译，法律出版社2005年版，第42～43页。

② 陈兴良、周光权：《超越报应主义与功利主义：忠诚理论——对刑法正当根据的追问》，载《北大法律评论》1998年第1卷第1辑。

③ [意]切萨雷·贝卡里亚：《论犯罪与刑罚》，黄风译，商务印书馆2017年版，第61页。

④ 《列宁全集》（第4卷），人民出版社1984年版，第364页。

2. 刑罚及时

刑罚是否及时对于威慑效果的影响很大。惩罚与犯罪之间的间隔越短，威慑力越强；反之，犯罪人长时间逍遥法外，即使后来受到惩罚，刑罚的预防效果也会降低，甚至没有或产生副作用。正如贝卡里亚所指出的："惩罚犯罪的刑罚越是迅速和及时，就越是公正和有益。"①……这是因为"犯罪与刑罚之间的时间隔得越短，在人们心中，犯罪和刑罚这两个概念在人们的头脑中的联系就越突出、越持续，因而，人们就很自然地把犯罪看作起因，把刑罚看作不可缺少的必然结果"。

3. 刑罚适度

刑罚对于犯罪的否定程度应该适当。刑罚过轻，不足以体现威慑作用，难以使犯罪人放弃犯罪的欲念，甚至会使其解除畏惧心理，认为"值得一试"。刑罚过重，则有悖于公正原则，有损法律尊严，使刑罚失去公众的支持和社会基础。同时，过重的刑罚也会使犯罪人产生强烈的逃避惩罚的愿望，因而产生消极作用。就如切萨雷·贝卡里亚所指出的："罪犯所面临的恶果越大，也就越敢于逃避刑罚。为了摆脱一次罪行的刑罚，人们会犯下更多的罪行。"②可见，适度的刑罚可以恰当地体现国家和社会对犯罪的谴责和否定，有利于一般预防的实现。

三、刑罚个别预防与一般预防的关系

刑罚的个别预防与一般预防是刑罚预防目的的两个方面，它们有很多相同之处，同时由于作用对象和作用方式的不同，它们又有很多差异甚至对立之处。具体来讲，刑罚的个别预防与一般预防具有同一性、阶段性和对立性。

（一）个别预防与一般预防的同一性

个别预防与一般预防的同一性主要体现在三个方面，即归宿的一致性、功能的互补性、效果的同步性。

1. 归宿的一致性

虽然个别预防与一般预防作用对象不同，但二者的目的是共同的，即预防犯罪。也就是说，个别预防与一般预防都是以预防犯罪为归宿，具有归宿的一致性。

2. 功能的互补性

刑罚一般预防在于防止除犯罪人以外的一般人犯罪。从理论上讲，如果一般预防功能得以完全发挥，则不会发生犯罪，也就不存在个别预防问题。但事实上这

---

① ［意］切萨雷·贝卡里亚：《论犯罪与刑罚》，黄风译，商务印书馆2017年版，第58页。

② ［意］切萨雷·贝卡里亚：《论犯罪与刑罚》，黄风译，商务印书馆2017年版，第44页。

种情况是不可能出现的，犯罪总是在发生。这样，一般预防的对象就转化为个别预防的对象，个别预防即构成了对一般预防功能的补充。反之，无论个别预防效果如何，犯罪人刑满就要释放，个别预防对象即转化为一般预防对象。这时，一般预防又构成了对个别预防功能的补充。因此，从功能上讲，个别预防和一般预防是具有互补性的。

3. 效果的同步性

个别预防与一般预防从效果上讲是同步的，个别预防的效果有赖于一般预防的充分实现，一般预防的效果同样有赖于个别预防的充分实现。一般预防效果好，则社会安全，犯罪减少，个别预防压力即小，同时也具备改造犯罪人的良好社会基础；一般预防效果不好，犯罪增多，监狱人满为患，则个别预防压力增大，对犯罪人的改造也难以收到好的效果。反之亦然，个别预防效果好，则一般预防压力减轻；个别预防效果不好，则一般预防压力增大，也难以产生好的效果。

（二）个别预防与一般预防的阶段性

在刑事活动的不同阶段的个别预防与一般预防所占的地位不同，即在制刑、量刑、行刑等刑罚运行的不同阶段，个别预防和一般预防具有不同的主次关系。

1. 制刑阶段以一般预防为主，兼顾个别预防

制刑的任务主要是确立刑罪关系，将刑罚与犯罪的关系一般化，将所有公民视为对象，具有对事不对人的特点，或者说不是以特定的人而是以特定的行为为对象，因此制刑的任务主要以一般预防的要求为指导来完成。但并不是无视个别预防，而是要兼顾个别预防的要求，如对于可知的人身危险性较大、再犯罪可能性较大的惯犯、累犯等特定的犯罪人类型和人身危险性较小、再犯罪可能性较小的自首、中止犯等特定的犯罪人类型均应在制刑中作出法定性的相关规定。

2. 量刑阶段个别预防与一般预防并重

量刑是抽象的法律规定转化为现实的刑罚的过程，既要考虑预防犯罪人本人的再犯可能性，也要考虑警戒、威慑、教育和阻止其他人犯罪。但二者并重并不等于永远绝对的平衡，随着社会形势的变化，尤其是犯罪特点的变化，在量刑时会出现对于个别预防或者一般预防某一方面给予更多考虑的情况。例如，在犯罪减少、社会治安稳定时期，量刑时应更多地考虑个别预防的需要；而在犯罪增加、社会治安严峻时期，量刑时就应更多地照顾一般预防的需要。

3. 行刑阶段以个别预防为主，兼顾一般预防

刑罚的个别预防主要是通过刑罚执行来实现的，行刑阶段的主要任务是教育和改造犯罪人，因而无疑应以个别预防为主，但是同时也要兼顾一般预防的要求，

这主要表现在刑事判决所确定的宣告刑制约着行刑期间对宣告刑的调整。例如，在制刑中规定有期徒刑减刑的最高期限不得超过宣告刑的二分之一，无期徒刑实际服刑必须在13年以上；假释只能适用于已执行宣告刑二分之一以上的罪犯等。这些规定均是照顾到法律的威信，一般预防功能的有效发挥的要求。

（三）个别预防与一般预防的对立性

刑罚的个别预防以阻止犯罪人本人再犯罪为目的，一般预防以遏制犯罪人以外的其他人犯罪为目的。二者由于作用对象不同，有时会对刑罚产生不同的要求，甚至是矛盾和对立的。个别预防和一般预防的对立性主要体现在两种情况下。一种情况是犯罪人再犯罪的可能性很小甚至没有，而一般人犯类似罪的可能性较大，如过失犯罪、义愤犯罪、法盲犯罪等。在这种情况下，犯罪人的主观恶性不深，再犯罪的可能性不大，即使不处较重刑罚甚至不用刑也可达到个别预防的要求；但是这类案件在一般人身上却相对较易发生，从一般预防的角度却要求用刑甚至用重刑。这时个别预防与一般预防对刑罚的要求是矛盾的。另一种情况是犯罪人再犯的可能性较大，而一般人却不存在可能性，如惯犯、累犯、连续犯等。在这种情况下，犯罪人主观恶性较深，再犯罪可能性较大，从个别预防的角度要求用较长时间限制其再犯能力和进行矫治改造，因此需要用重刑；但是由于一般人不具备此类犯罪人的条件，因而不用重刑甚至不用刑也可达到一般预防的要求。这时个别预防与一般预防对刑罚的要求也是矛盾和对立的。

一般来讲，解决个别预防与一般预防的矛盾对立问题，最佳途径并不一定是绝对倾向于一方，最好的办法是折中和兼顾。例如，在过失犯罪的问题上，个别预防要求用轻刑甚至不用刑，而一般预防要求用刑甚至用重刑，则可以在用刑的同时宣告缓刑，从而达到兼顾。当然有时矛盾不能调和折中解决，不能达到兼顾，那么通常是从公正的角度出发，使刑罚与个别预防相适应。即如果犯罪人再犯罪的可能性大，即使一般预防不要求用重刑，刑罚也应该偏重，我国《刑法》中关于惯犯、累犯从严的规定便体现了这一点；如果犯罪人再犯罪的可能性小，即使一般预防要求用重刑，刑罚也未必要重，这一点体现在我国《刑法》关于过失犯罪处罚轻于故意犯罪，自首、中止犯从宽，犯罪中的激愤状态、犯罪后悔罪表现作为从宽处罚的量刑情节等的规定之中。

思考题

1. 简述刑罚目的的概念。

2. 简述刑罚目的与刑罚本质的关系。

3.“刑期于无刑”的含义是什么?

4. 简述报应论的核心思想及代表人物。

5. 什么是法律报应论?

6. 什么是相对报应论?

7. 简述预防论的核心思想及代表人物。

8. 什么是双面预防论?

9. 简述一般预防论的主要代表人物及观点。

10. 简述个别预防论的主要代表人物及观点。

11. 简述一体论的核心思想。

12. 简述刑罚的个别预防的实现。

13. 简论刑罚个别预防与一般预防的关系。

第六章　刑罚的创制

第一节　刑罚体系与刑罚方法

一、刑罚体系

刑罚体系是指刑法中按照一定顺序排列的各种刑罚方法所构成的有机整体。

刑罚体系具有以下特点：第一，刑罚体系是按照一定顺序、一定的主次关系有机排列的一个整体；第二，刑罚体系的构成要素是具体的刑罚方法；第三，刑罚体系不是指一种或几种刑罚方法，而是所有刑罚方法的总和；第四，刑罚体系是由刑法典明文规定的。

二、刑罚体系比较

（一）各国刑罚体系的共同点

由于在人类文明史和刑罚的进化史上，世界各国的节奏进程大致同步，且近现代交通、信息的高度发达使国际间的横向交流更为便捷，相互影响更多，因而各国的刑罚体系具有某些共性。各国刑罚体系的共同点主要反映在以下三个方面：

第一，各国刑罚体系存在结构完整、轻重有序、种类齐全、重点突出的共同特征。

第二，排除羞辱刑和肉刑。自博爱时代以来，受人道观念的影响，除伊斯兰法典外，绝大多数国家都在刑罚体系中排除了侮辱犯罪人人格的羞辱刑和毁损犯罪人身体的肉刑。

第三，以自由刑为刑罚体系的中心。随着羞辱刑和肉刑在世界各国刑罚体系中被排除，死刑渐渐成为争论和批判的焦点，各国纷纷废除死刑或严格限制死刑的适用，从而使自由刑成为刑罚体系的中心。

（二）各国刑罚体系的不同点

由于世界各国的国情、文化背景、价值观念、对犯罪与刑罚的理解以及制刑技术的不同，所采用的刑罚方法及其体系的特点也各有千秋。其差异主要表现在以下三个方面：

1. 刑罚体系中所包含刑种的多少不同

有的国家为了使刑罚能更好地与纷繁复杂的犯罪现象相适应，确立了比较复杂的刑罚体系。例如，法国刑法中确立了 11 种（实有 31 种）刑罚方法，西班牙刑法规定了 24 种刑罚方法，俄罗斯联邦刑法典中共有 13 种（实有 18 种）刑罚方法。与此相反，有的国家为了简便易行选择了比较简单的刑罚体系。例如，德国现行刑法只规定了两种主刑和一种附加刑，奥地利刑法典中只规定了三种主刑。

2. 刑罚的分类不同

各国的刑罚体系中对于刑罚有着不同的分类。有的国家将刑罚分为主刑与附加刑（有的国家称为从刑）两类，即所谓二分法，附加刑有的国家也可独立适用，采用二分法的国家相对较多，如中国、日本、德国、瑞士、意大利等。有的国家将刑罚分为三类，即所谓三分法。三分法又有不同，有的分为重刑、轻刑、附加刑，如西班牙；有的分为主刑、附加刑和从刑，如罗马尼亚。在三分法中，附加刑与从刑有严格的区别。

3. 刑罚的内容不同

世界各国刑罚内容的不同主要反映在两个方面：一是有期徒刑的幅度不同。如有期徒刑的上限，巴西为 30 年，罗马尼亚为 25 年，意大利为 24 年，瑞士为 20 年，中国、日本和德国均为 15 年；有期徒刑的下限，中国为 6 个月，韩国为 1 个月，意大利为 15 日，奥地利为 1 日。有期徒刑的幅度之所以出现较大差异，主要原因在于有的国家刑罚方法中没有无期徒刑，因而有期徒刑的上限相应较高；有的国家刑罚方法中没有拘役，因而有期徒刑的下限相应较低。二是拘役的期限、罚金的数额、资格刑的剥夺内容等，各国也不尽相同。例如，资格刑的剥夺内容，意大利有褫夺公职，禁止从事某一职业或技术，法定禁治产，禁止担任法人及企业的领导职务，剥夺与公共行政签约的权能，终止或暂停行使父母权。俄罗斯有剥夺担任一定职务或从事某种活动的权利，剥夺专门称号、军衔或荣誉称号、职衔和国家奖励等。而德国只有禁止驾驶一种。

三、刑罚方法

（一）刑罚方法分类

1. 以刑罚的剥夺内容为标准划分

以刑罚的剥夺内容为标准进行分类，刑罚可分为生命刑、自由刑、财产刑和资格刑。

生命刑即死刑，是剥夺犯罪人生命的刑罚；自由刑是剥夺或限制犯罪人人身自由的刑罚;财产刑是剥夺犯罪人财产的刑罚;资格刑是剥夺犯罪人行使或享有一定权利或资格的刑罚。

2. 以刑罚方法的适用方式为标准划分

以刑罚方法的适用方式为标准进行分类,刑罚可分为主刑和附加刑。

主刑又称基本刑、本刑或单独刑,是对犯罪人适用的主要刑罚,只能独立适用,不能附加适用,对一个罪只能适用一种主刑,而不能适用两种或两种以上的主刑。附加刑是补充主刑适用的刑罚方法,其特点是既可以补充主刑适用,也可以单独适用,当附加于已适用的主刑时,可以对同一犯罪或同一犯罪人同时适用两个以上的附加刑。

(二)我国的刑罚方法

我国刑法典中确立了生命刑、自由刑、财产刑和资格刑,分为主刑和附加刑。主刑包括管制、拘役、有期徒刑、无期徒刑和死刑五种;附加刑包括罚金、剥夺政治权利、没收财产和驱逐出境四种,其中驱逐出境仅适用于犯罪的外国人。

第二节 制刑原则

制刑,即创制刑罚。狭义的制刑是指创制刑罚体系,即在刑法典中确立刑罚体系与各种刑罚制度,并就具体的犯罪规定相应的刑罚。广义的制刑除刑罚的确立外,还包括修正和增补、废除、解释刑罚规范。制刑是量刑和行刑的前提,是国家整个刑事活动的基础,因此为保证制刑的良好效果,必须遵循符合刑罚目的、符合人道主义、实用易行、结构合理等原则。

一、符合刑罚目的的原则

制刑是实现刑罚目的的首要环节,必须以刑罚目的为指导和依据,受刑罚目的的制约。刑罚目的对制刑的制约,主要表现在以下四个方面:第一,刑罚目的决定刑罚方法的选择。制刑的过程首先是选择和确定刑罚方法的过程。选择什么样的刑罚方法,关键在于是否有利于预防犯罪的刑罚目的的实现。例如,无论是个别预防目的还是一般预防目的的实现,均以刑罚剥夺功能的实现为前提,这就决定了制刑所确立的刑罚方法必须以剥夺或限制犯罪人一定的权益为内容,否则应排除在外。第二,刑罚目的决定刑罚方法在刑罚体系中的地位。一种刑罚方法在整个体系中的排列位置、所占比重、属于主刑还是附加刑,主要取决于该刑罚方法对于实现刑罚目的所起作用大小。例如，主刑之所以作为主要刑罚方法，在于它对于刑罚目的的实现的作用要大于附加刑。第三，刑罚目的决定刑罚方法的多样性。每一种犯罪的手段和严重程度都有所不同，每一个犯罪人的人身危险性和再犯罪的可能性也有所不同。因此，就刑罚的剥夺方法而言，预防不同的犯罪需要不同方式的刑罚，就刑罚的轻重而言，预防不同的犯罪需要严厉程度不同的刑罚。例如，对于利用政治权利进行犯罪的，就需要利用资格刑来更好地达到预防目的；对于轻微犯罪，犯罪人人身危险性较小的，只需要较轻的刑罚，反之则需要较重的刑罚。所以，在制刑的过程中，需要选择各种不同的刑罚方法来组成刑罚体系。第四，刑罚目的决定刑罚体系的中心。在整个刑罚体系中，何种刑罚方法居于中心地位，同样取决于刑罚的目的。例如，在以威吓作为刑罚目的的时代，死刑和肉刑理所当然成为刑罚体系的重心；而在以预防作为刑罚目的的时代，自由刑则占据中心地位。

二、符合人道主义的原则

人道主义起源于古希腊和古罗马学术思想，文艺复兴时期得以传播。人道主义是一种以人为中心和目的，关于人性、人的价值和尊严、人的现实生活和幸福、人的解放的学说。刑罚人道主义作为制刑以及量刑、行刑的一项基本原则是针对封建社会刑罚残酷、轻罪重刑、罪刑擅断而提出的。刑罚的人道性立足于人性，在缓慢发展的历史长河中，刑罚的严厉性、残酷性渐趋缓和，人道主义色彩越来越浓，表现出国家在制定和运用刑罚时对犯罪及犯罪人的一种宽容的态度。

制刑符合人道主义原则，要求把犯罪人当人看待，保障其基本权利，排斥侮辱犯罪人人格、残酷虐待犯罪人、损害犯罪人身体健康的刑罚。（参考本书第十五章第二节）

三、实用易行原则

制刑是量刑和行刑的基础，在制刑过程中应充分考虑到刑罚运行中的实际需要。如刑罚方法的多少就直接关系到量刑时对刑罚的裁量质量。刑罚方法过多，法官在选择相近的刑罚时出错的概率就会增大；刑罚方法太少，则难免出现牵强现象。刑罚方法的内容则关系到行刑的效果。刑罚内容脱离现实条件，便具有不可执行性；刑罚方法的内容过于繁杂，执行的难度大，也会影响行刑的实际效果。因此，刑罚的内容要符合实际，具有可执行性。

同时，制刑过程中还要充分考虑到对传统的继承扬弃、对他国经验的借鉴以及对犯罪形势的分析等，充分考虑到刑罚体系是否容易理解、容易掌握、容易适用、容易执行,从而使刑罚体系成为确实必要,实用、易行、有效。

四、结构合理原则

创制一个刑罚体系,并不等于简单罗列各种刑罚方法,而是把所确定的刑罚方法按照一定的关系、一定的顺序合理地排列,形成一个有机的整体。因此,刑罚体系的创制必须遵循结构合理的原则。

首先,刑罚体系要层次分明,即具有层次性。如果层次感不强,两种或几种刑罚方法在严厉程度上并无轻重之分或者差别不明显,势必导致整个体系内部层次紊乱。例如,如果把有期徒刑的上限确定为 40 年或 50 年,则很难分清有期徒刑和无期徒刑哪一个更重。所以,不同的刑罚方法在严厉程度上应该有轻有重,呈现鲜明的层次性。

其次,处于不同层次的刑罚方法之间应有很好的衔接,即衔接性。例如,如果不设无期徒刑,那么有期徒刑就与死刑相衔接,若有期徒刑的上限为 15 年,其与死刑相差就很大,没有很好地衔接;同理,如果把有期徒刑的下限设为 1 年,拘役的上限设为 6 个月,则之间出现空档,容易给人以轻重不均的感觉。因此,不同的刑罚方法之间应该上下衔接,不留空当,便于适用。

最后,不同的刑罚方法应有主次之分,即刑罚体系具有主次性。一般来讲,主次地位主要从每一种刑罚方法在整个体系中所占比重体现出来。例如,有期徒刑由于其适用面宽、可分性强而在现代刑罚体系中所占比重最大,成为最主要的刑罚方法。在制刑过程中,对于有期徒刑这种既可适用于不同类型犯罪,又可适用于不同严重程度的犯罪的刑罚方法,就要用较多的篇幅、较大的比重加以确定;而其他刑罚,则应根据刑期幅度、适用范围、自身的层次性等不同情况分别居于次要地位。

第三节　制 刑 趋 势

在刑罚的演化过程中,制刑的指导思想一直伴随着人类文明的进步而发生着变化。从 20 世纪末特别是进入 21 世纪以后,变化更加显著,轻刑化、非刑化趋势愈加明显,短期自由刑的异化和罚金刑地位的不断上升事实上都使制刑进入了一个新的历史阶段。[①]

---

① 付少军:《现代制刑趋势浅析》,载《中国监狱学刊》2009 年第 3 期。

一、轻刑化趋势明显

轻刑化,或称刑罚轻缓化,是相对于刑罚的严厉、残酷而言的,是刑罚进化过程中向着轻缓方向发展的一种趋势。刑罚轻缓的理念源自古老的法谚"刑罚与其严厉不如缓和"①,其基本精神体现了刑罚谦抑的思想,即在制刑上,如果规定较轻的刑罚即可,就没有必要规定较重的刑罚;在量刑上,对于已经确定为犯罪的行为,如果适用较轻的刑罚即可,便没有必要适用较重的刑罚。

刑罚的轻缓意味着刑罚介入社会生活的广度和深度应该有所克制,是罪刑均衡原则的重要内容。刑罚的轻缓化要求立法者在运用刑罚这种最严厉的强制手段规制社会成员的行为时,应适当控制刑罚的适用范围和严厉程度,并力求以最小的刑罚成本达到最大的社会效果——少用或不用刑罚获取最大的社会效益,以有效地预防和控制犯罪。实现刑罚的轻缓,必须防止立法上的刑罚过剩和司法中的刑罚过度两种倾向。

刑罚的渐缓始终是进化的主题。由原始复仇习俗演化而来的蒙昧时代的刑罚,基本由死刑和肉刑组成,可以说充满了血腥。伴随着新兴地主阶级的崛起,肉刑及车裂等残酷的刑罚方法逐渐被废除,刑罚相对轻缓。资产阶级夺取政权以后,其人道、民主、博爱等战斗口号成为制刑的主导思想,对刑及无辜、法外用刑的禁止,对肉刑的废除和对死刑的限制,尤其是自由刑成为刑罚体系的中心,都大大减轻了刑罚的严酷性。进入科学时代,缓和刑罚成为世界各国制刑的指导性原则。死刑的废除和严格控制,缓刑和假释的创设与广泛运用,长期自由刑和终身自由刑的弱化,使刑罚的轻缓化趋势更盛。

20 世纪末特别是进入 21 世纪以后,刑罚轻缓化的理论与实践探索愈加深入和广泛。随着人类社会法治文明的不断发展和人权意识的日益提高,轻刑化已成为世界上许多国家制刑的基本指导思想和刑事司法的理性选择。例如,我国 1997 年在对 1979 年《刑法》进行修改时,以下几项都充分显现了轻刑化的趋势:确立无罪推定原则、禁止类推、限制司法擅断;削减死刑适用罪名,更加严格地限制死刑的适用范围,禁止对未成年人适用死刑,放宽死刑缓期二年执行的减刑条件;放宽对自首的认定条件;缩小未成年人的刑事责任范围等。

二、制刑出现"轻轻重重""宽严相济"的两极化趋势

从历史的角度来看,社会越文明,刑罚越轻缓,这是刑罚演化过程中最为明显

---

① 张明楷:《刑法格言的展开》,法律出版社 1999 年版,第 289 页。

的趋势。伴随着全球化和人权保障、社会和谐的要求,以及人们对犯罪的耐受力的提高,罪和刑的关系悄然发生着变化,刑罚的轻缓化趋势已成为不争的事实。但是必须看到,轻刑化并不是绝对的,绝对的轻刑化也与罪刑相适应的刑法基本原则相违背,违背了罪刑内在关系的规律要求,不利于刑罚目的的实现。不讲原则的轻刑化处理,既不利于满足社会公众对于公平、公正的正义理念要求,又难以发挥刑罚的一般预防和特殊预防功能。过轻的刑罚显然不足以剥夺犯罪者危害社会的能力,也起不到警示大众的作用。彻底的轻刑化显然不是实现刑罚功利效果的最佳选择。因此,从20世纪中期以后,制刑出现了"轻轻重重""宽严相济"的两极化趋势。

所谓两极化,表现在两个方面:一方面,对社会危害不大,情节较轻的犯罪行为给予非犯罪化、非刑罚化或非监禁化的处置,如《法国刑法典》对违警罪的规定:法院在宣告被告人有罪,并在必要时作出没收有害物或危险物的判决后,得免除被告人其他任何刑罚。另一方面,对严重危害社会秩序,危及政权的犯罪行为则给予更加严厉的惩处。如20世纪70年代以后,随着抢劫、入室盗窃等严重暴力犯罪给社会造成广泛不安,严厉打击暴力犯罪成为西方发达国家制刑优先考虑的问题;近年来打击恐怖犯罪又成为西方国家刑罚所指向的重点。"9·11"后的美国,通过扩大对民用电信设施的监听、放宽对恐怖犯罪分子的逮捕条件、延长对恐怖犯罪分子的羁押期限、鼓励外国移民提供恐怖犯罪线索等一系列措施加大了对恐怖犯罪的打击、惩处力度。

"轻轻重重"就是在刑与罪的关系上,轻其轻者,重其重者,即对轻微犯罪轻缓处理和对严重犯罪重刑处置。在刑罚轻缓化的大背景下,西方国家提出了两极化(即"轻轻重重")的刑事政策;我国则根据当前及今后的犯罪发展态势、根据依法治国的目标提出了"宽严相济"的刑事政策。

三、短期自由刑的争议

短期自由刑在刑罚史上曾经具有相当重要的作用,但到了19世纪中后期,随着刑事实证学派的兴起,教育刑论的盛行,短期自由刑的实际效果受到了质疑,从此开始了短期自由刑利弊、存废的争论。

所谓短期自由刑就是短期剥夺犯罪人人身自由的刑罚,关于多长的刑期算作"短期",有3个月说、6个月说、1年说,此外还有1周说、2周说等,最极端的主张是短期自由刑最下限应为6小时或12小时。其中3个月说是早期的立场,1891年在哈雷召开的第二次国际刑法协会德国分会上,第一次将3个月以下刑期作为短期自由刑,此外,1894年在不伦瑞克召开的德国兼职人员会议,1946年国际刑法及监狱委员会的决议,1950 年在海牙举行的国际刑法及监狱会议都坚持了 3 个月说。自从 1959 年联合国欧洲咨询小组在斯特拉斯堡召开的会议上采纳 6 个月说以来,该说受到广泛青睐。

在我国,一般认为拘役刑应该是短期自由刑的代表,即刑期为 1 个月以上 6 个月以下的剥夺自由刑。

短期自由刑随自由刑制度的产生而产生,也是自由刑体系中最受争议的刑种。实证主义法学的兴起,使人们更加注意刑罚的社会效果,从而使短期自由刑的弊端备受关注。刑事人类学派的鼻祖、意大利刑法学家龙勃罗梭首先提出废除短期自由刑,得到很多刑法学者的认同,其主要理由是:(1)短期自由刑由于时间太短,不具有刑罚的威慑力,一般预防效果差,同时,行刑机关没有足够的时间来了解各个罪犯的特点,制定个别教育对策,有针对性地对其进行矫正和教育,因而教育功能差,同样起不到个别预防的作用。(2)被适用短期自由刑的人,大多为初犯或轻微犯罪,这些人尚有一定的羞耻心,容易改过自新。然而,一旦关押,就同其他罪犯一样被贴上犯罪分子的标签,降低了自尊心,这会导致其产生自暴自弃的心理,有可能走上再犯道路。(3)入狱必然丢失工作,这会给罪犯未来的生活带来后顾之忧,也会给罪犯的家庭生活带来重大的不利影响。物质上的贫困使受刑者释放后很难重返社会,从而更容易走上再犯道路。(4)执行短期自由刑的场所难以履行矫正职责,容易使罪犯间发生交叉感染,相互交流犯罪经验和技术,强化犯罪意识,从而增大罪犯的人身危险性。(5)短期自由刑的受刑者过多地占用了监狱设施,给行刑实务造成过大的负担。(6)如果用罚金刑来代替短期自由刑,又会使有钱人逃避受刑之苦,而实际受刑者多是没钱的人,这又会导致刑罚的不公正。总之,"拘役刑之刑罚目的,若以威吓与隔离观点言之,由于拘束犯人身体自由之时间甚为短暂,显难收预期值效果;若以改善与矫正之观点言之,亦因为时间短暂,殊不易收教育之实效,故拘役之刑罚,要不足以言社会防卫,从而此种刑罚之存在价值,极其微也"①。

虽然短期自由刑存在这么多的弊端,但是也有很多学者指出,对于轻微的犯罪,短期自由刑又是必不可少的,其本身仍具有许多优点。例如:对于初犯、过失犯具有比其他替代措施更大的威慑性;可以避免刑罚的不公正;更有利于罪刑相适应原则等。因此,这些学者认为,应该对短期自由刑进行改造,克服其弊端,积极利用,而不是完全废除。如我国台湾地区学者林山田指出:"就刑事政策的观点而言,并不能由于短期自由刑的弊多利少,而轻易主张放弃短期自由刑……主张废除短期

---

① 高仰止:《刑法总则之理论与实用》,台北,五南图书出版股份有限公司 1986 年版,第 458 ~ 459 页。

自由刑在刑事政策上是没有可行性的。”[①]

1960 年在伦敦召开的联合国预防犯罪和罪犯处遇大会曾对短期自由刑进行谈论并作出了决议。其认为短期自由刑因其具有一定缺陷，“普遍实施，极不相宜”，但若完全废止，在实际方面亦不相宜，故可逐渐减少实施；同时必以其他方法代替，如缓刑、保护管束、监外服刑以及其他不剥夺个人自由之措施等。倘必须实施短期监禁，在被监禁期间，应与长期徒刑者隔离，其处遇亦应较具建设性。倘有开放式之监禁处所，则经判处短期监禁的受刑人，亦应尽先送往该等处所执行。这一决议在一定程度上反映了世界各国短期自由刑的现状及其发展趋势。[②]

目前，完全废除短期自由刑并没有被司法实践所普遍接受，绝大多数国家和地区的刑法中都规定有短期自由刑。世界各国和地区基本上采取了对短期自由刑积极利用，同时克服其弊害的态度，控制短期自由刑的适用，或以其他措施加以替代，具体做法主要有以下几种：

1. 缓起诉。缓起诉又称“缓诉”“暂缓起诉”“缓予起诉”“延缓起诉”等，是指对具有犯罪嫌疑、符合诉讼条件，但情节轻微、可能判处短期自由刑的犯罪人，检察院暂时不提起公诉，而是要求其在一定的期限内履行规定的义务，并视其义务完成情况及现实表现再决定是否起诉的自由裁量权。目前，德国、日本、美国、法国、英国、荷兰、希腊、卢森堡及我国台湾地区等许多国家和地区都有关于暂缓起诉的规定。

2. 缓判刑。缓判刑是英国刑法所特有的一种制度，即对于情节轻微、可能判处短期自由刑的犯罪人，予以定罪，但不予判刑。

3. 缓刑。也称缓行刑，即对于被判处短期自由刑的罪犯，有条件地不执行其宣告刑。缓刑制度已被包括我国在内的绝大多数国家所采用。

4. 易科罚金。易科罚金即对本应判处短期自由刑的罪犯改判罚金刑。这是当前短期自由刑异化最主要的一种表现形式，大部分国家和地区采用了这种易科制度。

5. 社会服务。也称强制劳动，即对于应执行短期自由刑的罪犯不实施监禁，而在保护管束执行机构的监督下无偿从事有益于社会的劳动服务工作。

6. 周末监禁与半监禁。周末监禁是对因特定犯罪而被判处 1 个月以下自由刑者，以周末监禁为服刑方式，一般是周六下午入监，周一早晨释放，拘禁一日折抵刑期二日；半监禁是对被判处 3 个月以下短期自由刑者，白天在监外照常工作和学习，而在夜间及非工作日入监拘禁。周末监禁与半监禁均可以使受刑人继续学业和工

---

① 林山田：《刑罚学》，台北，台湾商务印书馆 1983 年版，第 199 页。

② 参见樊凤林主编：《刑罚通论》，中国政法大学出版社 1994 年版，第 179 页。

作,和社会的联系不因服刑而中断。

四、罚金刑地位上升

罚金刑属于财产刑的一种,即强制犯罪人向国家缴纳一定数量金钱的刑罚方法。罚金刑产生于原始社会,是世界上最早的刑罚方法之一,远早于自由刑,但是一直处于从属性地位。在古代奴隶社会和封建社会时期,死刑和肉刑占据刑罚体系的中心地位,财产刑处于无足轻重的地位。资产阶级夺取政权以后,自由刑逐渐占据了近代刑罚体系的中心地位,财产刑仍然仅处于辅助从属的地位。进入科学时代以后,伴随着刑罚观念的转变,开放性刑罚和经济性刑罚越来越受重视,财产刑在刑罚体系中的地位不断上升,逐渐成为地位仅次于自由刑的刑罚,甚至在许多发达国家的刑罚体系中与自由刑并驾齐驱而成为现代刑罚体系的两大刑罚支柱。

罚金刑产生于刑罚出现的初期。随着人类进化的要求,原始复仇的方式逐渐由血族复仇、血亲复仇转变为同态复仇和赎罪。所谓赎罪,即是由侵犯者给予被害人一定的赔偿,以代替其他惩罚。进入奴隶制时期以后,赎罪金逐渐演变为两部分:一部分交给被害人补偿损失,演变成为后来民事上的损害赔偿制度;另一部分交给国家作为惩罚,演变成为后来刑事上的罚金刑。进入20世纪以后,西方各国进行了大量的刑事立法,纷纷颁布新的刑法典和新的刑事法律文件,均给予罚金刑以足够的重视。1950年在海牙召开的第十二届国际刑法及监狱会议,肯定了罚金刑作为短期自由刑替代手段的积极意义。1960年召开的第二届联合国预防犯罪和罪犯处遇大会上,罚金刑也被认为是代替自由刑的适当手段。1921年,德国公布了《关于扩张罚金刑的适用范围及其限制短期自由刑的法律》,随着刑法典的不断修订,罚金刑的地位不断地提高,罚金刑已成为德国刑罚体系的重点。法国在1810年《法国刑法典》中就规定了许多罚金刑的罪名,此后不断发展,1994年新刑法典进一步扩大了罚金刑的适用范围,对所有轻罪都规定了罚金刑,对所有的违警罪都规定了唯一的主刑——罚金刑。在英国,1968年判处罚金刑的案件占全部案件的90%左右。在日本,1964年至1968年在刑事犯罪中被判处罚金刑的人占84.4%,1978年判处罚金刑的有259.7万多人,判处罚金刑的案件占全部案件的95.7%。我国1997年修改后的刑法,较为广泛地制定罚金刑。总之,世界上其他许多国家都在20世纪后纷纷扩大罚金刑的适用范围,在司法实践中提高罚金刑的适用率。

引起罚金刑地位不断上升的原因是多方面的,其中主要有以下几个方面:第一,适应刑罚轻缓化的趋势。刑罚轻缓化始终是刑罚演化的主题,20世纪以后这一趋势愈加明显,罚金刑在制刑中的大量增加和适用范围的不断扩大正是适应了这一刑罚发展趋势。第二,有效地应对日益增加的经济犯罪。随着经济的发展,伴随贪利型犯罪的上升,对犯罪分子仅处以自由刑存在使其“痛苦一时,享受一世”的可能,罚金刑则克服了这一严重缺陷。同时,剥夺其金钱也剥夺了其继续实施犯罪的资本,也给社会上的不稳定分子尤其是企图通过犯罪途径谋取私利的潜在犯罪人以警戒,使刑罚预防功能发挥最大效应。第三,罚金刑是惩罚法人犯罪的最佳手段。世界各国对法人犯罪都实行双罚制,既处罚犯罪的直接责任人员,又处罚犯罪法人。法人与自然人相比,具有法律拟制性,无生命和自由可言,所以没有承受生命刑和自由刑的资格。但法人具有一定数量的财产,罚金这种财产刑对犯罪法人的适用成为处罚犯罪法人的最佳的刑罚方法。这在客观上也扩大了罚金刑的适用范围,提高了罚金刑的地位。第四,弥补自由刑特别是短期自由刑的不足。随着现代刑罚理论与实践的不断进步,自由刑特别是短期自由刑的弊端日益突出,罚金刑作为弥补自由刑的固有弊端尤其是替代短期自由刑的有效措施越来越受到关注,这也是罚金刑地位上升的主因之一。

思考题

1. 世界各国的刑罚体系有哪些不同点?
2. 制刑应遵循哪些原则?
3. 简述制刑的结构合理原则。
4. 制刑的发展趋势有哪些?
5. 简述刑罚轻缓化趋势。
6. 简述短期自由刑的异化。

第七章　死　　刑

第一节　死 刑 概 述

死刑,即生命刑或所谓极刑,是剥夺犯罪人生命的刑罚方法。作为剥夺人的一切权利之首的生命权的极端之刑,死刑可谓源远流长,是人类刑罚史上历史最为悠久、生命力最强的刑罚方法。由于死刑的极端性,它的优点与不足都极为明显,可以说是同犯罪作斗争的一把“双刃剑”,围绕着死刑的争论亦由来已久。伴随着人类社会的发展,文明的进步,刑罚不断趋于轻缓,人权越来越受到重视,死刑由限制到废除已成为历史的趋势。

一、死刑的起源与发展

马克思指出:“死刑是往古的以血还血、同态复仇习惯的表现。”①人类之初,世界大同,人类的祖先们“与麋鹿共处”而“无相害之心”②。“厚赏不行,重罚不用,而民自治。”③人与人之间的社会关系完全靠习俗来调整,“没有大兵、宪兵和警察,没有贵族、国王、总督、地方官和法官,没有监狱,没有诉讼,而一切都是有条有理的。一切争端和纠纷,都由当事人的全体即氏族或部落来解决,或者由各个氏族互相解决。”④在漫长的原始社会中,人们靠习俗调整一切关系,由血族复仇逐渐演化而来的同态复仇最终成为解决矛盾的主要习惯。当原始社会末期,公有制趋于解体,阶级出现以后,原始的复仇习俗终于演化成刑罚。统治阶级“除了必须以国家的形式组织自己的力量,他们还必须给予他们自己的由这些特定关系所决定的意志以国

---

① 《马克思恩格斯全集》(第8卷),人民出版社1961年版,第352页。

② 《庄子·盗跖》。

③ 《韩非子·五蠹》。

④ 恩格斯:《家庭、私有制和国家的起源》,载《马克思恩格斯选集》(第4卷),人民出版社1972年版,第95页。

家意志即法律的一般表现形式”①。作为人类历史上最具生命力的刑罚方法,死刑起源于原始的复仇习俗,正如恩格斯所指出的,“我们今日的死刑,只是这种复仇的文明形式,而带有文明的一切好处和弊害”②。

在漫漫的历史长河中,刑罚伴随着阶级社会的发展和文明的进步而发展和进步着,在世界各国都不约而同地经历了由滥用到慎用、由严酷到宽缓、由繁到简、由重到轻、由消极到积极的过程。最为明显的例证就是,同死刑一起诞生于刑罚之初的肉刑、身体刑都已经随着文明的脚步越来越远去了。完备、科学、系统的自由刑作为刑罚体系的中心出现在1810年《法国刑法典》中并为西方各国所效仿,也有力地见证了刑罚由严酷到宽缓的发展趋势。然而,就在这样的大趋势中,死刑却是一个非常奇怪的现象。中国历史上著名的奴隶制五刑墨、劓、剕、宫、大辟,前四种都早已湮没在新兴地主阶级的讨伐声中,而其中唯一的死刑大辟却不但顽强地留存下来,而且成为笞、杖、徒、流、死的封建五刑中最令统治者欣赏甚至迷恋的刑罚方法。英国在17世纪完成资产阶级革命,刑罚明显轻缓和变得人道,但“据布莱克斯通在18世纪60年代保守的估计,当时英国仅规定有死刑的成文法就有160多部,每部成文法中又规定有数种乃至数十种死罪,更不用说普通法上的死罪数量了”③。

二、死刑的存废之争

1764年,年仅26岁的意大利人,刑事古典学派的鼻祖贝卡里亚在其成名作《论犯罪与刑罚》一书中提出了一个大胆的问题:“在一个组织优良的社会里,死刑是否真的有益和公正?人们可以凭借怎样的权利来杀死自己的同类呢?”从而在全世界范围内引发了一场长达200余年至今不息的死刑存废之争。贝卡里亚主张:“体现着公共意志的法律憎恶并惩罚谋杀行为,而自己却在做这种事情;他阻止公民去做杀人犯,却安排一个公共的杀人犯。我认为这是一种荒谬的现象。”④18世纪法国大革命时期雅各宾政府的领导人,被列宁称为“伟大的资产阶级革命者”的马克西米利昂·罗伯斯庇尔赞同贝卡里亚的死刑观点并一度成为废除死刑的积极鼓吹者,他说,“第一,死刑是极端不公正的;第二,它不是最有镇压性的刑罚,与其说它能防止犯罪,不如说它更能促使犯罪事件的增加”,“从人道和正义的观点来看,社会所如此看重的那些令人厌恶的场面,只不过是整个民族进行的隆重的谋杀行为

---

① 《马克思恩格斯全集》(第3卷),人民出版社1960年版,第378页。

② 《马克思恩格斯选集》(第4卷),人民出版社1972年版,第92页。

③ 樊凤林主编:《刑罚通论》,中国政法大学出版社1994年版,第61页。

④ [意]贝卡里亚:《论犯罪与刑罚》,黄风译,中国大百科全书出版社1993年版,第45页。

而已”。[1] 反对贝卡里亚的观点者也同样立场鲜明,德国古典唯心主义的创始人康德认为:“谋杀人者必须处死。在这种情况下,没有什么法律的替换品或代替物能够用它们的增或减来满足正义的原则。没有类似生命的东西,也不能在生命之间进行比较,不管如何痛苦,只有死。因此,在谋杀罪和谋杀的报复之间没有平等问题,只有依法对犯人执行死刑。”康德举例说:“甚至假定有一个公民社会,经过它所有成员的同意,决定解散这个社会,并假定这些人是住在一个海岛上,决定彼此分开散居到世界各地,可是,如果监狱里还有最后一个谋杀犯,也应该处死他以后,才执行他们解散的决定。应该这样做的原因是让每一个人都可以认识到自己言行有应得的报应,也认识到不应该把有血债的人留给人民。如果不这样做,他们将被认为是参与了这次谋杀,是对正义的公开违反。”[2]

围绕死刑存废问题的思想争论在思想家们的著作中大量出现。死刑废止论者与死刑保留论者各执一词,双方的论据均在论战中不断得到补充。特别引人注目的是,双方竟能在多个相同的观察点上,得出完全相反的结论。争论的焦点主要集中在以下几个方面:(1)死刑是否人道;(2)死刑是否公正;(3)死刑是否违宪;(4)个别预防是否需要死刑;(5)一般预防是否需要死刑;(6)对死刑错判难纠的看法;(7)对死刑的经济性的看法;(8)对死刑是历史前进的动力还是阻力的看法。主存与主废双方在上述问题上均得出了截然相反的结论,正如国内有的学者所形容的:“所有主张废除死刑的理由,都可以反过来成为保留死刑的理由。”[3]同样,从实证的角度也是如此,美国的恩利克通过对美国 1933 ~ 1970 年杀人犯罪的统计资料进行分析,得出了每执行一起死刑判决可以阻止 7 ~ 8 起杀人案的发生的结论;而伯恩斯和皮尔斯在按月考察了纽约 1907 ~ 1963 年间的杀人率的变化后,却得出了相反的结论:处决不是遏制杀人而是增加杀人。具体来讲,就是每执行一起死刑,会增加 2 起杀人案的发生。[4] 与此同时,我们也看到,死刑的保留或废除,与一个国家的政治制度、发达程度也没有必然的联系。世界上最大的发达国家——资本主义的美国和世界上最大的发展中国家——社会主义的中国都不约而同地选择了保留死刑就是很好的例证。正是由于死刑本身的优点和缺点同样鲜明,死刑在理论上备受争议,在实践中难以取舍。死刑在苏联的“三落三起”也很好地证明了这一点:1917 年俄国十月革命胜利后的第二天,全俄第二次苏维埃大会即通过了一个关于

---

① 马克昌主编:《刑罚通论》,武汉大学出版社 2001 年版,第 81 页。

② 马克昌主编:《刑罚通论》,武汉大学出版社 2001 年版,第 82 页。

③ 赵秉志、邱兴隆主编:《死刑正当程序之探讨》,中国人民公安大学出版社 2004 年版,第 445 页。

④ 邱兴隆主编:《比较刑法(第一卷・死刑专号)》,中国检察出版社 2001 年版,第 354、356 页。

废除死刑的法令。但是,为了镇压当时反革命分子的反抗,死刑很快被恢复。1920年,根据列宁关于苏维埃政权已经巩固,恐怖要限制在“最小的限度以内”的指示,苏维埃政府以全俄中央执行委员会和人民委员会的名义颁布了《关于彻底废除极刑(枪决)的决议(第79号)》。这次废除死刑留有余地,废除死刑的79号决议同时宣布今后是否恢复适用死刑,取决于敌对国家的政府和地主阶级的反抗程度。两年以后,1922年苏俄刑法典第二次恢复死刑。1947年,在伟大的卫国战争胜利以后,苏联最高苏维埃主席团颁布《关于废除死刑的法令(第518号)》,宣布在和平时期废除死刑的适用,实现了列宁生前的愿望。然而,三年后苏联又宣布“对祖国叛徒、间谍和反革命破坏分子适用死刑”,1954年宣布对情节严重的故意杀人罪适用死刑。

三、死刑的演化趋势

在同其他刑罚方法的比较之下,我们发现死刑有着特殊顽强的生命力。但正像刑罚的发展趋势一样,死刑同样经历了由滥用到慎用、由严酷到轻缓、由消极到积极、由迷信到控制甚至废除的蜕变演化过程。中国古代奴隶制时期,名目繁多的非刑多数集死刑与肉刑于一体,如剖腹、挖心、炮烙、醢脯、活埋、脯宰、车裂、焚、剞、劓、戮尸等,其中醢脯是将人剁成肉酱,制成肉脯,非常残忍。封建制刑罚中也有隋的“三人共盗一瓜”即处死;盗一钱以上,处死刑并暴尸市井等规定。汉武帝时“大辟四百九十条,千八百八十二事,死罪决事比方三千四百七十二事”①。唐律以宽简著称于中国封建刑律,其死罪条文也达229条,占全部法条的一半还多。在西方,恩格斯著作中多次提到的封建德国《加洛林纳法典》中,也充斥着斩首、车裂、火焚、夹火钳、四马分尸等死刑。

资产阶级夺取政权以后,自由、平等、博爱等战斗口号被贯彻到他们的政治法律制度当中,刑罚明显轻缓下来。死刑的适用减少,死刑的执行方式趋于简单和人道。1764年,贝卡里亚在其成名作《论犯罪与刑罚》中第一次提出废除死刑,在全世界范围内引起巨大反响,一场广泛而深刻的关于死刑的争论一直持续到今天。在这一过程中,越来越多的国家和地区对死刑进行限制直至废除。

20世纪特别是第二次世界大战以来,世界各国的刑罚更加趋于轻缓,对死刑的限制和废除的力度不断加大。1989年12月25日,第44届联合国大会通过了《联合国废除死刑公约》。该公约要求各成员国除战时以外,应当无保留地、尽快地废

---

① 《汉书·刑法志》。

除死刑，宣称废除死刑有助于人类尊严之提升及人权更进一步发展。2003 年 7 月 1 日，欧盟全面废除死刑，在欧洲大陆乃至全球范围内再一次引起关注。截至目前，废除死刑的绝大多数是小国，也包括英国、法国、德国、加拿大、澳大利亚、意大利、南非、俄罗斯等大国。① 在保留死刑的国家和地区，对于死刑的限制适用也越来越严格——死刑适用的范围缩小；死刑判决程序严格；死刑的实际执行减少；死刑的执行方法人道，等等。

第二节　死 刑 评 价

死刑是人类历史上最严厉的刑罚，也是最具生命力的刑罚，还是争议最大的刑罚。可以说，死刑是一把“双刃剑”，其优缺点都十分鲜明，这一点也决定了在死刑的存废问题上无休止的争论。那么，应该如何评价死刑的优劣呢？

一、死刑的优点

（一）死刑具有最严厉的惩罚性

从刑罚本质的角度来看，刑罚是以国家暴力为保证的、以对犯罪人造成一定痛苦为实现的最为严厉的强制措施，是对于人类社会最为丑恶的行为——犯罪的惩罚。作为一种极端的“恶”，犯罪在阶级社会中可以说无所不在，并且深深地根植于各种社会形态之中，成为最具危害性的社会现象。刑罚与犯罪具有天然不可分的联系。刑罚之所以存在，是因为犯罪存在，刑罚是人类以“恶”治“恶”的手段。惩罚是刑罚固有的根本属性，体现于对犯罪人财产、人身自由乃至生命的剥夺，反映国家与社会对于犯罪的否定评价。死刑所剥夺的是人的生命权，生命权的丧失不仅意味着人最重要的权利本身的丧失，还意味着依附于生命而存在的所有其他权益的丧失。因此，在所有的刑罚方法之中，死刑具有最严厉的惩罚性，最能反映刑罚的本质属性。

（二）死刑剥夺再犯能力最有效

从个别预防的角度来看，刑罚最终要达到使犯罪人不再犯罪的目的。但是，一般的刑罚方法对于犯罪人再犯能力的限制与剥夺都是有限的。例如，资格刑剥夺

---

① 付少军：《中国的死刑与死刑控制》，载赵秉志、邱兴降主编：《死刑正当程序之探讨——死刑的正当程序学术研讨会文集》，中国人民公安大学出版社 2004 年版，第 569 页。

的只是犯罪人的特定权利资格，只能起到限制犯罪人利用某些特定权利如政治权利犯罪的作用，犯罪人再犯罪的余地仍然相当大；财产刑剥夺的只是犯罪人的财产，其作用仅限于剥夺犯罪人再犯罪的经济资本；自由刑虽然剥夺了犯罪人的人身自由，但是对于犯罪人的再犯能力只能起到一定的限制作用，并不能剥夺犯罪人的再犯能力，犯罪人仍然能够在行刑期间或行刑结束之后再犯罪。死刑则不同于其他所有的刑罚方法，死刑对于犯罪人的再犯能力不仅仅是限制，而是彻底地剥夺。即便是死刑废止论的首倡者切萨雷·贝卡里亚也不得不承认，剥夺犯罪能力的有效性是死刑赖以存在的一项重要理由。

（三）死刑最具威慑力

从一般预防的角度来看，一般预防的实现以刑罚的威慑作用为前提，无论是制刑威慑、量刑威慑还是行刑威慑。刑罚的威慑作用源自刑罚的严厉性，刑罚的威慑效果如何，与刑罚的严厉程度成正比，即刑罚越严厉，其威慑作用越大。美国学者哈格指出："我们的刑罚制度奠基于这样一个假定之上，即较严厉的刑罚比较轻微的刑罚具有更大的遏制作用。我相信，我们是正确地假定，500 美元的罚金会比 5 美元的罚金更加遏制强奸，而且，监禁 5 年的威吓会大于这两种罚金中的任一种。"① 死刑是剥夺犯罪人生命的刑罚，生命的重要性和死刑的不可撤销性决定了死刑的严厉程度居于所有刑罚方法之首，因此死刑最具威慑力。正如哈格所言："'哪里有生命，哪里便有希望。'任何人，如果终究是可遏制的，受死刑的威吓的遏制便总大于可以被撤销而且常被撤销的终身监禁的遏制。只有死是不可撤销的。"②"作为一种额外的常识性的观察，我应该补充说，没有死刑，我们便必定只给最可能需要遏制性的威吓的那些人以免疫性。因此，正在服终身监禁的囚犯可以杀害同监囚犯或者看守，但不受惩罚。"③

死刑最具威慑力的相关实证研究：美国经济学家恩利克教授运用"共生回归模式"提出，在 1933～1969 年间，"每年每增加一起处决……可导致减少 7 或 8 起谋杀"。另一美国学者杨克基于对美国 1933～1970 年间的杀人率与死刑运用情况的研究分析，得出每执行 1 起死刑，可以遏制 156 起杀人的结论。美国社会学家菲利普斯以周为单位考察了英国 1858～1921 年间 22 起公开处死执行前后杀人率的变化，得出每执行 1 起死刑后的两周内，杀人率每周比执行死刑前一周下降 35% 的

① 邱兴隆主编：《比较刑法（第一卷·死刑专号）》，中国检察出版社 2001 年版，第 564 页。
② 邱兴隆主编：《比较刑法（第一卷·死刑专号）》，中国检察出版社 2001 年版，第 553 页。
③ 邱兴隆主编：《比较刑法（第一卷·死刑专号）》，中国检察出版社 2001 年版，第 565 页。

结论。①

（四）死刑是公平正义的需要

从报应的角度来讲，死刑是罪刑相适应的必然要求，同时可以最大限度地满足公民特别是受害人及其亲属的报应观念。一方面，法律之所以为人们所尊崇，最基本的一点就是法律维护了社会的公平与正义。公平正义观念在罪与刑的范畴中集中体现为罪刑等价原则。“刑罚是否与犯罪相等价，往往被作为衡量刑罚是否公正的标准。而对于侵害的权利的价值不低于人的生命的价值的犯罪来说，死刑具有明显的等价性。就侵害人的生命的犯罪即杀人罪而言，正由于其以剥夺人的生命为内容，死刑也以剥夺人的生命为内容，而人的生命的价值是对等的，因此，死刑因与杀人罪具有等价性而具有明显的公正性，除了死刑，没有哪一种刑罚可胜任对杀人罪的等价惩罚手段。”②所以，死刑作为报应的手段，作为对最严重犯罪的惩罚的最严厉的手段，是公正性的体现。“谋杀人者必须处死。在这种情况下，没有什么法律的替换品或代替物能够用他们的增或减来满足正义的原则。”③另一方面，基于朴素的公正观念，公众的报应观念尤其是受害人及其亲属的复仇心理是与犯罪的轻重相适应的。满足公众的报应观念，阻止受害人的私力报复，要求刑罚的严厉程度与报复心理的强度大致相等。对于最严重的犯罪如故意杀人，公众有强烈的愤慨，受害人及其亲属有巨大的痛苦，要求用最严厉的刑罚来惩罚犯罪的愿望强烈。在罪行极其严重的犯罪较多存在的情况下，死刑体现了重罪重刑的公正原则，最大限度地满足了公众的报应观念，也最大限度地安抚了受害人及其亲属强烈的复仇心理。正如高铭暄教授所言：“由于历史和现实的原因，对于最严厉的犯罪给予最严厉的社会报复的道义报应观念在我国仍深得人心，故在当前及今后相当长的时期内，我国不可能将废除死刑问题提上议事日程。”④

（五）死刑执行简便

从实践的角度来看，死刑执行简便。就现代刑罚体系中占主导地位的自由刑而言，其执行相当繁复，国家必须投入大量的财力与人力，建设大量的要求严格的固定行刑设施与看押监管队伍，无条件地全力保证其正常运行，并且从收押开始就存在一系列矛盾与问题，直到行刑过程结束，这一系列的矛盾与问题都不一定完全

① 邱兴隆、许章润：《刑罚学》，中国政法大学出版社 1999 年版，第 153 页。

② 胡云腾：《存与废：死刑基本理论研究》，中国检察出版社 2000 年版，第 195 页。

③ ［德］康德：《法的形而上学原理：权利的科学》，沈叔平译，商务印书馆 1991 年版，第 166 页。

④ 高铭暄：《略谈我国的死刑立法及其发展趋势》，载赵秉志主编：《中国废止死刑之路探索：以现阶段非暴力犯罪废止死刑为视角》，中国人民公安大学出版社 2004 年版，第 19 页。

得以解决。相比而言,死刑的执行不具有时间上的延续性,因此不需要大量的投入,没有纷繁复杂的执行与解决矛盾过程。

二、死刑的缺点

(一)死刑具有不可分性,无法真正做到罪刑相适应

从报应的角度来看,刑罚的公平与公正体现在对于不同程度的犯罪给予不同程度的惩罚,这就要求刑罚要有轻重之分。因此,对于故意杀人等极其严重的犯罪给予死刑的惩罚是公平公正的,体现了罪刑相适应原则。但是,死刑在这一方面具有一个天然的缺点即不可分性,死刑不像自由刑和财产刑一样具有可分割性,这一先天不足决定了死刑无法真正做到罪刑相适应。例如,对于盗窃价值不等的盗窃犯罪而言,运用自由刑对其进行惩罚,可以将自由刑按年甚至按月分割成很多等级,从而与不同价值和程度的盗窃犯罪相对应,真正做到罪刑相适应,达到刑罚的平等性。死刑则不能,如对于故意杀人的犯罪,杀死一人与杀死多人显然具有不同的危害程度,但死刑不可分割,只能处以同样的惩罚,不能从量上体现出刑罚严厉程度的不同,意味着对于严重性不同的犯罪处以相同的刑罚。因此,死刑无法真正做到罪刑相适应,实际上不能反映刑罚的平等性。

(二)死刑断绝了罪犯的自新之路,牺牲了刑罚的改造功能

从个别预防的角度来看,个别预防的实现途径主要有三个:一是通过对犯罪人适用相应的刑罚,剥夺其再犯罪的条件,使其不能再犯罪;二是通过刑罚的适用过程使犯罪人感受到切身之痛,使其不敢再犯罪;三是通过刑罚的改造功能的有效发挥,把犯罪人改变为守法公民,使其不想再犯罪。自从人类赋予刑罚以改造功能以来,这就成为个别预防的最终目标或是最高境界、最理想效果。对于绝大多数可以改造好的犯罪人而言,死刑完全断绝了其改恶从善、悔过自新之路,实际上是牺牲了刑罚的改造功能。

(三)死刑具有最大的副作用

从一般预防的角度来看,在所有的刑罚方法中,死刑具有最大的威慑力,对犯罪具有最大的遏制力,这当然源于死刑的极其严厉性。但是,犯罪一旦成为事实,惩罚越严厉,犯罪人逃避惩罚的欲望也就越强烈。正如贝卡里亚所说:“灾难的威胁越大,则越会竭力避免它;为了避免一个罪的刑罚,竟会犯很多的罪。”一方面,犯罪人为了生的希望,可能会杀人灭口,从而使犯罪更多和更加严重,危害更大;另一方面,死刑的威胁可能会使犯罪人产生一种歪曲的价值观,即“杀一个够本,杀两个赚一个”,从而使犯罪更加扩大。因此,在所有的刑罚方法中,死刑的副作用是最

大的。

（四）死刑不人道，不符合人类文明发展要求

从人道的角度来看，死刑是不人道的。首先，死刑本身是野蛮的和残忍的。马克思指出："死刑是往古的以血还血、同态复仇习惯的表现。"①死刑不是人类文明高度发达的产物，而是来源于以血复仇，死刑本身反映了人类文明早期野蛮和残忍的一面。其次，死刑剥夺的是人的一切权利的载体——生命，在剥夺人的最基本权利的同时也剥夺了人的一切权利，因此死刑是不人道的。最后，在人类文明的发展进步过程中，人们对刑与罪的关系的认识在不断地发生变化，这种变化导致刑罚不断趋于缓和，死刑作为一种极端的、极其严厉的刑罚显然不符合人类文明发展的要求。

（五）死刑具有不可撤销性，误判难纠

从实践的角度来看，死刑本身的不可撤销性，决定了一旦误判错判即无法挽回，后果是灾难性的。毛泽东同志早就指出："一颗脑袋落地，历史证明是接不起来的，也不像韭菜那样，割了一次还可以长起来，割错了，想改正错误也没有办法。"②美国学者哈格也表达了同样的看法："由于人类判断的弱点，无辜者可能会像被定其他犯罪一样地被定死罪。因为处决不可能被撤销，对无罪的证明会为时太晚。"③司法错误是难免的，而其他的刑罚方法在发现错误以后总会有这样那样的补救办法，而死刑一旦执行，是无法撤销的，因为生命无法挽回，这是死刑固有的缺点。

第三节　死刑政策

一、死刑政策概述

死刑政策是一个国家对待死刑的基本认识与态度，是一个国家是否设置与适用、如何设置与适用死刑的准则，是国家刑事政策的重要内容。具体而言，死刑政策就是一个国家对死刑是采取保留还是采取废除的政策；如果保留，是无限制地保留还是有限制地保留。世界各国的死刑政策主要有两种：一是废除死刑，二是保留和限制死刑。

---

① 《马克思恩格斯全集》（第8卷），人民出版社1961年版，第352页。

② 毛泽东：《论十大关系》，载《毛泽东选集》（第5卷），人民出版社1977年版，第282页。

③ 邱兴隆主编：《比较刑法（第一卷·死刑专号）》，中国检察出版社2001年版，第587页。

(一)废除死刑

所谓废除死刑,一般称为完全废除死刑,即通过宪法或法律宣告废除死刑,或者在法律上不规定死刑。目前完全废除死刑的国家和地区有75个,多数集中在欧洲大陆,如法国、英国、德国、荷兰、西班牙、瑞士、瑞典、卢森堡等,部分集中在拉美,如委内瑞拉、哥伦比亚、乌拉圭等。

(二)保留和限制死刑

1.保留死刑

保留死刑的情况比较复杂,目前在世界各国存在三种情形:一般保留、法律保留和特殊犯罪保留。

(1)一般保留

一般保留即正常地保留死刑。法律中规定死刑,实践中适用死刑;特殊犯罪有死刑,普通刑事犯罪也有死刑。保留死刑的国家和地区有84个,如我国。

(2)法律保留①

法律保留是指在法律上保留了死刑。实践中多年来未判决或执行死刑。一般在过去连续10年内未判处死刑或执行死刑即被认为是法律保留死刑或实际废除死刑。法律保留死刑的国家和地区有20个,如中非、文莱等。

(3)特殊犯罪保留②

特殊犯罪保留是指对叛国罪、军事罪、海盗罪等特殊犯罪保留死刑,对普通刑事犯罪则不适用死刑。属于这种情况的国家和地区有14个,如意大利、以色列、巴西、阿根廷、尼泊尔等。

2.限制死刑

在保留死刑的基本政策之下,严格限制和逐步减少死刑的适用,已经得到普遍认可。对死刑的限制主要体现在限制适用范围、限制适用对象、限制实际执行、限制判决程序和限制执行方式等方面。

(1)限制死刑的适用范围

保留死刑的国家在制刑中一般都比较注意严格控制和逐步减少死罪的条款,将死刑控制在仅限于谋杀罪等少数几种严重侵犯人身权利的犯罪。如爱尔兰只对谋杀正在执行职务的警察或监管人员或政治谋杀规定了死刑。《公民权利和政治权利国际公约》对死刑的适用范围也作出了限制性规定,该公约第6条第2款规定,

---

① 亦有观点将这种情况归入废除死刑范围,称作“实际废除”。

② 亦有观点将这种情况归入废除死刑范围,称作“普通犯罪废除”。

"在未废除死刑的国家,判处死刑只能是作为对最严重的罪行的惩罚"。

(2)限制死刑的适用对象

《公民权利和政治权利国际公约》第6条第5款规定:"对十八岁以下的人所犯的罪,不得判处死刑;对孕妇不得执行死刑。"这是对死刑适用对象的限制性规定。这一精神已被绝大多数国家所接受和采纳,保留死刑的国家一般都在制刑中作出了相应的规定。例如,我国《刑法》中规定对犯罪时不满18周岁的人和审判时正在怀孕的妇女不适用死刑,审判时已满75周岁以上的人亦不适用死刑(但以特别残忍手段致人死亡的除外)。

(3)限制死刑的实际执行

在许多国家被宣告死刑者并不一定实际执行,而往往通过赦免等途径使死刑犯得到减刑。例如,联合国1967年的死刑调查报告表明,在1961~1965年间,美国宣告了492起死刑,实际执行了132起;日本宣告了106起死刑,实际执行了48起;加拿大宣告了55起死刑,实际执行了4起。在联合国调查涉及的所有国家中,在此期间共宣告死刑2066起,实际执行仅为1033起。我国特有的死刑缓期执行制度是限制死刑实际执行的最具特色、最规范和最有效的途径,司法实践中绝大多数被判处死缓的罪犯最终都能得到减刑而不被执行死刑。

(4)限制死刑的判决程序

为防止死刑的滥用,各国一般都对死刑的判决程序进行了严格的规定,包括严格的审级、判决、核准和执行程序。例如,美国是西方国家中判处死刑较多的国家,截至2002年年底,美国联邦和各州监狱关押的死刑犯尚有3557人,其中既有年仅18岁的青少年,也有已达87岁高龄的老人。但就实际执行的死刑来看,数量并不多,1977~2002年间,6912名死刑犯中最终被执行死刑的只有12%。[①]

这之中因被赦免而免于死刑的只有不足百人,绝大多数情况是由美国独特的异常严格烦琐的死刑司法程序所致。尽管美国死刑案件的司法程序存在种种缺陷,但其通过定罪判决上诉程序达到限制死刑实际执行的效果这一点,还是值得借鉴的。

(5)限制死刑的执行方式

从某种程度上讲,死刑的执行方式的演变过程就是一部人类文明发展史。在中世纪以前,基于惩罚、威吓等观念,死刑的执行方式非常残酷,而且种类繁多。随

---

① 孙长永:《通过正当程序控制死刑的适用——美国死刑案件的司法程序及其借鉴意义》,载赵秉志、邱兴隆主编:《死刑正当程序之探讨——死刑的正当程序学术研讨会文集》,中国人民公安大学出版社2004年版,第49页。

着人类文明程度的提高,死刑执行方式也逐渐转变,慢慢由故意给罪犯制造痛苦的方式向尽可能使罪犯减少痛苦转变,由烦琐复杂向简便单一转变。例如,我国死刑的执行方式为枪决和注射。

二、我国的死刑政策

(一)我国的死刑政策

我国的死刑政策可以概括为“保留死刑,严格控制,慎重适用”。这一死刑政策体现着我党对于死刑的认识和态度,它是“惩办与宽大相结合”和“宽严相济”刑事政策在死刑问题上的重要体现。

尽管早在1922年6月15日中共中央发表的《中国共产党对于时局的主张》中,曾提出“废除死刑”的口号,但这并非党的死刑政策。系统阐述党的死刑政策的首推毛泽东同志。[①] 毛泽东同志对待死刑的一贯态度是慎用死刑,他主张“坚持少杀,严禁乱杀”,“杀人愈少愈好”。1940年12月25日,毛泽东在《论政策》一文中指出:“应该坚决地镇压那些坚决的汉奸分子和坚决的反共分子,非此不足以保卫抗日的革命势力。但是决不可多杀人,决不可牵涉到任何的无辜分子。”[②]1948年1月18日,毛泽东同志在《关于目前党的政策中的几个重要问题》中严肃地指出:“必须坚持少杀,严禁乱杀。主张多杀乱杀的意见是完全错误的,它只会使我党丧失同情,脱离群众,陷于孤立。”[③]同年2月15日,在《新解放区土地改革要点》一文中,毛泽东同志进一步指出:“反动分子必须镇压,但是必须严禁乱杀,杀人愈少愈好。”[④]1951年5月8日,毛泽东同志在为中共中央起草的关于镇压反革命运动的指示中指出:“凡应杀分子,只杀有血债者,有引起群众愤恨的其他重大罪行例如强奸许多妇女、掠夺许多财产者,以及最严重地损害国家利益者;其余,一律采取判处死刑,缓期二年执行,在缓刑期内强制劳动,以观后效的政策。这个政策是一个慎重的政策,可以避免犯错误。”[⑤]1951年5月,在修改第三次全国公安会议决议时,毛泽东同志进一步指出:“凡介在可捕可不捕之间的人一定不要捕,如果捕了就是犯错误;凡介在可

---

① 参见赵秉志主编:《中国废止死刑之路探索——以现阶段非暴力犯罪废止死刑为视角》,中国人民公安大学出版社2004年版,第11页。

② 《毛泽东选集》(第2卷),人民出版社1991年版,第767页。

③ 《毛泽东选集》(第4卷),人民出版社1991年版,第1271页。

④ 《毛泽东选集》(第4卷),人民出版社1991年版,第1284页。

⑤ 毛泽东:《镇压反革命必须打得稳、打得准、打得狠》(1950年12月—1951年9月),载《毛泽东选集》(第5卷),人民出版社1977年版,第43页。

杀可不杀之间的人一定不要杀，如果杀了就是犯错误。”①

毛泽东同志的思想得到了我党老一辈领导人的广泛认同。长期主持国家政法领导工作的董必武、彭真均对此作过多次阐述。毛泽东同志和党的其他领导人对于死刑的多次精辟的论述，最终促成了我国“保留死刑，严格控制，慎重适用”的死刑政策。

(二)我国死刑政策评价

应该如何理解我国“保留死刑，严格控制，慎重适用”的死刑政策呢？

1. 保留死刑。我国《刑法》中规定了46个死刑罪名，表明了保留死刑的态度。

毛泽东同志在《论十大关系》一文中明确指出：“我们还不能宣布一个不杀，不能废除死刑。”②保留死刑的目的主要有两个：特殊预防和满足人民群众的报应要求。首先，在战争时期和政权建立之初，用死刑的特殊预防功能来消灭反革命的有生力量，保卫胜利果实这一非常措施已经被历史和世界各国所普遍认可；其次，我党不主张报应刑，但是在人民群众仍然具有强烈的报应观念时，在严格控制的前提下保留死刑是为了争取人民。毛泽东同志于1956年11月15日在中国共产党第八届中央委员会第二次全体会议上的讲话中清楚地阐明了这个问题：“那些罪大恶极的土豪劣绅、恶霸、反革命，你说杀不杀呀？要杀……我们杀的是些‘小蒋介石’。至于‘大蒋介石’，比如宣统皇帝、王耀武、杜聿明那些人，我们一个不杀。但是，那些‘小蒋介石’不杀掉，我们这个脚下就天天‘地震’，不能解放生产力，不能解放劳动人民。”③应该说，“大蒋介石”更加“罪大恶极”，但是人民群众对于他们的“罪大恶极”并不一定有很深切的体会，而“小蒋介石”都有具体的“苦主”，人民群众对他们有强烈的报应呼声。毛泽东同志以革命的大智慧，用革命的辩证法，英明地解决了“要杀人”、“少杀人”和满足人民群众强烈要求之间的复杂关系。

2. 不推崇、不迷信死刑，杀人越少越好，可杀可不杀的坚决不杀。死刑具有消极作用，多杀滥杀后患无穷。

“一颗脑袋落地，历史证明是接不起来的，也不像韭菜那样，割了一次还可以长起来，割错了，想改正错误也没有办法”。④

---

① 毛泽东：《镇压反革命必须实行党的群众路线》，载《毛泽东选集》(第5卷)，人民出版社1977年版，第39页。

② 《毛泽东选集》(第5卷)，人民出版社1977年版，第281页。

③ 《毛泽东选集》(第5卷)，人民出版社1977年版，第317页。

④ 毛泽东：《论十大关系》，载《毛泽东选集》(第5卷)，人民出版社1977年版，第282页。

3. 我国虽然主张在一定时期内保留死刑，但是并不主张无限期地保留死刑。

刘少奇同志1956年代表党中央在党的第八次全国代表大会上作政治报告时就曾明确提出了“逐步地达到完全废除死刑”的要求。报告指出：“党中央委员会认为，除极少数的罪犯由于罪大恶极，造成人民的公愤，不能不处死刑以外，对于其余一切罪犯都应当不处死刑……凡属需要处死刑的案件，应当一律归最高人民法院判决或者核准。这样，我们就可以逐步地达到完全废除死刑的目的，而这是有利于我们的社会主义建设的。”①

尽管我国政府表示，我国从长远来看也要废除死刑，但就目前的形势而言，废除死刑还不现实。正如高铭暄教授所讲的：“由于历史和现实的原因，对于最严重的犯罪给予最严厉的社会报复的道义报应观念在我国仍深得人心，故在当前及今后相当长的时期内，我国不可能将废除死刑问题提上议事日程。但是，根据党和国家一贯坚持的死刑政策，提出严格限制和减少死刑的主张还是必要的，也是可行的。”②

（三）我国死刑政策在刑事活动中的体现

1. 死刑罪名的保留和限制

1979年6月7日，时任全国人大常委会副委员长并主持刑法制定工作的彭真同志在其《关于〈中华人民共和国刑法〉（草案）的说明》中就曾指出，我国现在还不能废除死刑，但应尽量减少死刑的适用。③ 在这一政策指导下，1979年《刑法》制定前的历次刑法草案中，死刑的适用都得以严格控制。

1979年《刑法》死罪条文仅为7个，死刑罪名只有28个。1979年《刑法》颁行之后，亦即我国实行改革开放之初，由于诸多原因，刑事案件一度上升幅度较大，社会治安形势严峻，严重经济犯罪案件也急剧上升。因此，从20世纪80年代初开始，我国持续开展了严厉打击严重刑事犯罪和严重经济犯罪的斗争，即俗称的“严打”。在此期间，重刑主义思想抬头并占据主导地位，死刑的作用和“严打”一样被片面地夸大了，进而偏离了“少杀慎杀”的政策。为配合“严打”斗争，在《刑法》颁布以后到1994年的15年中，立法机关先后通过了21个各种“决定”和“补充规定”，其中有13个规定有死刑，死刑条文有29个，可以适用死刑的罪名有40个，从而使我国

---

① 《刘少奇选集》（下卷），人民出版社1985年版，第254～255页。

② 高铭暄：《略谈我国的死刑立法及其趋势》，载赵秉志主编：《中国废止死刑之路探索——以现阶段非暴力犯罪废止死刑为视角》，中国人民公安大学出版社2004年版，第19页。

③ 赵秉志：《从中国死刑政策看非暴力犯罪死刑的逐步废止问题》，载赵秉志主编：《中国废止死刑之路探索》，中国人民公安大学出版社2004年版，第11～12页。

刑法中的死刑条文达到36个,可以适用死刑的罪名达到68个。

1997年修订刑法时,在死刑问题上贯彻了谦抑原则,但仍然有47个条文规定了68个死刑罪名,在刑法典的全部罪名中约占1/6。

2011年2月25日,全国人大常委会表决通过《刑法修正案(八)》,取消了13个死刑罪名,将死刑罪名减至55个。

2015年8月29日,第十二届全国人大常委会第十六次会议通过《刑法修正案(九)》,再次取消了9个死刑罪名,将死刑罪名减至46个。

2. 死刑适用条件的限制

其主要体现在两个方面:第一,我国《刑法》第48条规定,"死刑只适用于罪行极其严重的犯罪分子",体现了严格限制死刑的精神。第二,我国《刑法》第49条规定:"犯罪的时候不满十八周岁的人和审判的时候怀孕的妇女,不适用死刑。审判的时候已满七十五周岁的人,不适用死刑,但以特别残忍手段致人死亡的除外。"这是对死刑适用对象的进一步限制,即使是"罪行极其严重的犯罪分子",如果是犯罪的时候不满18周岁的人,或者审判的时候怀孕的妇女,也不能适用死刑。不满18周岁的未成年人,由于对于自己行为的认识能力和控制能力都有局限性,而且可塑性大,相对容易改造,因此从刑罚人道主义和个别预防的角度,不适用死刑。对于审判的时候怀孕的妇女不适用死刑,主要是从刑罚人道主义的原则出发。1998年8月4日通过的最高人民法院《关于对怀孕妇女在羁押期间自然流产审判时是否可以适用死刑问题的批复》指出:"怀孕妇女因涉嫌犯罪在羁押期间自然流产后,又因同一事实被起诉、交付审判的,应当视为'审判的时候怀孕的妇女',依法不适用死刑。"这进一步体现了慎用死刑的精神。2011年《刑法修正案(八)》在该条进一步增加了"审判的时候已满七十五周岁的人,不适用死刑,但以特别残忍手段致人死亡的除外"。

3. 程序上对死刑的限制

我国《刑法》对死刑的判决及其核准程序作了特别的规定。《刑法》第48条第2款规定:"死刑除依法由最高人民法院判决的以外,都应当报请最高人民法院核准。死刑缓期执行的,可以由高级人民法院判决或者核准。"

死刑复核是在一般的一审、二审程序以外,对死刑案件规定的特别监督程序。每一判处死刑立即执行的案件都要上报到最高人民法院核准,体现了对于死刑适用慎之又慎的精神,也更有利于保证死刑判决的质量,同时在客观上限制了死刑适用的数量。死刑复核程序是鉴于死刑的特殊性而设立的特别程序,是死刑案件的必经程序。死刑复核程序是我国所特有的司法程序,有着深厚的历史基础。汉代时对于食二千石以上的官吏的死刑案件就开始进行复核。魏晋南北朝时期死刑复核程序已经确立。《魏书·刑罚志》记载:“当死者,部案奏闻。以死不可复生,惧监官不能平,狱成皆呈,帝亲临问,无异辞怨言乃绝之。”唐代死刑复核制度更加完备,死刑案件通常在中央有关部门审查后,再报奏皇帝批准,并且还要“三覆奏”,甚至“五覆奏”。明清时期基本沿用唐代的死刑复核制度,并且充分发展了会审制度,其中的“朝审”和“秋审”是专门复核死刑的会审。

现代意义上的死刑复核制度始于第二次国内革命时期中央苏区的法律实践。中华苏维埃共和国中央执行委员会于 1932 年 6 月 9 日公布的《中华苏维埃共和国裁判部暂行组织及裁判条例》第 26 条规定:“凡判决死刑的案件,虽被告人不提起上诉,审理该案件的裁判部,也应把判决书及该案件的全部案卷送给上级裁判部去批准。”①中华人民共和国成立以后,死刑复核制度作为一项重要的刑事法律制度很早就被法律确认。但是,由于存在不同认识,在死刑案件的核准权究竟应归哪一级的问题上几经周折。1979 年,我国制定了《刑法》、《刑事诉讼法》和《人民法院组织法》,这三部法律均明确规定死刑由最高人民法院核准。20 世纪 80 年代以后,基于社会治安恶化的严峻形势,我国分别于 1980 年、1981 年、1983 年及 1997 年四次集中将死刑案件的核准权授权给各高级人民法院;并于 1991 年、1993 年和 1996 年先后三次单独将毒品案件死刑复核权授权给云南、广东、广西、四川、甘肃等省(自治区)高级人民法院行使。

1996 年 3 月 17 日修订的《刑事诉讼法》和 1997 年 3 月 14 日修订通过的《刑法》均明确地规定,死刑除依法由最高人民法院判决的以外,都应当报请最高人民法院核准。1997 年 9 月 26 日,最高人民法院下发《关于授权高级人民法院和解放军军事法院核准部分死刑案件的通知》,该通知再次将部分死刑案件的核准权继续授予高级人民法院和解放军军事法院行使。

2004 年 3 月,在十届全国人大二次会议上,41 位代表提交的“死刑核准权应收归最高人民法院”的议案,被很多媒体报道。2004 年 3 月 13 日,在全国人大山西代表团的小组会议上,时任最高人民法院院长肖扬在回答提问时表示,最高人民法院正在考虑收回死刑复核权,但具体时间尚未确定。2005 年 3 月 14 日,温家宝同志再次肯定了死刑核准权的上收。2006 年 10 月 31 日,全国人大常委会表决通过一项法律修正案,将死刑案件的核准权统一收归最高人民法院行使,决定从 2007 年 1 月 1 日起施行。至此,死刑核准权下放带来的诸如违背设立死刑复核程序本意、实

---

① 韩延龙、常兆儒编:《中国新民主主义革命时期根据地法制文献选编》(第 3 卷),中国社会科学出版社 1981 年版,第 310 页。

践中造成死刑二审程序与复核程序合二为一、死刑标准掌握上的不统一、缺乏法律依据等问题得到了解决。死刑核准权的上收,符合我国保留死刑、少杀慎杀的死刑政策,符合《刑法》和《刑事诉讼法》的规定,避免了死刑核准程序的虚置,同时也为我国进一步限制死刑直至最终废除死刑奠定了基础。

4. 设置死缓制度,控制死刑的实际执行

死缓制度即死刑缓期执行制度,是我国制刑及刑罚适用实践中的一项独创,在国际上受到普遍好评,是控制死刑实际执行的有效措施。我国《刑法》第 48 条中规定,"对于应当判处死刑的犯罪分子,如果不是必须立即执行的,可以判处死刑同时宣告缓期二年执行";第 50 条第 1 款规定,"判处死刑缓期执行的,在死刑缓期执行期间,如果没有故意犯罪,二年期满以后,减为无期徒刑;如果确有重大立功表现,二年期满以后,减为二十五年有期徒刑;如果故意犯罪,情节恶劣的,报请最高人民法院核准后执行死刑;对于故意犯罪未执行死刑的,死刑缓期执行的期间重新计算,并报最高人民法院备案"。死缓制度对于减少死刑实际执行的数量起到了重要的作用。

第四节　死刑缓期二年执行

一、死缓概述

(一)死缓的由来

死缓不是一种刑罚方法,而是死刑的一种特殊的执行制度,是我国独创的死刑执行方式。我国《刑法》第 48 条第 1 款规定,"死刑只适用于罪行极其严重的犯罪分子。对于应当判处死刑的犯罪分子,如果不是必须立即执行的,可以判处死刑同时宣告缓期二年执行"。这一规定即是我们俗称的死缓制度。

死缓制度是我国古代绞监候、斩监候制度的演化。中华人民共和国成立之初,开展了镇压反革命运动,按照严肃与谨慎相结合、分化瓦解反革命势力、保存劳动力以利于国家建设事业的原则,中共中央决定,清出的反革命分子,除罪不至死应判无期徒刑、有期徒刑或者管制的以外,凡应杀的,只杀引起群众愤恨的有其他严重罪行的有血债者;其余的一律判处死刑,缓期二年执行。1951 年 5 月 8 日,毛泽东同志在为中共中央起草的关于镇压反革命运动的指示中指出:"凡应杀分子,只杀有血债者,有引起群众愤恨的其他重大罪行例如强奸许多妇女、掠夺许多财产者,以及最严重地损害国家利益者;其余,一律采取判处死刑,缓期二年执行,在缓刑期内强制劳动,以观后效的政策。这个政策是一个慎重的政策,可以避免犯错误。"①毛主席的这种思想于是渐渐演变成司法上的死刑缓期执行的制度。而正式被党中央引入国家法令作为一项刑罚执行制度则是在三反五反运动时期。1952年3月11日,政务院公布《中央节俭检察委员会关于贪污、浪费及克服官僚主义错误的若干规定》。该规定指出"……第二,对贪污分子的处理办法……第三,刑事处分……及死刑,均得按情节轻重,宣告缓刑"。

成为刑事法律中一项专门的刑罚执行制度,死缓始于1979年《刑法》。1979年《刑法》第43条第1款规定,"对于应当判处死刑的犯罪分子,如果不是必须立即执行的,可以判处死刑同时宣告缓期二年执行,实行劳动改造,以观后效"。

1997年修订以后的《刑法》基本沿用了1979年《刑法》的规定,但有所删减。1997年《刑法》第48条第1款规定,"对于应当判处死刑的犯罪分子,如果不是必须立即执行的,可以判处死刑同时宣告缓期二年执行"。

根据《刑法》的规定,死缓即是对于应当判处死刑但不是必须立即执行的犯罪分子,人民法院在对其判处死刑的同时宣告缓期二年执行的死刑特殊执行制度。

(二)死缓与缓刑的区别

1.适用前提不同。缓刑的适用以犯罪分子被判处拘役、三年以下有期徒刑为前提;死缓的适用,以犯罪分子被判处死刑为条件。

2.执法方法不同。被宣告缓刑的犯罪分子不予关押,而是依法实行社区矫正;而宣告死刑的罪犯必须予以关押,并实行劳动改造。

3.考验期限不同。缓刑的考验期必须依所判刑种和刑期而确定,所判刑种和刑期的差别决定了其具有不同的法定考验期;死刑缓期执行法定期限为二年。

4.法律后果不同。缓刑的法律后果,依犯罪分子在考验期内是否发生法定情形而分为:原判的刑罚不再执行,或者撤销缓刑,把前罪与后罪所判处的刑罚按照数罪并罚的原则处理,或收监执行原判刑罚;死刑缓期执行的后果为:在缓刑期限届满时,根据犯罪人的表现,或予以减刑,或执行死刑,在缓刑执行期间也可因犯罪人违反法定条件而执行死刑。

(三)死缓的适用条件

根据《刑法》第48条的规定,死刑只适用于罪行极其严重的犯罪分子。对于应当判处死刑的犯罪分子,如果不是必须立即执行的,可以判处死刑同时宣告缓期二

① 毛泽东:《镇压反革命必须打得稳、打得准、打得狠》(1950年12月—1951年9月),载《毛泽东选集》(第5卷),人民出版社1977年版,第43页。

年执行。据此规定,死缓的适用条件应该有两个:应当判处死刑和不是必须立即执行。

1. 应当判处死刑。这是死缓适用的前提条件。应当判处死刑,就是必须判处死刑之意,即犯罪分子所犯之罪不是介于判处死刑与否之间,而是完全具备了判处死刑的条件,亦即《刑法》第48条所规定的罪行极其严重。所谓“罪行极其严重”,是指所犯罪行对国家和人民的利益危害特别严重和情节特别恶劣。

2. 不是必须立即执行。这是死缓适用的实质条件,是指行为人有从宽情节,如自首或立功,犯罪后采取积极措施防止危害结果发生等。根据《刑法》第50条的规定,判处死刑缓期执行的,有五种处理结果:(1)在死刑缓期执行期间,如果没有故意犯罪,二年期满以后,减为无期徒刑;(2)如果确有重大立功表现,二年期满以后,减为二十五年有期徒刑;(3)如果故意犯罪,情节恶劣的,报请最高人民法院核准后执行死刑;(4)对于故意犯罪未执行死刑的,死刑缓期执行的期间重新计算,并报最高人民法院备案;(5)对被判处死刑缓期执行的累犯以及因故意杀人、强奸、抢劫、绑架、放火、爆炸、投放危险物质或者有组织的暴力性犯罪被判处死刑缓期执行的犯罪分子,人民法院根据犯罪情节等情况可以同时决定对其限制减刑。

二、死缓评价

(一)死缓的优点

1. 死缓从制度层面填补了生命刑和自由刑之间的空白。从自由刑成为刑罚体系的中心,占据刑罚的核心地位开始,身体刑逐渐退出历史舞台,生命刑和自由刑并存,刑罚体系便一直存在一个困扰和考验人类智慧的问题,即生命刑和自由刑之间巨大的落差所引发的缺憾。“死刑”和“生刑”间的差距之大在没有或很少适用终身监禁(绝对无期徒刑)的刑罚体系中表现得尤为明显。死缓制度的创立,很好地解决了这一难题,填补了生命刑和自由刑之间的巨大空白。

2. 死缓制度可以在一定程度上弥补死刑不可分性和不可撤销性带来的不足。从报应的角度来看,由于死刑的不可分性而造成了死刑不能真正做到罪刑相适应,从而无法体现刑罚的平等性。死缓制度相当于把死刑分成两个层次,进而使死刑可以更好地体现罪刑相适应原则。从实践的角度来看,死刑的不可撤销性又会造成错判难纠,死缓制度使死刑判决的纠正成为现实可能,从而避免人死不能复生的灾难性后果的出现。

3. 死缓制度可以更好地体现“严格控制,慎重适用”的死刑政策。从一般预防的角度来看,死缓没有超出死刑的范畴,执行死刑的可能性依然存在,因此其具有和死刑相当的一般威慑作用。在这一前提下,死缓制度的优点更在于,除非出现极端的在死刑缓期二年执行期间“故意犯罪、情节恶劣”情况,被判处死缓的犯罪人在二年考验期满后会被减为自由刑而不会被处死,从而有效地减少了死刑实际执行数量,可以更好地体现“严格控制,慎重适用”的死刑政策。

4. 死缓保留了犯罪人的改造可能,可以更好地发挥刑罚改造功能。从个别预防的角度来看,刑罚的最大效益体现在把犯罪人改造成为守法公民,而死刑彻底断绝了犯罪人的自新之路,牺牲了刑罚的改造功能,从而使刑罚的效益大大降低。死缓制度的创立和适用,保留了犯罪人的自新之路,可以使刑罚的改造功能得以最大限度发挥。

5. 死缓制度符合刑罚轻缓化和刑罚人道化的发展趋势。死刑的限制和废除是当今轻缓化和人道化刑罚发展趋势的最主要表现之一,在我国保留死刑的前提下,减少死刑的实际执行,限制死刑执行数量,是限制死刑的有效办法和实用手段,从这一点上讲,死缓制度具有不可替代的优势。

(二)死缓的缺点

1. 死缓有违罪刑相适应原则,不能体现死刑本质特征。对于最严重的犯罪如故意杀人,死刑体现了重罪重刑的公正原则,最大限度地满足了公众的报应观念,也最大限度地安抚了受害人及其亲属强烈的复仇心理,体现了罪刑相适应原则。死缓的前提条件是应当判处死刑,即犯罪人完全具备了判处死刑的条件,必须判处死刑。但由于设置死缓制度的初衷是减少杀人,即“少杀慎杀”,因此《刑法》第 50 条规定了除“故意犯罪、情节恶劣”情形以外,被判处死缓的犯罪人一般要在二年考验期满后减为自由刑。即除极特殊情况外被判处死缓者是不会死的,这无疑改变了死刑的本质特征,有违罪刑相适应原则。

2. 死缓不能完全体现死刑的威慑作用。从一般预防的角度来看,一般预防的实现以刑罚的威慑作用为前提。刑罚的威慑作用源自刑罚的严厉性,生命的重要性和死刑的不可撤销性决定了死刑的严厉程度居于所有刑罚方法之首,因此死刑以剥夺犯罪人生命的极端刑罚特质而具强大的威慑力。在死缓的适用中,绝大多数犯罪人不会被处死的现实大大削弱了死刑的威慑作用,从而影响一般预防的实际效果。

3. 死缓不能彻底消除犯罪人的再犯可能,削弱了死刑的个别预防功能。死刑独特和彻底的个别预防功能源于对犯罪人再犯罪能力的绝对剥夺。从个别预防角度来看,任何其他刑罚方法对犯罪人再犯能力的剥夺均无法与死刑相比。死缓在保留了犯罪人生命和自新之路的同时,也保留了其再犯罪的可能。

4. 死缓的实质条件把握困难,会造成实际上的不公正。死缓适用的实质条件为应当判处死刑“不是必须立即执行的”,这一刑法规定显然比较原则和模糊,赋予了法官极大的自由裁量权,一方面容易造成死刑的过度适用,另一方面会出现不同地区不同法官对死缓适用的标准不一,造成司法腐败和司法不公。

思考题

1. 试述死刑的优劣。
2. 世界各国对死刑的限制主要体现在哪些方面?
3. 如何评价我国的死刑政策?
4. 如何评价我国的死缓制度?
5. 简述死刑的演化趋势。

第八章　自　由　刑

第一节　自由刑概述

一、自由刑的概念

自由刑是剥夺或限制犯罪人人身自由的刑罚。

这一概念中有两个明显特征:第一,自由刑中的"自由"一词,实际上仅指人身自由,并不包括言论、出版、集会、结社等政治自由权利。第二,自由刑对于犯罪人的人身自由,既有剥夺,也有限制。因此,有剥夺自由刑与限制自由刑的不同称谓。剥夺自由刑指的是犯罪人在法定时间内彻底失去人身自由,如有期徒刑;而限制自由刑只是犯罪人人身自由的减少,即受到特定限制,如我国的管制刑。我国《刑法》规定的无期徒刑、有期徒刑、拘役、管制都属于自由刑的范围。

关于自由刑,世界各国和地区规定不尽相同。例如,法国刑法曾作了重徒刑、轻徒刑、拘留、监禁、徒役等的区分,但在 1994 年《法国刑法典》规定了徒刑、监禁、拘押三种自由刑。德国刑法也曾规定了重徒刑、轻徒刑、监禁、拘留四种自由刑刑罚方法,但在 1969 年修改后统一规定为"自由刑"。俄罗斯 1996 年通过的《俄罗斯联邦刑法典》规定了剥夺自由的新刑种,如拘禁、终身剥夺自由和限制自由。我国香港特别行政区的自由刑只有监禁刑。我国澳门特别行政区在《澳门刑法典》适用之前一直沿用的 1886 年《葡萄牙刑法典》中规定的自由刑有两种,即徒刑和监禁,而《澳门刑法典》废除徒刑与监禁之别,只规定了一种自由刑,即徒刑。相比较而言,我国内地除无期徒刑、有期徒刑和拘役自由刑外,还规定了具有自己特色的自由刑——管制。

二、自由刑的特征

自由刑具有自身独特的明显特征,从而区别于其他种类的刑罚。具体来讲,自由刑具有以下几个明显特征:

（一）自由刑的指向是犯罪人的人身自由

生命刑的指向是犯罪人的生命，财产刑的指向是犯罪人的财产，资格刑的指向是权利资格，而自由刑是剥夺或限制犯罪人人身自由的刑罚，因此其核心内容是使犯罪人在特定时间内失去或减少人身自由。自由刑的指向是犯罪人的人身自由，这一特征使自由刑明显区别于其他种类的刑罚。人身自由是人自主决定自己身体活动的时间、地点、方式和内容的自由。当然在阶级社会中这一自由是受到法律约束的，人们在法律允许的范围内享有这一自由。人身自由是每个人进行正常的生活、工作、学习、娱乐和交往的前提，一旦失去，则意味着与正常社会的隔绝，意味着一切正常人的个人与社会活动的结束，痛苦是显而易见的。

（二）自由刑需要固定的行刑场所、设施和人员

既然自由刑的指向是犯罪人的人身自由，那么，它就必须把犯罪人限制在特定的时间、地点和特定的活动内容之中。这就需要有特定的执行场所，如监狱；还要有保证自由刑刑罚得以实现的特定设施，如电网等；同时需要有各种专业的人员，如管理者、看守者等。这也是自由刑的一个突出特征。

（三）自由刑以时间为制刑、量刑和行刑标准

生命刑以犯罪人的生命结束为实现标准，财产刑以数额为标准，自由刑则以时间为标准，无论是制刑、量刑还是行刑。例如，在制刑中规定自由刑时必须规定相应的时间，量刑时要宣告剥夺或限制犯罪人人身自由多长时间，行刑的过程则更是一个完成时间的过程，并且对时间的要求非常严格。

三、自由刑的分类

从不同的角度，可以对自由刑进行多种分类，其中主要可以分为剥夺自由刑与限制自由刑、无期自由刑与有期自由刑、长期自由刑与短期自由刑、附劳动的自由刑与纯监禁的自由刑、定期自由刑与不定期自由刑等。

（一）剥夺自由刑与限制自由刑

剥夺自由刑是自由刑的基本形式和主要形式，就是在特定期限内完全剥夺犯罪人的人身自由，将其拘禁于特定的场所，加以武装看押的刑罚方法，如我国的无期徒刑、有期徒刑和拘役，英美的监禁等。剥夺自由刑是最传统、最典型的自由刑，其中包括无期自由刑和有期自由刑，有期自由刑中又包括长期自由刑和短期自由刑。同时，剥夺自由刑还有附劳动和不附劳动之分。

限制自由刑是在传统的剥夺自由刑基础上产生的自由刑变异，指对犯罪人不进行关押，但对其人身自由进行特定限制的刑罚方法，如我国的管制刑，英国的社

会服务令,苏联的不剥夺自由的劳动改造等。限制自由刑有许多优点,如减少了国家对监狱的投入,契合了刑罚轻缓化的发展趋势,避免了剥夺自由刑行刑过程中的交叉感染、脱离社会生活、丧失自信等问题,符合行刑社会化的要求等;但是也存在监督管理和考察的问题,提供劳动机会和场所的问题,会减少刑罚的公平正义和一般预防效果的问题等。

社会服务令,亦称无偿劳动,是指法院对应被判处剥夺自由刑的犯罪人,作为替代,令其在一定期间内,在保护观察官的监督下,进行无偿劳动的制度。社会服务令于1972年在英国的《刑事审判法》中设立,其主要内容是法院对于16岁以上被确定犯有应判处监禁刑之罪的犯罪人,可以在一年的期限内,选择适当的日期,命令其在40~240小时之内,从事无报偿的社会服务性劳动。法院发布此项命令时,必须征得犯罪人的同意。无偿劳动的安排要考虑到犯罪人的宗教信仰、本职工作和受教育的情况。犯罪人在按照社会服务令从事无偿劳动期间,要接受有关官员的监督并遵守劳动时间。一般情况下,无偿劳动必须在命令发布后12个月内完成。如果犯罪人不遵守法院的规定,可以判处罚金50英镑,并且可以延长此项劳动的期限,还可以撤销改判监禁。这种制度由于能够避免剥夺自由刑的弊端,给犯罪人提供更多改过自新的机会,在一些国家或地区被效仿。我国没有规定这种制度,但在司法实践中,也有针对未成年人的类似实践。

不剥夺自由的劳动改造,是一种强制犯罪人在判决所规定的期限内参加劳动的刑罚方法。1922年《苏俄刑法典》第27条规定了不剥夺自由的劳动改造刑,具体内容是:犯罪人不与正常的社会生活脱离,而是在其原工作地点或劳动改造机关指定的其他地点进行劳动改造,但必须是在犯罪人居住的行政区范围内。扣留犯罪人工作收入的5%~20%作为国家收入,具体数额由法院根据刑罚个别化原则和犯罪人物质条件决定。不剥夺自由的劳动改造事实上分为两种:一种是在犯罪人原工作地点执行的劳动改造;另一种是由劳动改造机关指定的,在犯罪人居住地区内其他地点执行的劳动改造。后者主要适用于犯罪时不在国家或社会团体工作的,或犯罪性质不宜再在原单位工作的。对于被判处不剥夺自由的劳动改造的犯罪人,在劳动的同时对他们进行政治教育。如果在劳动改造期间表现良好,法院在犯罪人服刑期满后,根据社会团体或劳动者集体的申请,可以把劳动改造的时间计入一般工龄之内。其他东欧社会主义国家纷纷仿效《苏俄刑法典》的规定设置了类似的刑种,如波兰的劳动刑规定:每月罪犯必须从事至少20小时最多50小时的无偿公益劳动;国家强制将犯罪人劳动收入的10%~25%收归国库。

(二)无期自由刑与有期自由刑

无期自由刑亦即终身自由刑,有的国家称为终身监禁,我国称为无期徒刑,是终身剥夺犯罪人人身自由的刑罚。无期自由刑的主要特征是理论上的无期性。理论上讲,被判无期徒刑的犯罪人要终身在监狱中度过,而事实上由于减刑、假释以及赦免等行刑制度的存在,无期徒刑很少在实践中成为现实。在现代刑罚体系中,无期自由刑是一种很重的刑罚,其严厉程度仅次于死刑。由于各国对死刑的废除或严格限制,无期自由刑越来越显得重要。

有期自由刑是在特定期限内剥夺犯罪人人身自由的刑罚,在不同国家有有期监禁、有期惩役、有期禁锢等形式,我国的有期徒刑、拘役和管制均属于有期自由刑。有期自由刑的主要特征是定期性,即在法院审判的过程中就已经确定犯罪人所要服刑的期限,对时间的要求十分严格。有期自由刑跨度大、层次性强,适用非常广泛,在现代自由刑体系甚至整个刑罚体系中处于核心地位。

(三)长期自由刑与短期自由刑

长期自由刑与短期自由刑实际上是剥夺自由刑范畴内的概念,是针对剥夺自由时间的长短而言。

长期自由刑即剥夺犯罪人自由期限比较长的自由刑,如我国的无期徒刑、有期徒刑。

所谓短期自由刑,是指对犯罪人判处期限较短的自由刑。关于多长期限可称作短期自由刑,说法不一,主要有三个月说、六个月说、一年说等。综观各国,以六个月说为主流,我国的拘役刑即属于典型的短期自由刑。短期自由刑由于其弊端较明显,故存在较多争论,在实践中表现为短期自由刑的异化。① 短期自由刑的弊端主要表现为时间短,威慑力弱,拘役场所设备简陋,刑罚改造功能不易发挥,交叉感染等。自19世纪刑事实证学派兴起以来,短期自由刑问题在刑事领域一直争论不休,为各国所普遍关注,并因此而产生了短期自由刑的存废之争。在经过长达一个多世纪的争论后,学界基本上形成了这样一个共识,即短期自由刑有其存在的价值,其存在能够满足惩罚犯罪,对犯罪进行报应的需要,有利于实现刑罚预防犯罪、防卫社会的目的。一般认为应采取以罚金代替短期自由刑、大量适用缓刑、发展完备保护观察制度、灵活运用保安处分代替刑罚等策略性措施。1950年,在海牙召开的第十二届国际刑法及监狱会议向各个国家推荐一些替代短期自由刑的制度。

尽管短期自由刑存在诸多弊端,但它仍然在一些国家普遍存在,是有其生命力的。对于一些初犯或过失犯,适用短期自由刑,进行教育和矫正,给予其在监牢中自省的机会;同时,也能避免取消短期自由刑后,只能选择长期自由刑的尴尬,进而违

---

① 付少军:《现代制刑趋势浅析》,载《中国监狱学刊》2009年第3期。

背罪刑均衡原则。

（四）附劳动的自由刑与纯监禁的自由刑

附劳动的自由刑与纯监禁的自由刑依然是剥夺自由刑范畴内的概念，主要是针对在监禁期间是否强制劳动而言。在早期的自由刑中，劳役往往是主要的服刑内容，这种劳役带有明显的惩罚性和奴役性。例如，我国古代的自由刑称为"徒"，《唐律疏议》的权威解释即"徒者，奴也，盖奴辱之"。后来一些西方国家就有意识地把自由刑分为两类：一类以劳动作为服刑内容，称为惩役，适用于背伦、无耻的反道义性犯罪；另一类则是纯监禁的自由刑，没有劳动内容，称为监禁或者禁锢，适用于一般的非伦理性犯罪。

按照马克思主义观点，劳动创造了人本身，劳动也是人类进化进步的基本要件，劳动当然也是改造人所必需的手段。劳动不仅是一种义务，更是一种权利。因此，在社会主义国家的刑罚体系中，劳动一般都是自由刑的当然内容。

（五）定期自由刑与不定期自由刑

这种分类方法比较特殊，其特殊性就在于不定期刑的出现。一般意义上的自由刑都有确定的期限，在某种意义上讲，无期徒刑也是如此。在行刑的过程中，除非因减刑、假释、赦免等原因，犯罪人必须在狱中服满判决时所确定的刑期。不定期刑是与定期刑相对而言的，是指宣告犯罪人自由刑时，不确定其刑期，视犯罪人在服刑中的实际表现而决定何时释放的一种制度。

不定期刑的主要特征是不确定性，实际服刑时间根据犯罪人改过情况而定，被判处不定期刑的犯罪人，如果确有悔改表现，短期内可能被释放，相反服刑时间会很长，具有很明显的不确定性。不定期刑可分为绝对不定期刑和相对不定期刑。前者指完全不确定期限的宣告自由刑，犯罪人何时释放，完全依其悔改情况而定。后者指仅宣告其上限和下限或其一的自由刑。不定期自由刑以教育刑或目的刑思想为基础，其立足点不是罪刑相适应，而是犯罪人的人身危险性和再犯罪可能性，要求刑罚个别化，进而提出以个别预防为根本，采取不定期刑。正如教育刑代表人李斯特所主张的，"矫正可以矫正的，无法矫正的不使之为害"。单纯从教育刑论的观点出发，最理想的不定期刑应是绝对的不定期刑，但实际上在司法实践上是与保障人权相悖的，因此基本上不被支持，实行不定期刑的国家一般采用相对不定期刑。

不定期刑的思想作为刑事近代学派的理论主张之一，早在19世纪中叶就已被德国学者李斯特所提倡。1878年，在瑞典斯德哥尔摩召开的第二次国际监狱会议开始提及不定期刑的问题。1900年，在比利时布鲁塞尔举行的第六次国际监狱会议正式提出实行不定期刑的建议并展开讨论，由于意见不一致，最终达成的折中结果是不承认不定期刑是一种正式的刑罚，但对于少年犯、酒精中毒犯和精神病犯等可以处以不定期刑。1910年，在华盛顿召开的第八次国际监狱会议正式承认不定期刑是一种刑罚，并扩大了不定期刑的适用范围。1925年，在伦敦举行的第九次国际监狱会议决定将不定期刑扩大到其他任何犯罪人，并作出决议："不定期刑是刑罚个别化必然的结论，是社会防卫犯罪最有效方法之一。各国应该在法律上规定不定期刑的最大限度和在何种情形下适用，同时还要规定附条件释放的办法，并依照各国的情形，尽力使这一制度有实行的可能。"作为一种制度，不定期刑是在美国发展起来的，最早是在纽约州开始施行，适用对象是16～30岁的青少年犯。法官对这类犯罪人只宣告执行刑期的上限和下限，由监狱内的评议委员会观察犯罪人悔改的情况而决定最终的刑期。20世纪后，美国各州和英国、芬兰、瑞典、挪威、澳大利亚、日本等相继采用不定期刑，但一般只限于相对不定期刑的范围，以少年犯等特殊犯人为对象。在制刑上，由于罪刑法定主义观念的影响，不定期刑并没有被世界各国普遍采用。

从适用不定期刑的对象上讲，还主要是针对少年犯；或与保安处分相吻合的刑罚制度。但从原理和实践上讲，严重与罪刑法定这一刑法基本原则相违背，至于行刑的具体时间，主要由人主观把握，缺乏实在的客观标准，容易侵犯人权，使犯罪人受到不公待遇。且从美国适用的经验看，不定期刑并不像教育刑论所设想的那样根据犯人恶性决定刑期长短的理想模式把犯人教育好，还存在许多弊端。由于不定期刑在实践中陷入困境，引起社会舆论的广泛谴责，教育刑论失去了往日的光辉，罪刑均衡原则和刑事司法公正越发受到重视。从20世纪70年代起，一些西方国家兴起了一场废除不定期刑的刑罚改革运动。1973年，丹麦通过法案，对青少年犯废除适用不定期刑，后来又扩大到普通犯。1976年，美国缅因州率先废除了不定期刑制；1977年，不定期刑最发达的加利福尼亚州实施新刑法，废除不定期刑而改用定期刑制。之后，美国其他州和世界各国纷纷进行批判和废除，使不定期刑彻底衰落下去。目前在世界各国，定期刑仍占统治地位，但围绕不定期刑的争论和研究仍在继续。

第二节　自由刑评价

自由刑是目前人类找到的最好的刑罚方法，以自由刑为中心的刑罚体系取代以生命刑和身体刑为中心的刑罚体系，是人类文明的巨大进步。到目前为止自由刑仍然是人类可以选择的最主要的刑罚方法,说明了它的强大生命力和优势所在。但是自由刑也存在自身固有的不可回避的缺点,这些缺点成为不少理论家和实践者竭力改善的焦点和难题。

一、自由刑的优点

(一)自由刑保留了人生存和生活的机会,更加人道

自由刑是伴随着刑罚人道的观念而兴起的,自由刑比以前的生命刑和身体刑更加人道,自由刑的崛起使人类的刑罚变得更加人道。这一点可以从生命刑和身体刑的特点中明显看出,生命刑彻底剥夺了人生存的权利,身体刑则由于使人的身体和健康受损从而失去了很多生存和生活的机会。自由刑不但保存了人的生命,而且保存了人的健康身体,使犯罪人将来有更多的生存和生活机会,更加人道。

(二)自由刑为社会保留了更多的劳动者

犯罪人在受到惩罚和改过自新以后,完全可以成为一个合格的劳动者,为社会创造财富,为他人服务,甚至有的犯罪人本身就是某一领域的专门人才,或者可以成为专门人才从而为社会作出更大的贡献。自由刑不损害人的生命和身体,同以前的刑罚相比,为社会保留了更多的劳动者。

(三)自由刑可选择性强

自由刑具有多样性,既有剥夺自由刑又有限制自由刑,既有无期自由刑又有有期自由刑,既有长期自由刑又有短期自由刑,具有很强的可选择性,无论是制刑、量刑还是行刑,都有不止一种方法可供选择,因此既可以充分贯彻罪刑相适应原则,又能很好地体现刑罚个别化和行刑分别化原则。

(四)自由刑可以充分地体现刑罚的惩罚本质

自由刑的显著特征就是以时间为标准,对犯罪人的惩罚具有时间上的延续性。虽然没有生命刑和身体刑那样严厉,但是,自由刑可以在一段时期内使犯罪人时时感受到刑罚的痛苦,不断地去亲身体验刑罚的诸多内容。而且,一般公民也可以同样地在一段时期内经常看到、听到或感受到犯罪人在服刑,在接受刑罚的惩罚。可见,自由刑在体现刑罚的惩罚本质方面,虽然没有生命刑和身体刑严厉,但还是体现得十分充分的。

(五)自由刑可以最充分地发挥刑罚的改造功能

改造功能是刑罚最主要的功能之一,特别是在现代强调刑罚的预防尤其是个别预防目的的前提下,改造功能如何已经成为评价一个刑罚方法的基本方面。在目前人类可以使用的刑罚方法中,自由刑最能够体现刑罚的改造功能。自由刑具

有时间上的延续性,可以保证对犯罪人进行针对性教育,用劳动和管理等手段矫正其恶习。自由刑可以通过从强制犯罪人接受管理、教育和劳动等内容,到犯罪人自觉接受、自我改造的过程,使犯罪人养成劳动习惯,去掉恶习,知法守法,最终复归社会,使刑罚的改造功能得以最充分的发挥。

(六)自由刑可以培养犯罪人的谋生技能

很多犯罪人由于缺乏谋生技能,无固定生活来源而铤而走险走上犯罪的道路。自由刑具有其他所有刑罚方法都不能具备的独特优势,就是可以利用时间上的延续性和劳动手段,培养和训练犯罪人的谋生手段,使其服刑完毕之后可以有更多机会谋生,不致再犯,成为守法公民甚至有用之才。

二、自由刑的缺点

(一)自由刑必须由国家进行巨大的投入才能存在

在所有的刑罚方法中,自由刑是耗费最大的。国家必须首先投入大量的财力和土地资源建设监狱;监狱的设施要求又极其严格,监舍、围墙、电网,以及厂房、医院、教育设施、活动场地等,都需要巨大的投入;监狱不能停电,否则电网失效;监狱不能没有武装看守,否则犯人逃跑、暴狱;国家还需要培养大量的管理、教育犯罪人的多方面人才。维持监狱的正常运转,狱警等各类人员的薪水,犯罪人的生活待遇保障等,所有这些,只要自由刑存在,国家就要永远不停地投入下去。生命刑、身体刑、财产刑都不需要这样的投入,这不能不说是人类选择自由刑的一大无奈。

(二)自由刑执行复杂矛盾突出

生命刑、身体刑和财产刑执行都很简单,而自由刑要复杂得多。首先,自由刑需要耗费大量的时间,在犯罪人服刑的所有时间里,需要执行大量严格的法律程序,如收入监程序、减刑、假释、暂予监外执行、释放程序等。其次,在自由刑的执行过程中还不可避免地存在大量的矛盾,如惩罚和教育、管理和劳动、执法和人道,以及监狱和法院、监狱和法律监督部门、监狱和犯罪人家属等矛盾冲突,这些矛盾可能随时产生,时时存在,使自由刑的执行过程变得十分复杂。

(三)自由刑容易使犯罪人交叉感染犯罪恶习

自由刑自产生以来,其本身就带有一个几乎无法弥补的先天不足,就是所谓"交叉感染"。自由刑需要把犯罪人关押在监狱达到一定的期限,且不可能把每个犯罪人单独关押,人是需要交流的,因此犯罪人被关押在一起就非常容易交叉感染犯罪恶习,监狱也很容易成为所谓的"犯罪习艺所""犯罪学校"。这个问题解决不好,自由刑会增加新的犯罪。可以说,交叉感染问题是自由刑困扰人类的最大难题。

（四）自由刑造成犯罪人对社会生活不适应，复归社会困难

自由刑需要固定的执行场所，即需要把犯罪人关押在监狱，这就意味着犯罪人与社会的隔离。自由刑的最终目的是使犯罪人改恶从善，重返社会。然而，长时间生活在与社会隔离的环境之下，中断原有的社会关系，感受不到每个时代特有的气息，会使犯罪人在刑满出狱以后不适应社会生活，不能真正复归社会。

（五）自由刑容易改变犯罪人的性格，使犯罪人失去自信

自由刑时间上的延续性和需要固定执行场所等基本特征对于犯罪人而言，意味着要在相当的期限内生活在监狱这一特殊环境之中。监狱环境的特殊不仅在于其与社会隔离，有围墙、电网等物质因素，更在于服刑人在精神与性格上需要有很大的改变。严格的法律程序、严格的命令、严格的作息时间、严格的内务要求、严格的劳动操作要求、严格的活动范围和内容要求、严格的纪律要求等，所有这些经过长时间的适应之后，不可避免地会改变犯罪人的性格，使犯罪人的自信心丧失。无论是从人道还是重返社会等哪个角度来讲，这都是自由刑的缺点之一。

第三节 自由刑趋势

一、自由刑的产生与发展

在刑罚的历史中，自由刑出现得比较晚，早期的刑罚主要是生命刑和身体刑。自由刑的产生及发展在中国和西方也有所不同。

（一）中国的自由刑演进

中国自由刑的出现，远早于西方，从北周的《大律》第一次在法律中正式使用徒刑算起，中国的自由刑早于西方一千多年。若从西周的圜土之制、嘉石之制算起，则要早于西方两千多年。

中国自夏朝起，在墨、劓、剕、宫、大辟的奴隶制五刑之外，就有“流宥五刑”之法。因其不在正规刑罚之列，且与今日所称自由刑特征相差较远，故一般观点不把它作为自由刑的起源。一般认为，中国自由刑的缘起来自西周的圜土之制和嘉石之制。圜土之制的对象是未构成触犯五刑之罪的“罢民”，即轻微犯罪者和无业游民；场所是“圜土”，即筑成圆形的土墙以囚禁犯人，相当于监狱；内容是将罢民囚禁于圜土，强制服劳役；罪的等级是上罪、中罪、下罪三等；刑期分别是三年、二年、一年三级；最终结果有两种，据《周礼·秋官·司寇》记载：“能改者，上罪三年而舍，中罪二年而舍，下罪一年而舍；其不能改而出圜土者，杀。”可见，圜土之制已具备了现代

自由刑的一些基本特征,类似于有期徒刑。嘉石之制轻于圜土之制,对象是有罪过但未触犯法律,又确实危害乡里者;场所是“嘉石”,即一种有纹理的大石,立于朝门之左;内容是戴枷思过,静坐一定期限后,再由司空监督服劳役;罪过的等级是五等;刑期是五级:(1)十三日坐,一年劳役;(2)九日坐,九个月劳役;(3)七日坐,七个月劳役;(4)五日坐,五个月劳役;(5)三日坐,三个月劳役。有观点认为,这种既有拘禁思过,又有劳役,且有一定刑期的刑罚,是现代拘役的渊源。

西周以后,以剥夺犯罪人人身自由为特征的刑罚,历代沿袭。如秦汉时期有罚作、复作、鬼薪、白粲、城旦、舂、髡钳等,魏晋时有年刑,都是剥夺犯罪人一定期限的人身自由并强制服劳役。例如,罚作是强制男犯守边,复作是强制女犯为官府服劳役,刑期均为一年;鬼薪是强制男犯砍柴,白粲是强制女犯择米,刑期均为三年。这些和现代的有期徒刑性质基本相同,但在当时并没有徒刑的名称。“徒刑”一词正式出现并作为刑罚方法确定下来,始于南北朝时期北周的《大律》,从此徒刑正式列入主刑。隋朝的《开皇律》基本定型了笞、杖、徒、流、死的封建五刑,徒刑分为五等,最高刑为三年,最低一年,并废除了《大律》中徒刑加鞭、加笞的规定。此后,唐、宋、元、明、清各朝代基本沿袭封建五刑,都有徒刑的规定,但均有一定的期限。

无期徒刑最早出现于辽、金时期,但由于辽、金的刑罚制度在历史上影响甚微,一般认为无期徒刑作为正式刑种加以规定,始于 1910 年《大清新刑律》。《大清新刑律》未及实施,其以自由刑为中心的刑罚体系为国民党政府所承袭,这一新刑罚体系包括死刑、无期徒刑、有期徒刑、拘役和罚金五种主刑。

中国古代自由刑的主要特征体现在以下几个方面:(1)出现的时间晚于生命刑和身体刑;(2)有确定的刑期,且期限较短,等级较少;(3)适用范围较小,且往往附加其他身体刑、财产刑等;(4)主要内容是强制犯罪人服苦役,注重惩罚与威慑,没有矫正内涵;(5)在刑罚体系中不占主要地位,仅是生命刑、身体刑的补充。

由于上述特性,中国古代自由刑虽然出现早于西方,但始终没有上升到刑罚体系的中心地位。自由刑真正成为结构科学、内容完备的一个体系,并取代死刑和身体刑而在整个刑罚体系中占据主导地位,开始于 16、17 世纪的西方。

(二)西方的自由刑演进

西方国家历史上自由刑的产生,在时间上远远迟于中国。古代和中世纪的欧洲虽然出现了监狱,但和现代意义上的监狱含义并不一样,仅限于拘禁犯罪嫌疑人、未决犯和等待处决的死刑犯,而不是自由刑的执行场所。此时西方各国刑罚体系的中心也是生命刑和身体刑。自由刑命运的改变,实际上始于资本主义时期。

自由刑在古代东西方奴隶制、封建制社会均不受重视主要有三个方面的原因:

(1)思想因素,原始复仇观念的影响。原始复仇习惯对刑罚理论和实践的影响就是“杀人者死,伤人者刑”的报应观念,生命刑和身体刑是必然的。(2)社会因素,社会关系性质的原因。奴隶制、封建制是极端不平等的社会制度,奴隶和农民是刑罚的主要对象,而他们对奴隶主、地主具有直接或间接的人身依附关系,人身自由对于他们来说意义并不大。(3)政治因素,专制统治的需要。奴隶制和封建制社会都是少数人对多数人的专制统治,因此必然要实行严刑峻法,极尽刑罚的威吓之能,自由刑显然不能和生命刑、身体刑相提并论。

现代意义上的自由刑在西方国家出现于16、17世纪。这时封建经济体制开始解体,资本主义生产方式开始产生,血腥的资本原始积累把广大的无产者抛向街头,成为流浪者、乞丐。这些人为了生存而犯罪,对统治秩序构成严重威胁,于是出现了以收容城市流浪者和乞丐为目的的最早的矫正机构。1550年,英国伦敦设立了第一个矫正院,随后荷兰分别于1595年和1597年在阿姆斯特丹设立男犯矫正院和妇女纺织所。17世纪初开始,欧洲各国纷纷仿效建立类似的矫正机构。这些矫正机构的收容对象逐渐扩大到一般犯罪人,并且开始注意对犯罪人的精神感化和职业指导,开始具备监狱和自由刑的特征与功能。不过,自由刑正式在法律中确立并逐渐被大量使用直至占据刑罚体系的中心,还是在18世纪末19世纪初。

18世纪,资本主义生产方式的进一步发展加剧了社会矛盾,犯罪问题日益严重,监狱人满为患,矫正无暇顾及。同时,资本家以不平等竞争为由,迫使监狱取消了生产职能,导致监狱状况愈加恶劣。管理无力、交叉感染使监狱变成了“大染缸”“犯罪加工厂”,累犯率急剧上升。这种状况终于引发了西方刑罚史上著名的监狱改良运动。18世纪西方的监狱改良运动以改善监狱状况,改善犯罪人待遇,提高监禁质量为宗旨,最终使监狱设施和犯罪人生活待遇得以改善,并且创造了独居制、沉默制等新的自由刑执行方法,最大收获是改变了人们对监狱功能的认识,监狱逐渐由单纯监禁转向对犯罪人的矫正和教育。至此,集监禁与矫正于一身并在刑罚体系中占据中心地位的现代意义上的自由刑才正式产生,其法律上的标志是1810年《法国刑法典》。到19世纪末20世纪初,西方国家建立起了一整套自由刑制刑、量刑和行刑的科学体系,对世界范围内刑罚制度的改革起到了积极的推动作用,自由刑最终在世界各国受到普遍重视。

自由刑能够在西方资本主义国家迅速崛起并且跃居刑罚体系的中心地位,是经济、思想、政治和理论等方面因素综合作用的结果。

1.经济因素。一方面,经济关系的变革要求传统刑罚制度随之相应改变。资本主义经济的发展需要大量的劳动力,而以生命刑和身体刑为中心的刑罚是以减少劳动力为代价的。另一方面,在资本主义价值观念下,生命刑和身体刑因不能给社会创造价值而显得意义变小,而自由刑则具有更大的经济价值。

2. 思想因素。资产阶级思想启蒙运动提倡个性解放,自由平等,从而在思想上提高了人身自由的价值,也促成了对人的价值的看法的变革,使自由相比于生命和健康在价值上不像以前一样相差悬殊,从而为以自由刑为中心的刑罚体系取代以生命刑和身体刑为中心的刑罚体系扫除了思想观念上的障碍。

3. 政治因素。新兴资产阶级为了号召人民起来同他们一起推翻封建专制制度,对封建制度从各个角度进行了猛烈批判。在刑事司法方面则提出了罪刑法定、罪刑等价、刑罚人道等新的进步主张,以反对封建制度下的罪刑擅断、法外用刑、株连无辜、轻罪重刑、刑罚残酷等,从而造成了对生命刑和身体刑的否定。

4. 理论因素。刑事实证学派刑罚理论的兴起,使刑罚观念发生了巨大的改变,人们更加注重对犯罪人的矫正教育,使其能够重返社会。相对于生命刑和身体刑,自由刑更加符合这一刑罚目的,因而备受青睐。

二、自由刑的趋势

(一)制刑趋势

在制刑方面,自由刑有两个明显的趋势:一是自由刑种类逐渐减少,刑种趋向单一;二是随着财产刑地位的不断上升,自由刑在刑罚体系中的核心地位受到冲击。

1. 刑种趋向单一

自由刑刑种趋向单一是指将过去不同种类的自由刑合并为一种,刑罚的轻重只能通过刑期的长短来显示,实际上就是将徒刑(惩役)和禁锢(监禁)、拘留(拘役)统一起来合并为一种自由刑,或只将前二者统一起来。

世界各国主要是西方国家早期自由刑的种类较多,有附劳动的徒刑(惩役),有不附劳动的禁锢(监禁),其中每一种又分为轻重程度不同的两种或三种。例如,英国19世纪的监禁包括苦役、附艰苦劳动的监禁、无艰苦劳动的监禁,原联邦德国的自由刑包括重惩役、轻惩役、禁锢和拘留。事实上惩役与禁锢的主要特征都是一样的,即以刑期长短为标准剥夺犯罪人的自由,它们的主要区别在于劳动,惩役为强制劳动,禁锢则不受强制,需自愿申请一定的作业;劳动的场所不同,惩役在监房之外开放或半开放地劳动,禁锢只能在监房内从事简单的作业;行刑期间的待遇有所不同。这些区别实质意义并不大,因此从刑事古典学派开始,在自由刑种类的多样化问题上就开始质疑和争论。1872年,在伦敦召开的第一届国际刑法及监狱会议上，首次提出以单一刑论为基础的自由刑单一化问题，自由刑单一化问题成为刑罚研究的重要课题。1878年斯德哥尔摩会议的决议要求各国“各种自由刑尽可能在法律上单一起来”。

荷兰在1881年就实现了自由刑的单一化。第二次世界大战以后，实行自由刑刑种单一化的国家逐渐增多。英国1948年刑事审判法把原来的惩役、禁锢单一化为监禁（无期与有期）。西德1969年刑法将重惩役、轻惩役、禁锢和拘留统一为监禁（无期与有期）。法国1976年刑法修正草案将重罪监禁刑和轻罪监禁刑合并为监禁刑一种。南斯拉夫1976年联邦刑法把严格监禁和普通监禁合为一种。罗马尼亚、波兰、乌拉圭、墨西哥、哥斯达黎加等国也都实现了自由刑的单一化。

2. 核心地位动摇

从1810年《法国刑法典》开始，自由刑以科学、系统的体系在刑罚体系中居于核心地位，直到现在一直是世界各国刑罚体系的中心刑罚。当今各国的主刑，除对少数严重犯罪规定了死刑外，主要刑种均为自由刑。几乎所有犯罪的法定刑均规定有自由刑可以适用。特别是在废除了死刑的国家，自由刑已成为可适用罚金的轻罪之外的所有犯罪的必处刑罚。但是，随着财产刑在刑罚体系中的地位不断上升，自由刑在刑罚体系中的核心地位开始动摇。（参见第六章第三节“四、罚金刑地位上升”）

（二）量刑趋势

在量刑方面，短期自由刑正在逐渐异化，而限制自由刑应该说方兴未艾。

1. 短期自由刑的异化

虽然1960年在伦敦召开的联合国预防犯罪和罪犯处遇大会认为短期自由刑因其具有一定缺陷，“普遍实施，极不相宜”，但目前完全废除短期自由刑并没有为司法实践所普遍接受，绝大多数国家刑法中都规定有短期自由刑。世界各国基本上采取了对于短期自由刑积极利用，同时克服其弊害的态度，控制短期自由刑的适用，或以其他措施诸如缓起诉、缓判刑、易科罚金等加以替代。可以说，短期自由刑正在严格控制、严格限制的情形下逐渐变化。关于短期自由刑的争议，在第六章中已有阐述。

2. 限制自由刑的未来

限制自由刑的产生，标志着自由刑在进化的道路上又前进了一大步。第一，它一方面使罪刑相适应原则得到更加准确、全面的贯彻，另一方面使刑罚个别化原则能够顺利得以实施。在量刑中，可根据情况对那些罪行较轻但从犯罪人人身危险性角度应区别对待的案件，分别采用剥夺自由刑和限制自由刑两种刑罚方法进行处理,使刑罚与犯罪人人身危险性程度相适应。第二,限制自由刑在很大程度上弥补了短期自由刑的不足,可以避免监禁给犯罪人的再社会化带来的种种不利影响。第三,限制自由刑符合当今的刑罚轻缓化、行刑开放化等发展趋势。但由于限制自由刑惩罚功能较弱,反映公平正义的报应因素较少,因此在对公平正义的要求比较看重的现今社会现实之下,在世界各国的刑罚适用上,限制自由刑仅仅是剥夺自由刑的补充。因此,限制自由刑属于未来。

(三)行刑趋势

1. 行刑的社会化趋势。

2. 行刑的经济化趋势。

3. 行刑的科学化趋势。

关于行刑趋势,在第十五章第三节具体论述。

思考题

1. 试介绍我国自由刑的种类。
2. 试述自由刑的特征。
3. 试述自由刑的优点。
4. 试述自由刑的缺点。
5. 试述自由刑的制刑趋势。
6. 试述自由刑的量刑趋势。

第九章　自由刑主要刑罚方法

第一节　无 期 徒 刑

一、无期徒刑的概念与特征

（一）无期徒刑的概念

无期徒刑是终身剥夺犯罪人人身自由，并强制劳动改造的刑罚方法。其适用于罪行严重，需要与社会永久隔离，但又不必判死刑的犯罪人。

无期徒刑最早出现于辽、金时期，但由于辽、金的刑罚制度在历史上影响甚微，所以一般认为无期徒刑作为正式刑种加以规定，始于1910年的《大清新刑律》。

（二）无期徒刑的特征

与自由刑其他刑罚方法相比较，无期徒刑具有以下主要特征：

1. 无期徒刑的主要特征是它的无期性，但在实践中往往不是真正的“无期”

从无期徒刑的本源意义上讲，它是终身剥夺犯罪人的人身自由，但事实上在实践中并非如此，由于减刑、假释、赦免等制度的存在，被判处无期徒刑的犯罪人真正在监狱中服刑终身的极少。

2. 无期徒刑属于剥夺自由刑

无期徒刑不仅是剥夺自由刑，而且是终身剥夺犯罪人的人身自由的自由刑，并且要强制犯罪人进行劳动改造。

3. 无期徒刑的产生要晚于有期徒刑

我国奴隶制社会和封建制社会早期是没有无期徒刑的，自由刑从一产生就有一定的期限。最早在法律中正式规定无期徒刑的是1910年颁布的《大清新刑律》。西方国家则要早一些，最初是作为死刑的替代物而提出。贝卡里亚、边沁等废除死刑的倡导者主张在废除死刑的同时，设置不剥夺犯罪人生命但对其终身拘禁，使其无法再犯罪的无期徒刑。但是，无期徒刑最终见诸法律并不是取代死刑，而是与死刑并存，这部法律就是1810年《法国刑法典》。

4. 无期徒刑是自由刑中最重的刑罚

无期徒刑在当今世界各国刑罚体系中的严厉程度仅次于死刑，居于自由刑之首。无期徒刑适用于罪行严重，需要永久与社会隔离，但又不必判死刑的犯罪人，这决定了它是仅次于死刑的十分严厉的刑罚方法。例如，我国《刑法》中，无期徒刑多数是被作为"情节加重犯""结果加重犯""数额加重犯"等的加重法定刑予以规定的，而且绝大多数是与死刑并列规定为选择刑种。

5. 无期徒刑判决执行以前先行羁押的时间不能计算在刑期以内

自由刑是以时间为基本特征的，也就是以剥夺犯罪人人身自由的期限为标准。因为在法院的判决执行以前由于诉讼的需要犯罪人一般都已经被剥夺了一段时间的自由，所以在计算刑期时，需要把判决执行前先行羁押的时间计算进去。无论是剥夺自由刑还是限制自由刑，都要有一个折抵刑期的程序，如我国《刑法》规定有期徒刑和拘役先行羁押一日折抵刑期一日，管制先行羁押一日折抵刑期二日。但是无期徒刑由于其无期性的特征而决定了先行羁押的时间不能折抵刑期，这也是无期徒刑不同于其他自由刑的独特之处。

6. 在当今世界范围内废除和限制死刑的情况下，无期徒刑变得格外重要

一般认为生命刑是残忍和不人道的，事实上无期徒刑由于其无期性的特征，终身剥夺犯罪人的人身自由，也是十分残忍和不人道的。因此，同生命刑一样，无期徒刑也曾有过存废之争。但是，当生命刑的废除在很多国家和地区变成现实，未废除的国家和地区也都对其进行严格的限制的情形出现以后，无期徒刑反而变得更加重要起来，因为对于严重犯罪，无期徒刑已经成为人类唯一的、最后的选择。

二、终身监禁

（一）终身监禁的概念

终身监禁是英美法系刑法中监禁刑的一种，即将犯罪人监禁终身，剥夺其人身自由直至死亡的刑罚方法。

终身监禁包括多种类型：

1. 绝对终身监禁。对于某些犯罪，一些国家在立法上规定了绝对终身监禁，法官没有任何刑罚选择权，如英国的谋杀罪。

2. 裁量终身监禁。对于某些犯罪，终身监禁是选择刑，具体是否适用由法官决定。大部分终身监禁立法采用此种方式。

3. 无假释终身监禁。犯罪人必须服刑终身，不能适用假释，但允许减刑或赦免，美国和澳大利亚一些地方采用此种规定。

终身监禁具有较长时间隔离罪犯，剥夺再犯能力的功能，可以更好地保护社会。但长期监禁给罪犯精神、肉体都带来较大损害，不利于其改过自新，因此在西方国家对于终身监禁一直存在争论。

（二）我国刑法中终身监禁的特征

2015年8月29日第十二届全国人大常委会第十六次会议通过，2015年11月1日起实施的《刑法修正案（九）》对《刑法》第383条进行了重大修改，规定对犯贪污罪，数额特别巨大，被判处死刑缓期执行的，人民法院根据犯罪情节等情况可以同时决定在其死刑缓期执行二年期满依法减为无期徒刑后，终身监禁，不得减刑、假释。由此在我国刑法中第一次出现了不得减刑、假释的真正意义上的"终身监禁"。

按照《刑法》第386条的规定，对犯受贿罪的，根据受贿所得数额及情节，依照《刑法》第383条的规定处罚。由此可见，终身监禁的适用范围为贪污罪、受贿罪。从犯罪情节来看，对贪污、受贿犯罪是否适用终身监禁，应按照情节轻重和社会危害性大小而予以分别对待，只适用于犯罪"数额特别巨大，并使国家和人民利益遭受特别重大损失的，处死刑，并处没收财产"的情形。

2016年4月18日，最高人民法院、最高人民检察院联合发布《关于办理贪污贿赂刑事案件适用法律若干问题的解释》，该司法解释明确了终身监禁适用的情形，即判处死刑立即执行过重，判处一般死缓又偏轻的重大贪污受贿罪犯，可以决定终身监禁。同时，凡决定终身监禁的，在一、二审作出死缓裁判的同时应当一并作出终身监禁的决定，而不能等到死缓执行期间届满再视情而定。终身监禁一经作出应无条件执行，不得减刑、假释。

由此可以看出，我国刑法中终身监禁具有以下几个特征：

1. 我国刑法中的终身监禁并不是一个新的刑种，而是一种特殊的刑罚执行制度。

2. 英美法系刑法中的终身监禁主要适用于谋杀罪及犯罪情节与谋杀罪类似程度的其他犯罪，而我国刑法中的终身监禁则适用于贪污受贿罪。

3. 终身监禁适用的情形，主要针对判处死刑立即执行过重，判处一般死缓又偏轻的重大贪污受贿罪犯。因此，终身监禁的严厉程度介于死刑立即执行与一般死缓之间。

4. 凡是决定终身监禁的，在一、二审作出死缓裁决的同时，即一并作出终身监禁决定，而不是等到死缓执行期间届满，再作出终身监禁决定。

5. 终身监禁刑罚执行期间，无论罪犯服刑表现如何，均不得减刑、假释，刑罚不可变更。

（三）终身监禁与限制减刑

终身监禁制度和限制减刑制度均与死刑缓期执行制度紧密相关，但又有所不同，各有侧重。

1. 适用的范围不同。限制减刑适用于被判处死刑缓期二年执行的累犯，以及因故意杀人、强奸、抢劫、绑架、放火、爆炸、投放危险物质或者有组织的暴力性犯罪被判处死刑缓期执行的犯罪分子。终身监禁则适用于贪污、受贿罪中犯罪"数额特别巨大，并使国家和人民利益遭受特别重大损失的，处死刑，并处没收财产"的情形。

2. 适用的依据不同。限制减刑与终身监禁虽然都是根据对被告人已然之罪的轻重以及其人身危险性、再犯可能性的综合评判，但是二者在具体适用中依据重点明显不同。终身监禁更加注重报应，如"贪污受贿数额特别巨大，并使国家和人民利益遭受特别重大损失"主要针对已然之罪而言；而限制减刑则更加注重预防，如上述列举的几个罪名几乎均为暴力性犯罪，显然是更加侧重人身危险性。

（四）终身监禁与无期徒刑

无期徒刑是我国《刑法》规定的主刑之一，其严厉程度仅次于死刑，被判处这一刑罚的罪犯可能终身服刑，相当于国外的终身监禁。然而，在刑罚实际执行中，无期徒刑犯和有期徒刑犯基本相同。无期徒刑犯只要无重大违规，服从监管，一般服刑两年后就可被减为有期徒刑。而终身监禁却不会减刑，只能终身在监狱中度过。终身监禁是介于死刑立即执行与一般死缓之间的执行措施，但又比一般死缓更为严厉，当然也就比无期徒刑严厉得多。

在终身监禁未出现之前，我国的无期徒刑实际上是"相对无期徒刑"，而终身监禁出现之后，则是名副其实的"绝对无期徒刑"。

三、无期徒刑评价

（一）无期徒刑的优点

1. 无期徒刑是罪刑相适应的必然要求

对于罪行严重，需要与社会永久隔离，有期徒刑不足以体现罪刑相当，而又不足以判死刑的犯罪人，只有无期徒刑最为合适。因此，从惩罚犯罪的角度来讲，对于有期徒刑嫌轻，死刑显重的犯罪，施以无期徒刑是罪刑相适应的必然要求。

2. 无期徒刑在不剥夺生命的前提下具有最大的威慑力

就一般预防的角度而言，无期徒刑的严厉程度仅次于死刑，除死刑外其威慑作用最大。并且与死刑相比，无期徒刑不剥夺犯罪人的生命，在不杀人的前提下具有强大的威慑力，同时，无期徒刑也没有死刑那样大的副作用。

3. 无期徒刑可以终身剥夺犯罪人的再犯能力

从个别预防的角度来看，有期徒刑只是在一定期限内剥夺了犯罪人的再犯能力，具有剥夺再犯能力的有限性，而无期徒刑终身剥夺犯罪人的再犯罪能力，控制再犯的能力更强。这一点虽然不如死刑，但是无期徒刑不剥夺犯罪人的生命，也就不会像死刑那样断绝犯罪人的自新之路，这是与死刑相比，无期徒刑所具有的优点。

4. 无期徒刑具有替代死刑的功能

无期徒刑剥夺犯罪人人身自由的无期性，与死刑的效果十分接近，以至于有观点认为在某种程度上，无期徒刑比死刑还要严厉。在废除死刑运动逐渐深入的当今世界各国，无期徒刑无疑是死刑很好的替代。正如韩忠谟所言："无期徒刑之严重隔离作用，有代替死刑之功能，在盛唱废止死刑之今日，不失为极有用之刑罚。"①

（二）无期徒刑的缺点

1. 无期徒刑不能真正实现刑罚适度

无期徒刑和死刑一样具有不可分性，不像有期徒刑可以分割出很多层次。所以，同样是被判处无期徒刑的犯罪人，其罪行严重程度和人身危险性程度虽然不尽相同，但所判刑罚是一样的。换言之，凡是罪行严重，有期徒刑不足以惩罚，又达不到判死刑的犯罪人，无论他们之间从罪行严重程度到再犯罪可能性大小差别多大，都只能判处同样的刑罚——无期徒刑。也就是说，被处以相同刑罚（无期徒刑）的犯罪人，其所犯罪行严重程度和人身危险性程度并不相同，因此无期徒刑不能真正实现刑罚适度。

2. 无期徒刑容易丧失刑罚的改造功能

无期徒刑具有无期性或称终身性，这一点对于剥夺再犯能力而言是其优点所在。但是，正是无期徒刑的无期性，断绝了犯罪人的希望，容易使其丧失接受改造的自觉性和自我改造的积极性，有的无期徒刑犯自己形容："就像苍蝇钻进瓶子里，前途光明，出路不大。"因此，他们很可能自暴自弃、消极抵触，甚至抗拒改造。这显然使刑罚的改造功能很难发挥，与刑罚个别预防的目的相悖。

3. 无期徒刑是最不人道的刑罚

有观点认为，死刑是最不人道的刑罚。也有观点认为，无期徒刑是最不人道的刑罚。可以说在这一点上，二者真的难分伯仲。有期徒刑可以让犯罪人看到服刑的

---

① 韩忠谟：《刑法原理》，台北，雨利美术印刷有限公司1981年版，第408页。

终点在哪里，看到希望，知道努力的方向。无期徒刑不但终身剥夺犯罪人的人身自由，而且使犯罪人在无望中活着，承受精神上无期限的折磨，这种痛苦与丧失生命不相上下。这一点使无期徒刑具有巨大的威慑力，但也使无期徒刑成为最不人道的刑罚。

4. 无期徒刑具有实质上的不公平性

理论上讲，所有的无期徒刑犯都在服同样的刑罚，即无期徒刑。但实质上，无期徒刑所给出的刑期是犯罪人从判决生效之日起的有生之年，这显然对于每一个犯罪人来讲都是不同的。因为犯罪人开始服刑时年龄是不同的，每个人的寿命也不相同，所以事实上每一个无期徒刑犯所得到的实际刑期都是不一样的。以 80 岁的寿命为例，40 岁的人被判处无期徒刑，实际刑期是 40 年，而 60 岁的人被判处无期徒刑，则只服 20 年刑，差别是巨大的。即使服刑时年龄相同的犯罪人，其寿命也很难恰好相同。所以说无期徒刑在实质上对犯罪人是不公平的，难以体现刑罚的公平性。

四、无期徒刑的存废之争

（一）世界各国对无期徒刑的态度

无期徒刑由于其突出的缺点，在早期曾有比较激烈的存废之争。这种争论对无期徒刑在制刑方面产生了一定的影响，如苏联、前捷克、波兰、罗马尼亚、匈牙利、葡萄牙、秘鲁等国未规定或者废除了无期徒刑。但总的来说影响较小，世界上绝大多数国家还是保留了无期徒刑。有些国家废除以后又重新恢复使用，如匈牙利 1950 年刑法中规定了终身自由刑，1961 年予以废除，1978 年新刑法又加以恢复。1997 年生效的《俄罗斯联邦刑法典》也规定了“终身剥夺自由”刑。美国有些州未采用终身自由刑，但对有期徒刑没有规定上限，而且数罪并罚采用简单相加原则，因此在量刑中会出现几十年、上百年甚至上千年徒刑，虽无无期徒刑之名，但有无期徒刑之实。无期徒刑的存废问题在今天已很少争论，主要是由于各国都存在严重犯罪，无论是从惩罚打击犯罪还是矫正预防犯罪的角度，都需要无期徒刑这一刑罚手段。尤其是随着死刑的限制与废除，无期徒刑的重要性越发突出。

（二）我国的无期徒刑存废之争

我国的无期徒刑始于 1910 年《大清新刑律》，之后被《中华民国刑法》沿袭。中华人民共和国成立初期，无期徒刑还是新生政权同反革命分子作斗争的重要武器。随着政权日益巩固，国家工作重心向经济建设转移，20 世纪 50 年代曾出现过一场无期徒刑存废之争。

主废论的主要理由是:

1. 无期徒刑存在的条件已丧失。中华人民共和国成立初期既要巩固新生的政权,保证土地改革、镇压反革命、抗美援朝等政治斗争的顺利进行,又要避免扩大死刑的适用范围,无期徒刑是必要的。但随着社会主义改造的基本完成,国家的主要任务变为保护社会主义生产力的发展,作为对敌斗争重要武器的无期徒刑,已失去了存在的基础,完成了自己的历史使命。

2. 无期徒刑与我国社会主义性质的刑罚目的不相符合。我国刑罚的目的不是惩罚,而是改造罪犯。无期徒刑的终身剥夺自由特性不利于犯罪人的改造,达不到刑罚目的。

3. 死缓制度可以替代无期徒刑。我国独创了死缓制度,死缓执行二年之后可以减为无期徒刑,也可以和无期徒刑一样减为有期徒刑。有了这一制度,无期徒刑没必要保留。

4. 世界上有些国家并未规定无期徒刑,有的国家废除了无期徒刑,值得借鉴。

主存论的主要理由是:

1. 无期徒刑仍是同犯罪作斗争不可或缺的武器。我国民主革命时期和中华人民共和国成立以来的实践证明,无期徒刑是惩罚犯罪、保护人民的有力武器,废除它为时过早。

2. 无期徒刑并未断绝犯罪人的悔过自新之路。我国法律中规定的减刑、假释制度为犯罪人提供了再生之路。事实表明多数犯罪人都因积极改造而得到了减刑,因此无期徒刑并未断绝犯罪人的自新之路,与我国社会主义性质的刑罚目的并不矛盾。

3. 死缓不能替代无期徒刑。死缓属于死刑范畴,本身并不是一个刑种。死刑与自由刑在性质、适用对象、法律后果等方面都不同,因此不能用死缓代替无期徒刑。

4. 世界上多数国家仍保留着无期徒刑。世界上未规定或者废除无期徒刑的只是少数国家,多数国家是采取保留态度的;而且应该规定哪些刑罚,应当依据我国国情,不能机械模仿外国。

经过反复讨论,主存论得到了肯定。我国除 1950 年 7 月起草的《刑法大纲(草案)》中没有规定无期徒刑以外,以后起草的所有刑法草案,直到现行《刑法》,都规定了无期徒刑。

第二节 有 期 徒 刑

一、有期徒刑的概念与特征

(一)有期徒刑的概念

有期徒刑是剥夺犯罪人一定期限的人身自由,并强制劳动改造的刑罚方法。有期徒刑属于剥夺自由刑,是当今世界各国普遍采用的刑罚方法,而且是适用范围最广、应用频率最高的刑罚方法。可以说,有期徒刑不但是自由刑中最重要的刑罚,也是当今整个刑罚体系中最重要的刑罚。

(二)有期徒刑的特征

同其他自由刑刑罚方法相比较,有期徒刑具有地位的核心性、历史的悠久性、本质的定期性等基本特征。

1. 有期徒刑地位的核心性

自1810年《法国刑法典》开始,自由刑就在整个刑罚体系中牢牢占据着中心的地位。虽然罚金刑的适用越来越多,地位上升很快,但自由刑的中心地位至今仍然很难撼动。在自由刑各种刑罚方法中,有期徒刑又处于绝对中心的地位,可以说,有期徒刑居于中心的中心。有期徒刑以其内容的丰富、形式的多样、适用的广泛,大跨度、多层次等特点而在当今世界各国的刑罚体系中居于核心地位。

2. 有期徒刑历史的悠久性

有期徒刑不同于其他自由刑刑罚方法的另一个特征,就是它的历史要远远长于其他刑罚。自公元563年我国南北朝时期北周的《大律》中正式确立徒刑开始,在以后长达一千多年的封建社会各朝各代刑罚中,所适用的徒刑实际上都是有期徒刑,直到1910年的《大清新刑律》,才有无期徒刑和拘留(国民党统治时期的刑法改称拘役)的出现,限制自由刑的管制则出现得更晚。可见,有期徒刑相比于其他自由刑刑罚方法,经受历史的考验要久远得多,最终形成了有期徒刑大跨度、多层次、可分性强的特点,这种历史的积淀使有期徒刑远比其他刑罚方法厚重。

3. 有期徒刑本质的定期性

徒刑可以分为无期徒刑和有期徒刑,无期徒刑最主要的特征是它的无期性,而有期徒刑最主要的特征则是它的定期性。有期徒刑是在一定期限内剥夺犯罪人的人身自由,而这个“一定期限”,不同于无期徒刑减刑后的确定期限,更有别于不定期刑。无期徒刑和不定期刑都必须在犯罪人服刑完毕之后,才知道确切的服刑时间,而有期徒刑则是在法官宣判时,就确定了犯罪人的服刑时间,这是有期徒刑本质上的突出特征。

二、我国刑罚体系中的有期徒刑

有期徒刑是当今世界各国普遍采用的一个刑罚方法,只不过关于有期徒刑的规定不尽相同。从名称上,除有期徒刑外,还有的称有期惩役、有期劳动改造等。从刑期上,最高刑有的为30年(如法国、意大利、瑞士等),有的仅10年(如瑞典);最低刑有的为1年(如朝鲜),有的仅为1日(如奥地利)。从刑期幅度上,各国一般都规定相对确定的法定刑,即有一个刑期幅度;也有的采用绝对确定的法定刑方式,即没有刑期幅度,如尼日利亚刑法规定:堕胎罪,处3年有期徒刑;重伤罪,处7年有期徒刑,等等。

在我国,有期徒刑同样属于核心刑种。关于有期徒刑主要有以下规定:

1. 我国刑法中规定的所有犯罪,均可以适用有期徒刑。

2. 我国刑法中有期徒刑的刑期为6个月以上15年以下,即有期徒刑的最低刑期为6个月,最高刑期为15年。

以下几种特殊情况可以提高:(1)数罪并罚时,有期徒刑可以超过15年,但最高不得超过25年;(2)判处死刑缓期执行的,在死刑缓期执行期间,如果没有故意犯罪,并有重大立功表现的,减为25年有期徒刑;(3)无期徒刑减为有期徒刑时。

3. 我国刑法对于有期徒刑的法定刑幅度规定,既有相对确定的方式,也有绝对确定的方式。例如,《刑法》第121条"劫持航空器罪"规定,"以暴力、胁迫或者其他方法劫持航空器的,处十年以上有期徒刑或者无期徒刑;致人重伤、死亡或者使航空器遭受严重破坏的,处死刑";第240条"拐卖妇女、儿童罪"规定,"拐卖妇女、儿童的,处五年以上十年以下有期徒刑,并处罚金;有下列情形之一的,处十年以上有期徒刑或者无期徒刑,并处罚金或者没收财产;情节特别严重的,处死刑,并处没收财产"。两个罪名都是在后段规定了绝对确定刑。

4. 执行期间,被判处有期徒刑的罪犯,凡有劳动能力的,都应当参加劳动,接受教育和改造。

5. 我国刑法中的有期徒刑,规定有减刑、假释、缓刑等制度,从而在很大程度上弥补了有期徒刑的弊端可能产生的消极影响。

三、有期徒刑评价

(一)有期徒刑的优点

1. 有期徒刑的适用空间最为广泛

有期徒刑具有大跨度、多层次的特点,因此适用空间十分广泛。无期徒刑属于重刑,只能适用于严重犯罪;拘役属于典型的轻刑,只能适用于轻微犯罪。相比之下,有期徒刑上与无期徒刑相衔接,下与拘役相衔接,既可适用于较严重的犯罪,又可适用于较轻微的犯罪,也能适用于轻重居中的犯罪,具有最为广泛的适用空间。

2. 有期徒刑最有利于刑罚改造功能的发挥

有期徒刑的定期性决定了犯罪人从开始服刑的那一天,就知道自己的努力目标在哪里。无期徒刑使犯罪人看不到希望,刑罚的改造功能难以发挥,有期徒刑则明确地给犯罪人指出了刑期的终点,让犯罪人清楚地看到终点线,知道努力的方向,有努力的目标,从而产生接受改造和自我改造的信心和动力。拘役虽然也具有定期性,但由于拘役的刑期很短,没有改造的时间,甚至没有改造者和被改造者相互适应的时间,因此改造功能也难以发挥。有期徒刑在时间上则有更长的延续性,不但有犯罪人适应环境、转变角色的时间,有管教人员和犯罪人相互适应的时间,还有了解每一个犯罪人的不同情况,实施有针对性的分别教育的时间,使刑罚的改造功能充分发挥出来。可见,有期徒刑最有利于刑罚改造功能的发挥。

3. 有期徒刑最能体现刑罚的公平性

有期徒刑具有很强的可分性,因此可以最大限度地保证刑罚公正的实现。无期徒刑具有不可分割性,不能真正做到刑罚适度,同样被判处无期徒刑的犯罪人,其罪行严重程度会不尽相同甚至可能会有很大的不同;拘役固然具有可分性,但由于其期限短、跨度小,因此虽然可分也没有层次性,同样不容易体现罪刑相适应。有期徒刑从几个月到几年,甚至10年、20年的刑期跨度,使可分性非常强,所以对于同样应处有期徒刑的犯罪,可以通过刑期的不同准确实现刑罚的适应性。可见,有期徒刑最能体现刑罚的公平性。

4. 有期徒刑最能体现刑罚个别化原则

刑罚个别化原则体现在行刑过程中,就是根据每一个犯罪人人身危险性的不同,实施区别对待的管理和教育,更好地发挥刑罚的改造功能,实现个别预防目的,即行刑个别化,在这一方面有期徒刑的优点毋庸置疑。刑罚个别化原则在制刑特别是量刑中,体现为针对每一个犯罪人人身危险性的不同,处以不同的刑罚。无期徒刑和拘役由于在可分性上的问题,如同很难体现罪刑相适应一样,难以体现或难以很好体现刑罚个别化。有期徒刑不仅由于具有很强的可分性从而最能体现刑罚个别化原则,而且一般有一定的量刑幅度,如3~7年等。这就使法官可以在犯罪人所犯罪行轻重容易认定的情况下,根据每一个犯罪人人身危险性(主观恶性、再犯罪可能性)的不同,充分利用这一量刑幅度,行使自由裁量权,最有效地贯彻刑罚个别化原则。

(二)有期徒刑的缺点

1.有期徒刑的定期性与刑罚个别预防的目的相冲突

刑罚个别预防的目的是通过对犯罪人适用刑罚,使其不再犯罪。有期徒刑的定期性是指在犯罪人开始服刑之前,刑期就已经确定下来。按照个别预防的要求,刑期的长短应该取决于犯罪人的改造情况。换言之,犯罪人改造好了,再犯罪的可能性消除了,刑期就应该结束;没有改造好,再犯罪的可能性依然存在,就应该继续服刑改造。但实际上,有期徒刑的定期性造成宣告刑的刑期与改造好犯罪人所需要的时间很难吻合。一方面,量刑以报应为基础,首选罪刑相适应原则,即主要以罪行的轻重程度为根据,而不是以犯罪人的人身危险性程度为主要根据。人类文明发展到今天,不论通过何种手段,采取何种方法,还很难准确地判断一个人的人身危险性或者说再犯罪的可能性到底有多大,因此即使排除罪刑相适应原则的因素,判决也很难以个别预防的要求为主。这就不可避免地出现刑期与实际改造时间不符的现象。另一方面,行刑的过程也是一个复杂的过程,犯罪人的人身危险性小或者积极改造,所需要的改造时间就短,会造成已经改造好了仍在服刑,出现“刑罚过剩”的情况;相反,犯罪人的人身危险性大或者消极改造,所需要的改造时间就长,又会造成还没有改造好刑期就满了,出现“刑罚不足”的情况。

因此,有期徒刑的定期性会造成宣告的刑期与实际改造所需要的刑期不相符合,从而影响刑罚个别预防目的的实现。有期徒刑的定期性与刑罚个别预防目的相冲突,是有期徒刑的明显缺陷。

2.有期徒刑会造成犯罪恶习的交叉感染

有期徒刑的执行需要固定的场所,需要一定的期限,需要强制劳动,所有这些特点都要求在执行的过程中,把犯罪人集中关押在一起。虽然可以实现行刑个别化,但行刑个别化也只是把犯罪人分别归类而已,并不是单独关押。监狱的集体生活客观上给犯罪人相互交流犯罪经验、传授犯罪伎俩,产生交叉感染提供了机会,致使惯犯、累犯增加。交叉感染是自由刑固有的重大缺陷,有期徒刑最为明显。处无期徒刑的犯罪人要终身或长期关押在监狱中,与社会隔离,而拘役期限很短,犯罪人交叉感染的机会要少得多,所以在自由刑交叉感染的问题上,有期徒刑尤显突出。

3.有期徒刑会使犯罪人不适应社会生活

犯罪人之所以犯罪,原因固然是复杂的,但其中很重要的一点就是个人不能很好地适应社会。有期徒刑的目的之一就是在行刑的过程中对犯罪人进行教育改造,使其认识到社会生活的意义,明确社会对个人的要求,理顺个人与社会的关系,从而在刑满释放后能够适应社会生活,不再重蹈覆辙。然而,有期徒刑的剥夺自由性质又要求将犯罪人与社会隔离,以至于在经过一定时期的监狱生活之后,其对社会的发展变化不了解,对社会产生新的不适应。剥夺自由刑都存在这一缺陷,但无期徒刑的无期性和拘役的短期性使这一缺陷不很突出,相比而言,有期徒刑造成的犯罪人对社会生活不适应问题最为明显。

第三节 拘役刑

一、拘役刑概述

拘役是短期剥夺犯罪人人身自由的刑罚方法。

拘役属于剥夺自由刑,是剥夺自由刑中最轻的刑罚方法,也是当今世界各国刑法中的主要刑罚方法之一,只是名称和刑期各国有所不同。拘役作为一种正式的刑罚方法被规定于法律当中,开始于1810年《法国刑法典》:"判处拘役者应监禁于惩治场内,并按其选择从事惩治场内各种劳役的一种""拘役之刑期,为6日以上5年以下",1975年将刑期修改为2个月以上5年以下。1908年《日本刑法典》称其为拘留,刑期为1日以上30日以下。1968年《意大利刑法典》称其为拘役,刑期为5日以上3年以下。1971年《西班牙刑法典》称其为短期监禁,刑期为1日以上30日以下。

我国最早的拘役刑出现于1910年《大清新刑律》,刑名为拘留,刑期为"一月未满一日以上"。1935年国民党统治时期的刑法沿袭了《大清新刑律》的五种主刑(死刑、无期徒刑、有期徒刑、拘留、罚金)和两种从刑(褫夺公权、没收),但是将拘留改为了拘役,刑期为"一日以上,二月未满。遇有加重时,得加至四个月"。

民主革命时期,一些根据地曾采用类似拘役的刑罚,如"拘役""短期监禁""禁闭""劳役""羁押"等。中华人民共和国成立以后,由于没有统一的刑法典,这些短期自由刑仍以不同形式在全国各地加以运用。1979年制定《刑法》时,正式将拘役规定为五种主刑之一。在我国刑罚体系中,拘役轻于有期徒刑,是剥夺自由刑中最轻的刑罚。虽然法定刑期不如管制刑长,但由于管制属于限制自由刑,而拘役属于剥夺自由刑,因此拘役重于管制。

二、拘役刑的特征

(一)拘役的法律特征

拘役属于典型的短期自由刑,以我国的拘役刑为例,拘役刑具有以下主要特征：

1. 拘役属于典型的短期自由刑。关于短期自由刑的界定，自从 1959 年联合国欧洲咨询小组在斯特拉斯堡召开的会议上采纳六个月说以来，该说受到广泛青睐。我国的拘役期限为 1 个月以上 6 个月以下（数罪并罚不超过一年），属于典型的短期自由刑，具备短期自由刑的所有优点和弊端。

2. 拘役适用于罪行比较轻，社会危害性不大，但仍需进行关押的犯罪人。

3. 拘役刑期短，跨度小，层次感不强。所以在刑法典中对于拘役刑没有规定具体的法定刑幅度，即无论对于何种犯罪，拘役刑的刑期幅度均为 1 个月以上 6 个月以下，这一点明显有别于有期徒刑。

4. 拘役由公安机关就近执行。所谓就近执行，是指在犯罪人所在地的县、市或市辖区的公安机关设置的看守所执行。作为剥夺人的自由的刑罚，不是由司法机关执行，这应该是我国拘役刑最突出的特征。

5. 拘役犯服刑期间可以依法回家。按照我国《刑法》规定，被判拘役的犯罪人，每个月可以回家一天至两天。这主要是为了使犯罪人保持与家庭的联系，发挥刑罚的感化功能，消除短期自由刑的一些消极影响。

6. 拘役犯不是必须强制劳动改造。其他剥夺自由刑的重要特征之一就是强制劳动，而拘役则不一样。我国《刑法》第 46 条规定，“被判处有期徒刑、无期徒刑的犯罪分子……都应当参加劳动，接受教育和改造”；第 43 条规定，“被判处拘役的犯罪分子……参加劳动的，可以酌量发给报酬”。可见，法律并没有规定拘役犯应当参加劳动。事实上，拘役由公安机关就近执行，公安机关并不管辖监狱，因此只能在看守所执行，看守所并没有监狱那样的劳动条件，也做不到必须强制劳动改造。

（二）拘役与有期徒刑的区别

拘役和有期徒刑同属于剥夺自由刑，都具有定期性的特点，并且在刑罚体系中上下衔接，但二者有着较为明显的区别：

1. 适用对象不同。拘役是最轻的剥夺自由刑，适用于罪行较轻的犯罪人；有期徒刑则适用于罪行较拘役重要的犯罪人。

2. 刑期不同。拘役刑期为 1 个月以上 6 个月以下，起点低、刑期短、跨度小、可分性差；有期徒刑刑期为 6 个月以上 15 年以下，起点高、刑期长、跨度大、可分性强。

3. 行刑主体不同。拘役由公安机关执行；有期徒刑则由监狱机关执行。

4. 执行的场所不同。拘役在看守所执行；有期徒刑在监狱执行。

5. 犯罪人服刑期间待遇不同。拘役犯每个月可以依法回家一天至两天，没有强制劳动改造；有期徒刑犯则相反。

6. 法律后果不同。被判处有期徒刑的犯罪人在刑满释放或赦免后5年内再犯罪的，可以构成累犯；拘役则没有这样的法律后果。

（三）拘役与行政拘留的区别

拘役与行政拘留都是短期剥夺人身自由的强制手段，但二者有本质区别：

1. 性质不同。拘役是一种刑罚方法，属刑事处罚；行政拘留是一种行政手段，属行政处罚。

2. 期限不同。拘役的期限为1个月以上6个月以下；行政拘留的期限为1日以上15日以下。

3. 适用对象不同。拘役适用于触犯刑律的犯罪人；行政拘留适用于违反《治安管理处罚法》，但未构成犯罪的人。

4. 适用机关不同。拘役由法院判处；行政拘留由公安机关决定。

5. 法律依据不同。拘役以《刑法》为依据；行政拘留以《治安管理处罚法》为依据。

三、拘役刑评价

（一）拘役刑的优点

1. 拘役刑是罪刑相适应的必然要求

罪刑相适应原则要求刑罚相对于不同轻重程度的犯罪，有轻重之别。当前社会上存在大量的轻微犯罪，作为最轻的剥夺自由刑，拘役适用于这些犯罪十分恰当，可以切实保证刑罚的公正。

2. 拘役刑是刑罚个别化的必然要求

刑罚个别化原则要求相对于人身危险性大小程度不同的犯罪人，刑罚要有轻重之别。对于人身危险性较小，再犯罪可能性较小的犯罪人，不需要相对较重的有期徒刑，适用拘役既可以达到个别预防的要求，又可以避免较长时间监禁带来的诸多问题。

3. 拘役刑不会产生刑罚过剩和犯罪人对社会生活的不适应

有期徒刑的定期性会造成刑罚过剩和犯罪人对社会生活的不适应。拘役虽然也具有定期性特点，但由于监禁时间短，一般不会出现“过剩的刑罚”；并且除刑期较短外，在监禁的过程中，犯罪人每个月还可以回家一天至两天，因此也不会产生对社会生活的不适应。

（二）拘役刑的缺点

1. 拘役刑难以发挥刑罚的改造功能

其一，拘役最明显的特征就是刑期短，属于典型的短期自由刑。这一特点决定了拘役很难符合刑罚个别预防对改造时间的要求。对犯罪人的改造教育需要一定的时间基础,如犯罪人完成角色转变需要时间,改造者了解犯罪人需要时间,双方相互适应需要时间,针对不同的犯罪人制订不同的改造方案需要时间,实施教育需要时间等,而拘役的短期性使这些时间很难具备。其二,由于刑期很短,犯罪人会产生无所谓的思想,消极等待刑满释放。其三,判决执行以前一般都有一段先行羁押的时间,根据先行羁押1日折抵刑期1日的原则折抵刑期后,被判处拘役的犯罪人实际服刑时间就更加短暂了。由于这些因素,拘役刑很难发挥刑罚的改造功能。

2. 拘役刑难以收到一般预防效果

刑罚的一般预防效果主要依靠刑罚一般威慑作用的发挥,一般威慑作用的发挥要求刑罚具有一定的严厉性。拘役由于刑期很短,严厉性较差,因此缺乏一定的威慑力,难以发挥一般威慑功能,影响一般预防的效果。

3. 拘役刑会增加犯罪人的人身危险性

一般来讲,拘役刑适用的对象是人身危险性较小的犯罪人,如初犯、偶犯。但是,由于剥夺自由刑的特点,犯罪人交叉感染犯罪恶习的可能性很大。这就使本来人身危险性很小的犯罪人由于相互感染增大人身危险性,增加再犯罪的可能性,而与刑罚目的相悖。

4. 拘役刑可能使犯罪人自暴自弃

被判拘役刑的犯罪人,一般所犯罪行轻微、主观恶性较小,再犯罪的可能性较小,容易自觉改过自新。拘役刑虽然轻,但刑罚与监禁会给受刑人打上深深的烙印,名誉、诚信等一落千丈,很容易使犯罪人自暴自弃,刑满后不思进取甚至实施更为严重的犯罪。

四、拘役刑的趋势

拘役属于典型的短期自由刑,关于拘役刑的利弊存废之争及其发展趋势,在本书第六章“刑罚的创制”第三节“制刑趋势”和第八章“自由刑”第一节“自由刑概述”中,均有较详尽的阐述,这里不再赘述。

第四节 管 制 刑

一、管制刑概述

管制刑是对犯罪人不予关押,但限制其一定人身自由的刑罚方法。

管制刑是我国独创的一种刑罚,属于限制自由刑。早在新民主主义革命时期,管制刑已具雏形。1943 年抗日战争时期,边区人民政府创造了回村执行的刑罚方法。回村执行亦称回村服役,是指对判处短期徒刑或劳役的某些轻微案犯,如果悔改有据,群众不反对,可以交由当地基层政权监督执行劳役。回村执行可以说是管制刑的雏形,但实际上当时管制主要还是适用于那些可以不判刑,但需要加以有效控制的不法分子,被 1952 年政治法律委员会《关于〈中华人民共和国惩治贪污条例〉草案的说明》称为"是过去在老解放区久已实行有效的办法"。

中华人民共和国成立后,管制被广泛适用。在当时中央及地方各区的有关法律、法规中,对管制的目的、对象、内容、期限和执行等都做了较为全面、具体的规定,如 1950 年 4 月《中央公安部关于新区匪特暴乱抢粮情况的综合报告》,1951 年 10 月《中央公安部关于处理女犯、少年犯及老年犯的指示》,1951 年 7 月 20 日《华东军政委员会关于土地改革完成地区管制改造地主的规定》,1951 年 8 月 11 日《中南区反动党团特务及其他反革命分子登记条例》等。解放初期的管制既可以由法院判决,又可以由公安机关决定。如 1952 年 4 月 21 日中央人民政府公布的《中华人民共和国惩治贪污条例》正式在法律中将管制规定为一个刑种而适用于贪污犯罪。同年 7 月 17 日政务院批准公布的《管制反革命分子暂行办法》规定:管制适用于"历史上有罪恶,解放后既无悔改表现或悔改证明,又无现行的反革命活动,虽须给以一定的惩罚,但其罪恶程度尚不须逮捕判刑者"。同时规定对反革命分子管制之批准权,除法庭依法判决者外,均属于县市以上之公安机关所有。这就使管制具有行政处分和刑罚方法的双重属性。针对反革命分子的管制的适用,不仅可以由法院依法判决,更多的是公安机关的审查批准。

1956 年 11 月 16 日,全国人大常委会作出《关于对反革命分子的管制一律由人民法院判决的决定》,其中规定:"今后对反革命分子和其他犯罪分子的管制,一律由人民法院依法判决,交由公安机关执行。"这一决定改变了原来的管制所具有的行政性与刑罚性的双重属性,确立了管制作为刑罚方法的一种。管制在中华人民共和国成立初期主要适用于反革命罪和贪污犯罪,后来逐渐扩大到盗窃、诈骗、流氓等普通刑事犯罪。但总的来说,国家当时是将管制作为对敌专政的措施而适用的。如最高人民法院在 1960 年 4 月 30 日给吉林省高级人民法院的批复(最高人民法院《关于管制对象的批复》),以及 1964 年 8 月 28 日最高人民法院、最高人民检察院、公安部《关于管制适用的对象和管制的法律手续问题的联合通知》中规定:管制是依靠群众,制服改造敌人,进行专政的一种手段,应当适用于属于敌我矛盾性质的分子,不适用于人民内部的犯法分子,以免混淆敌我界限,对团结群众共同对敌不利。

1979 年《刑法》中,管制是作为一种轻刑而适用于罪行轻微的犯罪分子,从而使管制的性质发生了重大变化。1997 年修改《刑法》之前,在管制刑的存废问题上曾经存在过争论。主废论的主要理由是:(1)管制刑赖以存在的特定历史条件已经丧失,已经失去存在的基础;(2)管制刑的存在有损刑罚体系的科学性;(3)管制刑在实践中难以执行。主存论的主要理由是:(1)管制刑是"专门机关与群众路线相结合"的方针在刑罚方法上的具体体现,符合我国国家性质和刑罚目的的要求;(2)管制刑符合罪刑相适应的要求,且与拘役、行政拘留性质不同,基本符合刑罚体系科学性的要求;(3)现在的管制与历史上的管制在适用范围、内容、执行方式上都有较大区别,且符合世界范围内刑罚开放化、社会化发展方向,不存在过时的问题。争论的最终结果是管制刑得到肯定,1997 年《刑法》保留了管制刑,对管制的条件进行了增加:其一,取消了犯罪人"必须参加集体生产劳动或者工作"的规定;其二,将"迁居或者外出须经执行机关批准"改为"离开所居住的市、县或者迁居,应当报经执行机关批准";其三,增加了有条件地停止行使公民的言论等自由权利和限制会客两项内容。这使管制的惩罚力度更大,更加重视个别预防,也更加规范和成熟。

2003 年 7 月 10 日,最高人民法院、最高人民检察院、公安部、司法部发布《关于开展社区矫正试点工作的通知》。该通知指出:"社区矫正是与监禁矫正相对的行刑方式,是指将符合社区矫正条件的罪犯置于社区内,由专门的国家机关在相关社会团体和民间组织以及社会志愿者的协助下,在判决、裁定或决定确定的期限内,矫正其犯罪心理和行为恶习,并促进其顺利回归社会的非监禁刑罚执行活动。社区矫正是积极利用各种社会资源、整合社会各方面力量,对罪行较轻、主观恶性较小、社会危害性不大的罪犯或者经过监管改造、确有悔改表现、不致再危害社会的罪犯在社区中进行有针对性管理、教育和改造的工作,是当今世界各国刑罚制度发展的趋势。"按照通知的规定,社区矫正的对象有五类:(1)被判处管制的。(2)被宣告缓刑的。(3)被暂予监外执行的,具体包括:有严重疾病需要保外就医的;怀孕或者正在哺乳自己婴儿的妇女;生活不能自理,适用暂予监外执行不致危害社会的。(4)被裁定假释的。(5)被剥夺政治权利,并在社会上服刑的。

2011 年《刑法修正案(八)》明确了管制刑的执行方式及禁止令规定。《刑法》第 38 条规定,"判处管制,可以根据犯罪情况,同时禁止犯罪分子在执行期间从事特定活动,进入特定区域、场所,接触特定的人。对判处管制的犯罪分子,依法实行社区矫正"。从此,管制刑进入了一个新的发展阶段。

现行刑法中的管制,与初期的管制相比,主要有以下不同:

1. 性质不同。初期的管制,具有刑事处罚和行政处罚双重性质;现在的管制是一种刑罚方法。

2. 适用对象不同。初期的管制主要适用于敌我矛盾的反革命分子;现在的管制适用于各种犯罪分子。

3. 适用机关不同。初期的管制既可以由法院判决,也可以由公安机关决定;现在的管制作为一种刑罚只能由法院判决。

4. 内容不同。过去的管制,剥夺政治权利和劳动是必不可少的内容;现在是有条件地停止行使公民的言论等自由权利,没有必须劳动的内容。

5. 期限不同。1952 年《管制反革命分子暂行办法》规定:“管制期限定为三年以下,必要时得延长之。”没有下限,有上限但可延长,且未规定延长的时间;现在的管制,刑期为 3 个月以上 2 年以下,数罪并罚时最高不得超过 3 年。

6. 刑期折抵不同。初期“羁押、拘留一日折抵管制刑期一日”;现行《刑法》规定,“判决执行以前先行羁押的,羁押一日折抵刑期二日”。

7. 解除程序不同。初期的管制解除一般先由有关单位提出,经过群众讨论,报主管机关批准,然后下达解除管制通知书,在适当的群众会上宣布;现在的管制期满,执行机关立即向本人和有关的群众宣布解除管制即可。

二、管制刑的特征

(一)管制的内容

管制刑是我国五种主刑中唯一的限制自由刑,是一种轻刑,适用于所犯罪行轻微,人身危险性较小,不需要关押的犯罪人。刑期为 3 个月以上 2 年以下,数罪并罚时最高不超过 3 年。判决执行前先行羁押的,羁押 1 日折抵刑期 2 日。具体管制内容主要有五项:(1)遵守法律、行政法规,服从监督;(2)未经执行机关批准,不得行使言论、出版、集会、结社、游行、示威自由的权利;(3)按照执行机关规定报告自己的活动情况;(4)遵守执行机关关于会客的规定;(5)离开所居住的市、县或者迁居,应当报经执行机关批准。

(二)管制刑的法律特征

1. 对犯罪人不予关押,不剥夺人身自由。管制刑最重要的特征就是其限制自由刑的性质,即不剥夺犯罪人的人身自由,仅进行一定的限制,不予关押,不需要固定的执行场所,犯罪人不离开自己的家庭,不脱离原来的社会关系,仍然生活在社会当中,行动上基本自由。不予关押和限制自由是限制自由刑的两个基本特征,也是管制刑与其他自由刑的主要区别。

2. 对被判处管制的犯罪分子,依法实行社区矫正。体现了这一刑罚方法的灵活性、经济性和行刑社会化原则。(可参考本书第十七章)

3. 管制刑对于犯罪人政治自由的权利行使有一定限制。剥夺自由刑仅指剥夺犯罪人的人身自由,管制刑则不同。管制刑限制的不仅仅是人身自由,按照我国现行《刑法》,服刑人未经执行机关批准,不得行使言论、出版、集会、结社、游行、示威自由的权利。管制实际上对犯罪人的言论等自由的权利行使进行了一定限制。

三、管制刑评价

管制刑作为一种限制自由刑,是我国在改进自由刑体系方面所做的一种有益尝试,既有突出的优点,也有明显的不足。

(一)管制刑的优点

1. 管制刑有利于犯罪人的改造

管制刑避免了自由刑集中关押造成的犯罪人恶习交叉感染、对社会生活的不适应等对改造的消极影响,避免了监禁给犯罪人家庭带来的过重负担,同时将社会力量引入行刑过程,可以发挥多种力量综合作用的优势,有利于对犯罪人的改造。

2. 管制刑可以减少国家对监狱的投入

管制刑对犯罪人不予关押,可以减少国家对监狱的投入,同时也可以减少监狱的押犯数量,减轻监狱负担。

3. 管制刑符合刑罚轻缓化的发展趋势

管制刑由传统自由刑的剥夺自由,过渡到新型的限制自由,将自由刑的执行同固有的监禁场所相分离,是对自由刑概念的重大改变,极大丰富了自由刑的内涵,从而使自由刑在整体上由严厉变得轻缓,符合刑罚轻缓化的发展趋势。

(二)管制刑的缺点

1. 管制刑不足以发挥刑罚的威慑功能

管制刑只是对犯罪人的自由进行了一定限制,既不关押,也没有管理和教育的强制措施与纪律要求,惩罚性小,威慑力差,因此不足以发挥刑罚的威慑功能。

2. 管制刑破坏了刑罚体系的科学性

管制刑属于限制自由刑,轻于剥夺自由刑。根据我国《刑法》,五种主刑由轻到重的排列顺序是:管制、拘役、有期徒刑、无期徒刑、死刑,管制是最轻的刑罚方法,在严厉程度上轻于剥夺自由刑的拘役。但事实上,根据我国《刑法》关于判决执行以前先行羁押折抵刑期的规定,管制刑要重于拘役刑。同时,管制刑与刑罚的缓刑、数罪并罚制度都存在一定的冲突。

3. 管制刑执行困难

由经济体制改革带来的农村集体生产方式解体，城乡个体劳动者增加，人员流动频繁，城市外来人口、流动人口激增，基层群众组织能力下降，使管制有效执行困难，因此管制刑在实践中运用有一定难度。

思考题

1. 无期徒刑有哪些特征？
2. 简述无期徒刑的优劣。
3. 为什么无期徒刑不能真正实现刑罚适度？
4. 为什么说无期徒刑具有实质上的不公平性？
5. 简述有期徒刑的优劣。
6. 为什么说有期徒刑是刑罚体系核心中的核心？
7. 为什么说有期徒刑的定期性与刑罚个别预防的目的相冲突？
8. 拘役刑有哪些特征？
9. 拘役与行政拘留有什么区别？
10. 简述拘役刑的不足。
11. 管制刑有哪些特征？
12. 如何评价管制刑？

第十章 财 产 刑

第一节 财产刑概述

财产刑是指以剥夺犯罪人财产性利益为内容的刑罚,是现代各国刑罚体系的重要组成部分。

财产刑具有以下特征:

1. 财产刑是一类刑罚方法的总称,而不是专指某一种具体的刑罚方法。财产刑是以剥夺犯罪人财产性利益为内容的各种具体刑罚方法的总称,它并非刑法典中明文规定的法律概念,而只是一个理论术语。

2. 财产刑以剥夺犯罪人的财产性利益为内容。现代各国的刑罚体系出于惩罚与预防犯罪的实际需要,包括多种多样的刑罚种类,如生命刑、自由刑、财产刑、资格刑等。其中生命刑以剥夺犯罪人的生命为内容,自由刑以剥夺或者限制犯罪人的人身自由为内容,资格刑以剥夺犯罪分子享有或者行使一定权利的资格为内容,财产刑则是以剥夺犯罪人的财产性利益为内容。这是财产刑的核心特征,也是财产刑与其他刑罚种类的主要区别。

3. 剥夺犯罪人的财产归属于国家。我国《刑法》第 36 条规定:“由于犯罪行为而使被害人遭受经济损失的,对犯罪分子除依法给予刑事处罚外,并应根据情况判处赔偿经济损失。承担民事赔偿责任的犯罪分子,同时被判处罚金,其财产不足以全部支付的,或者被判处没收财产的,应当先承担对被害人的民事赔偿责任。”第 37 条规定:“对于犯罪情节轻微不需要判处刑罚的,可以免予刑事处罚,但是可以根据案件的不同情况,予以训诫或者责令具结悔过、赔礼道歉、赔偿损失,或者由主管部门予以行政处罚或者行政处分。”上述法条中规定的“判处赔偿经济损失”“责令赔偿损失”属于非刑罚的处理方法,而非财产刑,区别的关键即在于适用财产刑所剥夺犯罪人的财产归属于国家所有,而判处赔偿经济损失、责令赔偿损失则是赔偿财产给被害人。

4. 财产刑具有数额性，即以数额的大小体现刑罚的轻重。为了实现罪刑相适应原则，刑罚的体系应具有层次性，这不仅要求各种刑罚方法之间有轻重之别，也要求每种刑罚方法自身具有可分割性。例如，自由刑是以期限的长短来体现刑罚的轻重程度，而财产刑则是以剥夺财产的数额大小表明刑罚的程度。

在我国的刑罚体系中，刑罚分为主刑和附加刑。罚金和没收财产是附加刑中的财产刑，既可以独立适用，也可以附加于主刑适用。在我国刑法分则规定中，罚金可以独立适用，没有罪名规定没收财产独立适用。

我国《刑法》第 64 条规定了犯罪物品的处理问题。犯罪分子违法所得的一切财物，应当予以追缴或者责令退赔。刑事案件中，对被害人的合法财产，应当及时返还给被害人或者被害人的亲属等相关人士。违禁品和供犯罪所用的本人财物，应当予以没收。没收的财物一律上缴国库，不得挪用和自行处理。追缴、责令退赔、没收是刑事案件处理过程中的必要手段，由于没有写入刑罚的种类当中，不能作为财产刑对待，可以视为保安处分措施。

第二节　罚　金　刑

一、罚金刑的历史沿革

罚金刑是强制犯罪人向国家缴纳一定数量金钱的刑罚方法。罚金刑的产生早于自由刑，从原始社会末期限制复仇的赎罪制度演化而来。

在我国，一般认为创始于周穆王的货罚是罚金刑的雏形，在秦始皇时期确定为罚金。① 春秋时期的罚金刑是赎赀制度，罚甲兵，即盾、甲、戟、金都是罚金对象。到了战国时期，秦亦继承了罚甲盾制度，不过罚不称罚，叫赀。赀主要有两种：一是赀布，布是秦的货币之一，所以赀布实际上就是罚钱。二是赀财物，这主要包括赀甲、赀盾两种。赀甲、赀盾，主要是考虑到春秋战国时期，战争频繁，物资短缺，以此为罚没对象而收集战争所需物资以应军需之用。

与赀刑相类似的还有一种制度叫赎刑。赎刑是一种用一定数量的财货来折抵刑罚的刑罚执行方法。早在夏朝时期，中国就已经有了这种以贵重金属来抵刑罚的赎刑制度，到西周时期赎刑制度已经比较完备。赀和赎虽然都是向国家缴纳一定数量的财物，但是二者还是有区别的：赀是一种刑罚惩罚方法，是依法应对其所

① 蔡枢衡：《中国刑法史》，中国法制出版社 2005 年版，第 78、82 页。

犯之罪适用的刑罚,相当于现代刑法中的附加刑,是刑罚的一种,既可以单独适用,也可以附加适用;赎刑则是对犯罪者不实际适用其应受之罚,而让其通过缴纳一定数量的钱物来抵当刑罚,是刑罚的一种执行方式,是通过钱物降低刑罚严厉程度的变通方式。

赎刑最初只适用于疑案,或者犯罪者有某种特殊身份的情况。到了秦汉时期,凡犯罪可以宽贷者,法律允许以钱、谷等赎刑;对于官吏,允许采取罚俸入赎方法。由于赎刑和赀刑都是向国家缴纳财物,再加上赎刑制度化、赎金数量的法律化,赎刑在法律体系中实际上成为财产刑。汉、魏、晋、南朝时期罚金与赎刑并存,而在其后隋、唐、宋、元、明、清历代之中,除五代十国和元代规定有罚金刑之外,其余朝代都是只规定有赎刑而无罚金刑。

清末法律改革,财产刑发生变化。1910 年 10 月 12 日,《大清新刑律》颁布,确立了刑罚体系分为主刑和从刑两类,其中主刑包括死刑、无期徒刑、有期徒刑、拘留、罚金五种。关于罚金刑的宣告、执行、易科等,《大清新刑律》作出了详细的规定。国民政府于 1928 年公布的《中华民国刑法》也规定罚金刑是主刑,与死刑、无期徒刑、有期徒刑、拘役并列。中华人民共和国成立后,为了巩固新生的政权,国家颁布了一系列单行的刑事法律,其中多数有罚金刑的规定。例如,1952 年 4 月颁布的《惩治贪污条例》第 6 条第 1 款规定:“一切向国家工作人员行使贿赂、介绍贿赂者……坦白并对受贿人实行检举者,得判处罚金,免予其他刑事处分。”

1979 年颁布的《刑法》明确规定罚金刑的法律地位为附加刑,与剥夺政治权利、没收财产并列,既可以独立适用,也可以附加适用。1979 年《刑法》同时对于罚金刑的裁量原则、缴纳与减免、数罪并罚问题作出了具体规定。在 1979 年刑法分则中包含罚金的条文共 20 条,占刑法分则条文总数的 19%,并且主要分布在“破坏社会主义市场经济秩序罪”和“妨害社会管理秩序罪”两章中。1997 年 10 月 1 日起施行的《刑法》中罚金刑的适用范围扩大,在刑法分则共 351 条的篇幅内,涉及罚金刑适用的条款达 182 条 375 处之多,占分则条文的 51.8%,充分体现了罚金刑的广泛性。

一般来讲,罚金刑制度从原始社会末期限制复仇的赔偿制度演变而来,赔偿和罚金是以杀人赔偿金开端,侵害者支付的赔偿金逐渐被分为两部分:一部分交给被害人或家属,这就是后来民法上的损害赔偿制度;另一部分交公,即后来刑法意义上的罚金。历史上最早用楔形文字记载的成文法典《乌尔纳姆法典》中规定了伤害他人肢体、器官就要处以罚金。古巴比伦的《汉穆拉比法典》、古罗马共和国的《十二铜表法》也有关于罚金刑的规定。尽管古代法律规定了罚金刑,司法实践也有适用,但是由于当时刑罚体系以死刑与肉刑为中心,因此制刑上对罚金刑的规定尚未系统化,适用的范围也较有限。

近代资本主义时期,罚金刑得到一定程度的发展。例如,1810 年的《法国刑法典》对罚金刑作出了比较全面的规定,并成为其他资本主义国家制刑的范本。以 20 世纪为分水岭,罚金刑在刑罚体系中的地位发生显著的变化。20 世纪以前,资本主义刑法典中的刑罚以自由刑为中心,罚金刑只处于次要地位。但是进入 20 世纪以后,西方各国进行了大量的刑事立法,纷纷颁布新的刑法典和新的刑事法律文件,均给予罚金刑以足够的重视。1950 年在海牙召开的第十二届国际刑法及监狱会议肯定了罚金刑作为短期自由刑替代手段的积极意义。1960 年召开的第二届联合国预防犯罪和罪犯处遇大会上,罚金刑也被认为是代替自由刑的适当手段。

二、罚金刑评价

(一)罚金刑的优点

1. 罚金刑是惩治与预防贪利型或有组织犯罪的有效手段

随着社会经济的发展,物质财富的社会作用日益强大,直接以追求经济利益为目的的贪利型犯罪发案率也呈现上升趋势。对于这类犯罪仅处以自由刑是不足以遏制其再犯的,在利益的诱惑下,犯罪人会冒着被判处重刑的风险去实施犯罪。因此,只有彻底打破他们“坐牢三年、享受十年”“坐牢一阵子、享受一辈子”的想法,通过适用罚金刑,剥夺其金钱才能破其所图、灭其所欲,实现使犯罪人“偷鸡不成反蚀把米”的惩罚效果。对于特定的有组织犯罪,要彻底摧毁犯罪组织的经济基础,防止其死灰复燃。剥夺其金钱也就是剥夺了犯罪人继续实施犯罪的资本,使刑罚个别预防功能发挥最大效应。同时,对贪利型、黑社会性质组织等有组织犯罪适用罚金刑,也给社会上的不稳定分子尤其是企图通过犯罪途径谋取私利的人以警戒,促使其放弃犯罪意念,以实现刑罚的一般预防效果。

2. 罚金刑执行的开放性

与传统的自由刑不同,罚金刑的执行具有开放性,即刑罚的执行过程不以将犯罪人隔离于社会为内容,其惩罚与改造的效果是在社会生活中实现的。这一特点决定了罚金刑可以克服封闭式行刑的弊端,尤其是可避免犯罪人在监所中交叉感染的现象。此外,罚金刑的受刑人不脱离社会生活,也可以有效地避免犯罪人入狱后所造成的再社会化障碍、家庭生活困难等问题。

3. 罚金刑符合刑罚经济原则

司法活动和生产经营活动一样,需要考虑成本和效益等。对于可能判处短期自由刑的犯罪分子,因刑期短,难以收到良好的改造效果,而监禁的成本却很大。例如,1979年至1980年,英国一个犯人年费用约7110英镑,只比同年一个工人的平均工资少400英镑。1978年英国监狱的工业投资为1390万英镑,监狱经济收入为1010万英镑,净亏损为280万英镑。如果包括全部直接日常开支,净亏损达到20530万英镑,而整个监狱经济一年的纯亏损为24250万英镑,此外仅抚养犯人子女费,一年约需要1500万英镑,如果还统计其他间接损失,数字将是惊人的。① 对于这类犯罪分子单处罚金刑,既给其在经济上沉痛的打击,使其得不偿失,又减轻了国家为改造罪犯所支付的不必要的支出,相应增加财政收入,从而获得了最大的社会效益,达到有效地预防和控制犯罪的目的。

4. 罚金刑是应对法人犯罪的适当刑罚方法

世界各国刑事立法对法人犯罪一般都实行双罚制,也就是既处罚犯罪法人的直接责任人员,又处罚犯罪法人自身。法人与自然人相比,具有法律拟制性,无生命和自由可言,所以没有承受生命刑和自由刑的资格与可能。法人具有一定数量的财产,罚金这种针对财产的刑罚对犯罪法人的适用就当然成为处罚犯罪法人的最佳刑罚方法。在我国刑法中,罚金也是处罚犯罪的法人主体的唯一刑罚方法。

5. 罚金刑具有可附加性

罚金刑的性质决定了其可以与生命刑或者自由刑并科。生命刑是以剥夺生命为内容的刑罚方法,生命一旦失去,自由便不复存在。自由刑是以剥夺自由为内容的刑罚,是以生命为前提。由于人的生命权与自由权具有互相依存的特点,生命的剥夺必然引起自由的丧失,所以生命刑与自由刑具有不相容性,二者不可以同时适用。罚金刑所针对的是犯罪人的财产权利,财产权相对于人身权具有独立性,即人身权的剥夺并不会导致财产权的丧失,财产权的丧失也不会导致人身权的剥夺,因此罚金刑与自由刑和生命刑均可容,具有可附加性,均可与二者并科。这项特点可以强化刑罚的惩罚与威慑力度,并且对自由刑、生命刑的适用作出适当调节,有利于更好地实现预防犯罪的刑罚目的。

6. 罚金刑误判易纠

司法实践证明,任何刑罚的适用都难免产生错误。相对于其他的刑罚方法,罚金刑的误判最容易得到彻底的纠正。死刑执行之后,即使发现判决确有错误也无法使犯罪人起死回生;自由刑在发现误判的情况下,即使是对犯罪人立即予以释放或者给予经济赔偿,犯罪人已经失去的自由也已经无可挽回。罚金刑则不同,如果发现误判的情况,可以通过向受刑人返还其缴纳的金钱、赔偿利息损失等方式进行

---

① 李贵方:《自由刑比较研究》,吉林人民出版社1992年版,第359~361页。

彻底纠正,不会像生命刑、自由刑那样给受刑人造成不可挽回的损失。

(二)罚金刑的缺点

1. 罚金刑具有实质上的不平等性

罚金刑以剥夺犯罪人一定数量的金钱为内容。犯同样的罪科以同一数额的罚金,从形式上看符合平等的原则,但实质上是不平等的。其原因在于犯罪人的经济状况存在很大的差异,对于罚金的承受能力和心理感受就明显不同。例如,同样是被判处10万元的罚金,对于富人而言不过是九牛之一毛,无关痛痒,对于穷人而言则可能意味着生活难以为继。在法律规定罚金刑易科自由刑的情况下,更会出现富人交钱了事、穷人坐牢服刑的局面,易使公众认为不符合"法律面前人人平等"的原则。

2. 罚金刑重罚而不重教

罚金刑的惩罚作用明显,但是教育效果不够持久、不够明显,甚至可能使人产生有钱就能够解决问题的错误认识。日本学者西山富夫说:"罚金刑是给受刑人以失去财产为痛苦,以此达到镇压犯罪、预防犯罪之目的的刑罚。因此罚金刑不像自由刑那样具有积极的教化改善功能,而只有消极的镇压作用。"①尤其是罚金对于富人影响甚微,有时镇压和教育功能两方面都不能达到。

3. 罚金刑可能株连无辜

对罚金刑的裁量,一般要考虑犯罪人的经济状况,以保证其能够承受,犯罪人的家属为了使犯罪人免受其他刑罚,用自己的财产为犯罪人缴纳罚金也是较为正常的现象。因为罚金刑不像自由刑那样直接指向犯罪人的身体,而是指向身体之外的财产,这就难以保证刑罚的效果集中于受刑者本人。在这种情况下对犯罪人适用罚金,事实上就会使其家属受到株连。在未成年人被判处罚金的情况下,由于未成年人一般没有独立的经济能力,其所承受的罚金刑不可避免地要由其家属来承担,所以也会株连无辜者。

4. 罚金刑可能发生执行上的困难

由于人人都具有生命与自由,都可以依法予以剥夺,所以生命刑与自由刑不存在执行困难的问题。对于罚金刑而言,其执行以犯罪人拥有足够的财产为前提,以犯罪人缴纳罚金的积极性为辅助。对于富人罚金刑的执行一般不成问题,但是对于穷人罚金刑的执行却存在困难,对没有缴纳积极性的犯罪人,无论穷富都不愿意执行罚金刑。我国刑法中规定适用罚金刑的条文占比较高,大量罪名可以适用罚

---

① 马克昌主编:《刑罚通论》,武汉大学出版社1999年版,第198~199页。

金刑。在刑法总则中也规定了一次缴纳、分期缴纳，减免缴纳、强制缴纳和随时追缴等执行方式。但是，在司法实践中，大多数罚金刑判决却很难得到有效执行。某直辖市 2013 年 1 月至 2016 年 6 月法院判处的刑事案件有 60000 多件，其中判处财产刑的案件有 46900 多件，但是罚金刑执结率仅为 36.5%，没收财产刑执结率仅为 29%。①

5. 罚金刑可能引发新的犯罪

从犯罪人的角度来看，当其无力缴纳罚金而担心遭受更为严厉的惩罚时，或者虽然能够缴纳罚金却又不甘心遭受经济损失时，他就有可能继续实施犯罪行为以获取经济利益，并用该非法经济利益来缴纳罚金。对于单位犯罪来说，罚金是其承担刑事责任的唯一方式，因此单位完全可能将罚金刑视为是经营的风险甚至“成本”，为了获得利润，罚金刑诱发其重新犯罪的概率会比自然人更大。

三、罚金刑的发展趋势

（一）罚金刑在刑罚体系中的地位上升，适用范围不断扩大

在当今西方国家的刑罚体系中，罚金刑已由过去无足轻重的地位，跃居为与自由刑同等重要的地位。其主要原因有以下三个：

1. 扩大罚金刑的适用，是刑罚轻缓化的表现。随着社会的进步、人类文明程度的提高，刑罚轻缓化趋势作为文明和民主发展的表征，引起世界各国的普遍重视，罚金刑正适应了这一发展趋势。

2. 扩大罚金刑的适用，是刑罚结构调整的体现。从 19 世纪开始，曾经占据刑罚体系中心地位的身体刑和死刑，逐渐被自由刑代替。随着经济规律、价值观念的发展变化，金钱作为“凝固化和具体化的自由”的被剥夺，无疑也是对犯罪人的一种严重打击。世界各国立法上都扩大了罚金刑的适用范围，罚金刑适用率大幅度提高，以自由刑为主的刑罚体系又向着自由刑和财产刑并重的刑罚体系转变。

3. 扩大罚金刑的适用，也是犯罪类型变化的强烈要求。在当代社会，经济犯罪已成为难以遏制的犯罪浪潮，法人犯罪日益频繁，罚金刑被公认为是惩治与预防这些犯罪的最有效的刑罚手段。因此，进一步扩大其适用范围正是应对这一新形势新问题的客观要求。

（二）为保证罚金刑裁量的公正性与合理性，采用日额罚金制来确定罚金数额

日额罚金刑是指法院按照犯罪人的罪责依法确定执行罚金的日数，然后根据

---

① 李嗣胤：《财产刑执行现状与完善机制分析》，载《检察日报》2018 年 11 月 7 日，第 3 版。

其经济能力和财产状况决定每日应当执行的罚金数额,将二者相乘得出罚金总金额,并强制犯罪人按日缴纳的刑罚制度。日额罚金刑克服了传统罚金刑(无限额罚金刑)的缺陷,具体表现在以下三个方面:

1. 传统的罚金刑制度在量刑过程中,法律规范严重缺位,致使法官的自由裁量权过度膨胀,容易导致公平客观性的缺乏。日额罚金刑制度能够在很大程度上纠正这个欠缺,将法官裁量罚金数额的过程予以明确化,规范化。更为重要的是,日额罚金刑为法官在每一阶段的决定都设置了较为确定的标准,如在确定罚金日数阶段,法官决定判处缴纳罚金的持续时间就必须依据"犯罪事实、实施犯罪的具体情节、行为人的人身危险性、出身、家庭影响等,进行犯罪的综合评价,按照一般的量刑原则"等情况与规则来进行。同样,在决定每日的罚金额时,法官也必须"要充分考虑行为人的经济能力、财产状况,确定适当的每日的罚金额",这样不但使法官在判处罚金时得以有章可循,提高了司法效率和公正性,同时也可以保证当事人和社会公众的知情权和监督权。有利于维护当事人的权利,有效防止在该环节上滋生司法腐败现象。

2. 传统的罚金刑由于没有数额限制,事实上有时会等同于没收财产。日额罚金刑则否定了传统罚金刑一次性缴纳的执行方式,改为按日计算、分期缴纳的新型执行方式。这种执行方式的优点在于,明确了罚金与没收财产的界限,有效避免了实务中可能出现的混乱局面。而且分期缴纳的方法延长了刑罚执行的期间,使犯罪人每日均须缴纳罚金,从而迫使犯罪人时时处于反省自责的状态,正如切萨雷·贝卡里亚所说的那样,"对人类心灵发生较大影响的,不是刑罚的强烈性,而是刑罚的持续性。因为最容易和最持久地触动我们感觉的,与其说是一种强烈而暂时的运动,不如说是一些细小而反复的印象"①。所以,较之一次性的执行方式而言,日额罚金刑更有效果,更有利于实现刑罚的目的。德国刑法学者对日额罚金刑做了如下评价:由于实行了日额罚金制,罚金刑的刑度不仅以行为人的罪责,而且以行为人个人经济上的支付能力为准成为可能。最后,由于规定了分期缴纳制度,行为人在罚金的缴纳上得以轻松,且其罚金效果在时间上得以延长。②

3. 传统的罚金刑制度没有裁量罚金数额的标准,也不要求考察犯罪人的经济实力和财产状况,所以不利于达到罪刑相当原则和刑罚个别化的要求,而且造成了实质上的同罪异罚的后果,即富有的犯罪人基于罚金刑的痛苦感较之贫穷的犯罪人

---

① [意]切萨雷·贝卡里亚:《论犯罪与刑罚》,黄风译,中国大百科全书出版社 1993 年版,第 46 页。

② 参见[德]汉斯·海因里希·耶塞克、托马斯·魏根特:《德国刑法教科书》,徐久生译,中国法制出版社 2017 年版,第 1042 页。

为轻，从而有违法律面前人人平等的原则，不利于社会秩序的稳定。从理论上讲，日额罚金刑裁量的两个阶段，即确定罚金的日数和确定每日缴纳的罚金数额，恰恰分别符合了罪刑相当原则和刑罚个别化原则的要求，因而二者结合所最终确立的罚金总额和执行方法必然也易达到罪刑相当原则和刑罚个别化的要求，并且可以照顾到行为人的不同的经济能力和财产状况，以此来体现罚金刑在适用效果上的平等化。这一点是传统的罚金刑制度所无法企及的。

（三）引入罚金刑易科制度，以解决罚金刑的执行难问题

罚金刑的弊端虽然是多方面的，但其中有数项是源于罚金刑的执行困难。司法实践中影响罚金刑适用效果的因素也主要是执行难问题。为了解决这一难题，世界各国和地区刑事立法通过引入新的制度设计来改造罚金刑，其中具有代表性的就是引入罚金刑易科制度。所谓罚金刑易科，是指对犯罪人宣告的罚金刑存在不能执行的情况下，以其他刑罚或者强制措施代替所宣告的罚金刑。根据各国和地区的立法例，罚金刑易科主要有以下几种形式：（1）易科自由劳动。在犯罪人不能缴纳罚金的情况下，允许其从事一定的不剥夺自由的劳动，以其劳动的收入抵偿罚金。例如，《澳门刑法典》第 46 条规定，如认为以劳动代科罚金之方式服刑可适当及足以实现处罚之目的，则应被判刑者之申请，法院得命令其在本地区、其他公法人或法院认为对社会有利之私人实体之场所、工场或活动中作日计劳动，以代替全部或部分所定之罚金。劳动之时间须在 36 小时至 38 小时之范围内定出，并得在工作日、星期六、星期日及假日履行之，但须遵照每日正常之工作时数。日计劳动之履行可因医疗、家庭、职业、社会或其他方面之严重原因而暂时中止，但刑罚之执行时间不得因此而超逾 18 个月。俄罗斯、瑞士之刑事立法也有类似规定。（2）易科劳役。如果被判处罚金刑的犯罪人不能缴纳罚金，则易科限制自由的劳动以代替罚金的缴纳。《日本刑法典》第 18 条第 1 项规定，不能完纳罚金者，留置于劳役场，期间为 1 日以上 2 年以下。（3）易科自由刑。在犯罪人不能缴纳罚金时，以自由刑替代罚金。例如，《德国刑法典》第 43 条规定，法院应宣告于财产刑无法收取时所易科之有期徒刑。易科有期徒刑，为 1 个月以上 2 年以下。采纳此种立法例的有法国、意大利、希腊、波兰、土耳其、挪威、新西兰、罗马尼亚、澳大利亚、泰国、阿根廷等国家。

（四）引入保护观察制度，以强化罚金刑的惩罚与改造效果

犯罪人接受日额罚金惩罚期间，其生活应该受到一定程度的限制。《瑞典刑法典》规定："在缴付罚金期间，生活水准应该很低。"要求犯罪人在罚金刑执行期间保持严肃的生活态度或较低的生活水平，有利于强化刑罚的惩罚和教育效果，更有力

地督促犯罪人反省和自新。在执行保护观察方面,我国享有得天独厚的优势条件。我国基层治安机构(公安派出所)有执行保安处分措施的权力和经验,广大的基层群众性自治组织(居民委员会和村民委员会)非常强大并且与政府机构联系密切,可以配合公安机关对犯罪人进行有力的监督。在大数据时代,可以通过多种方式,限制没有执行完毕罚金刑的罪犯进行高消费,以敦促其及时配合执行完刑罚。

第三节　没收财产刑

一、没收财产刑的历史沿革

没收财产刑是将犯罪人财产的一部或全部强制无偿地收归国有的刑罚方法。没收财产刑在封建时代被广泛运用,但由于其与资产阶级私有财产神圣不可侵犯原则相冲突,因此到了资本主义时期,被许多国家废除。

1. 我国没收财产刑的产生晚于罚金刑。从目前掌握的资料来看,没收财产刑可溯源于战国时期魏国的法律。魏国李悝制定的《法经》记载:“杀人者诛,籍家及其妻氏。”此中“籍”即为没收之意,表明没收财产是作为重大犯罪的附加刑适用。秦律中有“籍门”之刑,但并不是单纯的没收财产,而是将罪犯或者其家属没收为官府的奴婢。汉律、梁律中也有没收财产之刑,称为“没官”。唐律中也有没官刑,但较之汉律规定更为详尽,分为特定财产的没官与一般财产的没官。其中特定财产的没官又包括彼此俱罪之赃之没官与犯禁物之没官,前者是指对受财枉法、坐赃等授受财物双方均构成犯罪的赃物予以没收,后者是指对于兵器、禁书等法律禁止私人持有物品的没收。一般财产的没官,唐律称为薄敛之物没官,是指将谋反、大逆正犯的所有财产没官。自此以后,历代封建王朝均沿用《唐律》,只是在没收财产刑的名称上稍有变化。在中国古代的刑罚发展史上,财产刑始终处于依附于死刑和身体刑的地位,而在财产刑内部,相对于赎刑和罚金刑,没收财产刑也显得无足轻重,地位卑微。从适用对象上看,历代统治者主要是将其作为重罪的附加刑,用以增强刑罚的镇压和威慑效果。

清末颁布的《大清新刑律》参照西方刑法,将刑罚分为主刑与从刑,其中从刑又包括褫夺公权和没收两种。关于没收,《大清新刑律》规定了适用范围与限制。1935年《中华民国刑法》规定:违禁物不论属于犯人与否,没收之。供犯罪所用或供犯罪预备之物,以属于犯人者为限,得没收之;免除其刑者,乃得专科没收;没收于裁判时宣告之,但违禁物得单独宣告之。中华人民共和国成立后制定的单行刑事法律也有关于没收财产的规定。例如,1951 年《惩治反革命条例》第 17 条规定:“犯本条例之罪者,得剥夺其政治权利,并得没收其财产的全部或一部。”1952 年《惩治贪污条例》第 3 条规定,犯贪污罪,其罪行特别严重的,并得没收其财产的一部或全部。

1979 年颁布的《刑法》确立了没收财产刑的附加刑地位,规定了没收财产的范围及其与偿还正当债务的关系。《刑法》第 55 条规定:“没收财产是没收犯罪分子个人所有财产的一部或者全部。在判处没收财产的时候,不得没收属于犯罪分子家属所有或者应有的财产。”第 56 条规定:“查封财产以前犯罪分子所负的正当债务,需要以没收的财产偿还的,经债权人请求,由人民法院裁定。”在刑法分则中,规定有没收财产的条文共 24 条,分布在反革命罪、经济犯罪、侵犯财产类的犯罪当中。1997 年修订后的《刑法》对于没收财产刑的规定作出进一步完善。该法第 59 条规定:“没收财产是没收犯罪分子个人所有财产的一部或者全部。没收全部财产的,应当对犯罪分子个人及其扶养的家属保留必需的生活费用。在判处没收财产的时候,不得没收属于犯罪分子家属所有或者应有的财产。”第 60 条规定:“没收财产以前犯罪分子所负的正当债务,需要以没收的财产偿还的,经债权人请求,应当偿还。”分则方面,规定有没收财产的条文共 63 条,占分则条文总数的 18%,主要集中在第一章“危害国家安全罪”、第三章“破坏社会主义市场经济秩序罪”、第五章“侵犯财产罪”和第八章“贪污贿赂罪”。

2. 在西方,尽管奴隶制时期的代表法典《汉穆拉比法典》《十二铜表法》中均有没收财产刑的规定,但是当时没收财产刑的适用并不具有普遍性。进入封建社会之后,欧洲国家在审判中适用没收财产刑逐渐普遍。在 12 世纪初,英国刑法中的犯罪出现重罪与轻罪之分,对于重罪一律适用没收财产刑。据英国著名法学家布莱克斯通的考证,是否没收财产是重罪与轻罪的主要区别,甚至于英文中的重罪“felony”一词在词源上便包含有没收财产之意。这表明在当时的英国刑法中,没收财产是一种十分重要的刑罚。① 现代英国,没收财产是指将犯罪人在犯罪中所得财产没收充公的一种刑罚方法。这种刑罚的目的在于剥夺犯罪人犯罪的收益。没收财产令规定的数额一般与犯罪人的犯罪获益数额相同。② 俄国《一四九七年会典》、日本德川幕府时期刑法典都明确规定了没收财产刑。1810 年《法国刑法典》更是对没收财产刑做了详细规定:没收财产只附加适用于危害国家安全的严重犯罪。被判刑者为未婚时,没收财产为全部财产;被判刑者为已婚时,没收其共同财产分割

① 参见邱兴隆、许章润:《刑罚学》,中国政法大学出版社 1999 年版,第 218 页。

② 参见赵秉志主编:《英美刑法学》,中国人民大学出版社 2004 年版,第 223 页。

后所有之部分,或没收其在夫妻不可分财产所有之部分。1907 年日本刑法也有类似之规定。

随着 17、18 世纪资产阶级启蒙思想的兴起,自由、民主、人权的观念逐渐渗入法律制度,刑事领域的罪刑均衡、罪责自负等原则也逐渐确立。启蒙思想家和刑法学者针对没收财产刑的合理性提出了质疑。意大利刑事古典学派先驱贝卡里亚在其名作《论犯罪与刑罚》中写道:“某些人认为,没收财产是对复仇能力和私人势力的约束。但是,他们没有考虑到,尽管这些刑罚带来好处,但它们并不总是正义的,因为被称为正义的刑罚应该是必要的刑罚。”“没收财产是在软弱者头上定价,它使无辜者也忍受着犯罪的刑罚,并使他们沦于必然也去犯罪的绝境。”[①]19 世纪末 20 世纪初,随着资产阶级人权理论的发展和教育刑思想的兴起,特别是私有财产神圣不可侵犯的原则被越来越多的国家奉为宪法原则之一,绝大部分资本主义国家在自己的刑事法典中都取消了没收财产刑,而仅仅保留了对剥夺再犯能力、预防犯罪有一定意义的特别没收。在制刑中,对特别没收也倾向于不再将其规定在刑罚章节中,而是另立专章,与保安处分、追缴等称为“处分”。

二、没收财产刑评价

(一)没收财产刑的优点

1. 没收财产刑是惩治经济犯罪的有效方法

没收财产刑是将犯罪分子个人所有财产的一部或者全部强制无偿收归国有的刑罚方法。对犯罪人适用没收财产刑,使犯罪人不但没有通过犯罪获利,反而丧失了其原有财产,可以使犯罪人感到得不偿失、无利可图从而不再犯罪,也可以强化刑罚的威慑效力,预防社会上的潜在犯罪分子去实施此类犯罪。

2. 没收财产刑是惩治严重犯罪的辅助措施

在我国的刑罚体系中,没收财产刑虽然属于附加刑,但是在性质上应当算是重刑。对严重的犯罪适用没收财产,可以体现更加严厉的制裁与否定评价。例如,对于危害国家安全、恐怖组织类、黑社会性质组织类、严重的贪腐类犯罪人附加适用没收财产,使之成为惩治严重犯罪的辅助措施,有利于更好地实现罪责刑相适应的刑法原则。

3. 没收财产刑具有经济性

这项优点具体体现在两个方面:一是执行方法简便,成本较低;二是将犯罪分

---

① [意]切萨雷·贝卡里亚:《论犯罪与刑罚》,黄风译,北京大学出版社 2008 年版,第 58 页。

子的财产强制无偿收归国有,可以增加国家的财政收入。

4. 没收财产刑误判易纠

与罚金刑一样,没收财产刑也是以犯罪人的财产权利为对象的刑罚方法。财产权不同于生命权、自由权,它具有可替代性或者说可恢复性。这就决定了在没收财产刑发现误判时,可以通过返还原物、赔偿金钱等方式使受刑人的财产失而复得,而不至于造成无法挽回的损失。

(二)没收财产刑的缺点

1. 没收财产刑有悖于罪责自负原则

现代社会,刑罚只能处罚犯罪之人,不能株连无辜。只有犯已然之罪者才能成为刑罚惩罚的对象,这一刑罚理念不仅长期为报应论所支撑,而且已成为世界各国刑法学界的共识并被奉为刑法基本原则之一。没收财产是没收犯罪分子个人所有财产的一部或者全部,不得没收属于犯罪分子家属所有或者应有的财产。没收全部财产的,应当为犯罪分子个人及其扶养的家属保留必要的生活费用。

由于在实践中犯罪人与其家庭成员的财产没有泾渭分明,而是处于一种共同共有的财产所有权关系,分割起来十分困难,难以精确计算出哪一部分应归犯罪人个人所有。因此,执行没收财产,几乎不可避免地会侵害到无辜家庭成员的财产权利。

2. 没收财产刑执行上存在困难

执行没收财产会遇到三个难题:一是调查难,在现代金融高度发达的社会,要全面查清某些犯罪人的所有财产并非易事。二是分割难,在从共同共有的家庭财产中分割出犯罪人应有部分实际上也是相当困难的。三是执行难,有些财产执行起来存在各种民事、商事方面纠纷。被判处没收财产刑的犯罪分子及其家庭成员,为了减少财产上的损失,可能会隐匿、转移犯罪人的财产或者将本属于犯罪人所有的财产说成是其家庭成员所有的财产,从而给没收财产刑的执行造成障碍或者规避惩罚。

3. 没收财产刑具有不平等性

如果犯同样的罪行,判处没收全部财产,由于其数额是不确定的,实际上对有产者没收得多,对无产者没收得少,这就很难认为是平等的刑罚。

三、没收财产刑的发展趋势

(一)严格限制没收财产刑的适用范围

没收财产是古代普遍适用的一种刑罚方法,随着“私有财产神圣不可侵犯”原则的确立,开始受到了激烈批判。德国、意大利、英国和美国等在19世纪末20世纪初的时候就在立法上废除了没收财产刑。现在只有少数国家还保留没收财产刑，即使在保留没收财产刑的国家，如俄罗斯，也开始限制没收财产的适用范围。1996年《俄罗斯联邦刑法典》规定可以适用没收财产刑的仅保留了背叛罪和其他贪利性犯罪。我国《刑法》规定的可以适用没收财产刑的数量很多，但实际上其中不少犯罪的严重性还不足以适用没收财产刑。因此，没收财产应该严格限制在部分危害国家安全的犯罪和其他严重危害公共利益的犯罪。

（二）逐步废除没收财产制度

没收财产有悖于刑罚目的，不利于犯罪人再社会化。没收财产刑剥夺了犯罪人个人所有财产，使其丧失了基本的生活资料，无论对犯罪人在狱中服刑还是出狱后回归社会都将产生极为不利的影响，增加了他们的反社会情绪，也增加了他们重新返回社会的难度和压力。这种情况不但不能巩固对犯罪人的教育改造效果，反而可能导致犯罪人因生活所迫而再次犯罪。对组织、领导、积极参加有组织犯罪的人，没收财产在某种程度上有利于防止其再次利用财产实施犯罪，但是刑罚不能预防所有的犯罪，没收财产刑只能在一定程度上遏制犯罪人再次实施犯罪，还需要其他措施综合发力才能发挥理想的效果。

思考题

1. 财产刑具有哪些特征？
2. 简述罚金刑的历史沿革。
3. 罚金刑的优点与缺点分别体现在哪些方面？
4. 罚金刑的发展趋势表现在哪些方面？
5. 简述罚金刑在现代刑罚体系中的地位。
6. 什么是罚金刑易科制度？
7. 如何全面评价没收财产刑？
8. 试分析没收财产刑的发展趋势。

第十一章 资 格 刑

第一节 资格刑概述

一、资格刑的概念与特征

（一）资格刑的概念

资格刑是指剥夺犯罪人已经享有或者可能行使参加一定活动权利的资格的刑罚。资格刑是目前世界各国刑法中普遍规定的一种刑罚。理论上，资格刑有狭义与广义之分。狭义的资格刑是指剥夺犯罪人担任公职或作为公职候选人的资格，以及犯罪人在公法上所享有的其他某种权利，即所谓的褫夺公权。广义的资格刑，除上述狭义资格刑的内容以外，还包括剥夺犯罪人在私法上的某些权利以及从事某种职业与活动的权利。① 但是，资格刑的概念究竟是什么，"资格刑"的称谓是否合理，理论上一直存在争议。各国学者在表述这类刑罚时也采用了不同的称谓，总体来说，根据剥夺内容差异，有名誉刑说、权利刑说、能力刑说以及资格刑说四种代表性观点。

名誉刑之称由来已久，历来被学者们认为是现代刑罚中资格刑的起源。如德国著名刑法学家李斯特指出："作为中世纪刑罚之残余，名誉刑构成了今天刑罚制度中之一种刑罚。在中世纪，名誉刑以两种面目出现：其一是作为一种对被判刑人的羞辱，如侮辱人的装束和耻辱柱；其二是作为所谓的权利和名誉的丧失，主要是意味着减少被判刑人的法定权利。"②随着启蒙运动的兴起，人们开始对这种名誉刑进行批判性的思考，认为从个别预防的角度出发，羞辱刑是不适宜的，不利于罪犯重返社会。与此相反，现代各国普遍保留了源于权利和名誉丧失的名誉刑。正如李斯特所说的，国家在给予公民越来越多的参与社会活动、公共事务的机会的同时，

---

① 参见张明楷：《外国刑法纲要》（第 3 版），法律出版社 2020 年版，第 361 页。

② ［德］李斯特：《德国刑法教科书》，徐久生译，法律出版社 2000 年版，第 439 ~ 440 页。

也扩大了对权利进行限制和剥夺的可能性。由此可见,李斯特所谓的“名誉刑”包括权利的丧失和名誉的丧失两种情况。根据李斯特的主张,现代国家的名誉刑实际上已经没有了羞辱刑的成分,而是指权利或名誉的丧失。这与现代各国所规定的资格刑的内容是基本一致的。然而,使用名誉刑的称谓,从字面来看,只包括剥夺犯罪人荣誉、使其丧失名誉的情况,无法涵盖剥夺犯罪人行使某些权利的资格的内容。因此,使用名誉刑的说法,会使资格刑的范围过于狭窄,并不十分恰当。

权利刑说认为,所谓资格刑,其实是以剥夺罪犯一定的权利为内容的,故称为权利刑更为合适。权利刑说的问题在于,权利的范围太过宽泛。可以说,无论是哪种刑罚,最终都是对犯罪人某种权利的限制或剥夺,如自由刑是对自由权,财产刑是对财产权,生命刑是对生命权等。因此,用权利刑指代资格刑也是不适宜的。

能力刑说认为,所谓资格刑,其实是剥夺犯人享有公权能力之刑罚。有学者认为,褫夺公权能力,即减损犯罪人荣誉,增加犯罪人的耻辱,所以资格刑应为名誉刑。在现代社会个别预防主义目的指引之下,刑罚不仅不应减损犯人之人格,还必须养成其羞耻心、荣誉心,才能达到使犯罪人弃恶从善之目的。刑法中规定能力刑,是限制了犯人的行为能力,使其不能从事一定活动,以达到预防再次实施犯罪的效果。资格刑不是剥夺荣誉而是禁止或者限制犯罪人一定活动能力,所以称为能力刑更为合适。对于能力刑说,也存在以下质疑:首先,能力刑说并不能包括剥夺犯人名誉的内容,资格刑中的剥夺选举权与被选举权等政治权利的刑罚,固然是对犯罪人所享有的公权能力的剥夺,但剥夺奖章、军衔、荣誉称号等已经获得的荣誉,却并非对公权能力的剥夺。其次,能力刑这种称谓本身也不能体现权利能力与行为能力的区别。因为在法律上,能力包括权利能力和行为能力,能力刑究竟是限制或剥夺行为人的权利能力还是行为能力,学者之间见解各不相同。可见,能力刑这种观点并不能概括现在资格刑的全部内容和特征,因而在理论上也是欠妥当的。

目前在刑罚学理论界的通说为资格刑说。该说主张,资格刑是以剥夺一定的资格为特征的,或者认为资格刑是剥夺犯罪人行使一定权利的资格的刑罚。资格刑的称谓比较好地弥补了名誉刑、权利刑、能力刑的不足,更能体现现代资格刑的内容与特征。失去这些资格或者权利,犯罪人将与其他普通公民在政治生活、社会生活中有差异,不能参加政治生活、社会生活中的一些活动,不能行使自己完整的公民权利。

(二)资格刑的特征

1. 资格刑是以剥夺某种资格为内容的刑罚。无论是剥夺政治权利,还是剥夺荣誉称号,以及禁止从事某种活动,都只是对犯罪人享有或行使某种权利的资格的一种剥夺,其后果只能是使犯罪人的名誉降低或者使其社会活动的范围受到限制,而不是使其直接丧失生命、失去人身自由或遭受财产损失。这是资格刑不同于生命刑、自由刑和财产刑的关键所在,也是资格刑的本质特征。资格刑在各个国家刑法中规定剥夺的资格内容不同,有的剥夺政治权利,有的剥夺已有的荣誉,有的剥夺从事一定职业的资格,有的剥夺从事特定活动的资格。

2. 资格刑所剥夺的资格既可能是犯罪人过去已经取得的资格,也可能是其将来可能取得的资格。例如,剥夺犯罪人的勋章、奖章、荣誉称号、军衔等,属于对犯罪分子已获得的资格的剥夺;剥夺其担任公职的资格,剥夺其从事一定职业、营业活动的资格,剥夺其选举权与被选举权等,则属于对犯罪人将要取得或行使的某种资格的剥夺。生命刑、自由刑和财产刑,都只能是对犯罪人已经具有的生命、自由、财产权利的剥夺。唯有资格刑才能剥夺犯罪人未来可能享有或行使某种权利的资格,以达到预防其重新犯罪的目的。例如,某人 17 岁实施严重的犯罪,被剥夺政治权利终身,尽管其被宣判时没有享有选举权与被选举权,但是当其 18 岁能够享有上述两项权利的时候,因被剥夺政治权利而不能参加选举和被选举活动。

3. 资格刑的地位不统一。与生命刑、自由刑和财产刑不同,关于资格刑在刑罚体系中的地位,从各国刑法的规定来看,并没有统一的体例。其中具有代表性的制刑模式有两种:(1)以刑法典明文规定的方式明确资格刑的地位与作用。此种制刑模式具体又可分为以下四种形式:一是将资格刑作为附加刑,只能附加适用而不能独立适用,世界上大多数国家如意大利、西班牙、巴西、波兰等国家的刑法中大都有如此的规定;二是将资格刑作为附加刑,但是规定既可以独立适用,也可以附加适用,中国即采此种制刑模式;三是将资格刑既作为主刑,又作为附加刑,朝鲜刑法为此种形式之适例;四是将资格刑作为附随后果,如德国刑法将禁止驾驶规定为唯一的附加刑,将其他一些剥夺资格的措施规定为“附随后果”。(2)未在刑法典中规定资格刑,而是在附属刑法规范中规定有关资格刑的内容。例如,日本在刑法典中不承认资格刑的存在,但是在一些刑事附属规范中规定了大量的资格刑的内容,《日本律师法》和《日本会计法》等单行法规中规定了停止、限制或剥夺犯罪分子相关资格的措施。另外,在其保安处分的规定中也有资格刑的内容,如“针对进行暴力主义破坏活动的团体采取的规制处分”。

二、资格刑的历史沿革

资格刑是人类历史上最早出现的刑罚方法之一。从复仇时代的刑罚规范中,我们即可看到其最初形态。在当时,主宰刑罚的是报复观念。报复不但体现在给犯罪人以肉体上的痛苦,而且表明为给其以精神上的折磨。因此,在这样的文化背景下,主旨在于毁损犯罪人名誉,给其以精神折磨的资格刑,便与对犯罪人加以肉体上之痛苦的肉刑同步出现。在公元前18世纪古巴比伦王国的《汉穆拉比法典》中,就有剥夺权利的条文。该法典第5条明确规定,擅自改变原判决的法官,不但应科处罚金,而且其席位应从审判会议中撤销,他不得再置身于法官之列,不得再出庭审判。这是迄今可考的资格刑的最早规定。这样的行为也会受到终身被剥夺某种权利的刑罚,这表明了当时奴隶制国家刑罚的严酷性。

到了中世纪,资格刑作为惩罚官吏犯罪的刑罚得到了西方国家统治者的重视。例如,俄国1648年制定的"会典"中规定了斩首、绞刑、溺刑、焚刑、活埋、肢解、车裂等酷刑,同时还规定了对社会上层分子适用掠夺官职、剥夺名誉等羞辱性的惩罚。这种通过对犯罪人的羞辱以实现刑罚效果的羞辱刑是封建专制制度的产物。在西方国家,资格刑在立法上正式出现是在19世纪初,这表明当时的资产阶级对资格刑的适用更加重视了。例如:1810年《法国刑法典》不但把褫夺公权作为名誉刑的一种予以确认,而且在惩治刑中规定了定期禁止行使某些公民权、民事权或亲属权;1871年《德国刑法典》第33条和第34条也详细地列举了褫夺权利的具体内容,使资格刑的立法日趋完善和成熟,并为其他国家资格刑的制刑提供了榜样。

在中国古代,资格刑的出现稍晚于西方。最早的有关剥夺权利的刑罚,可见于《商君书·算地》,其中就有"故圣人之为治也,刑人无国位,戮人无官任"的记载。"戮人无官任",意即对犯罪者剥夺其担任官吏的权利。到了封建制时代,剥夺权利的刑罚较之于奴隶社会,又有了进一步的发展。到汉代终成定制,在立法上把资格刑确立为惩罚官吏的刑罚方法。例如,《后汉书·章帝纪》记载:东汉时元和元年诏书中说:"往者妖言大狱,所及广远,一人犯罪,禁至三属,莫得垂缨仕宦王朝"。此后历代相沿汉制,各封建王朝的法律基本上都规定了"夺爵""削爵""免官""除名"之类惩治官吏犯罪的资格刑。到了清朝,《大清律例·名例》规定:凡职官犯私罪,罢职不叙,追夺诰敕,除名者官阶勋爵皆除。这样,就使资格刑剥夺权利的内容又进一步具体化了。在中国历史上,也有剥夺平民资格的刑罚,如不允许参加科举考试等。

三、资格刑的内容

(一)外国刑事立法中资格刑内容

1. 剥夺一定的公权利

剥夺政治权利是剥夺犯罪人公权利的主要内容,一般是剥夺选举权与被选举权、投票表决权、担任公职权利等。例如,《法国刑法典》规定,自然人被判附加刑即意味着禁止权利、丧失权利或资格。剥夺的公权利内容包括:(1)投票表决权;(2)被选举权;(3)履行裁判职务或在法院担任专家的权利,以及出庭代理或协助当事人之权利;(4)出庭作证之权利,宣告禁止投票表决权或被选举权等。韩国刑法中关于资格刑的规定为丧失资格和停止资格。其规定被判处死刑、无期劳役或者无期徒刑者,丧失下列资格:(1)担任公务员的资格;(2)公法上的选举权与被选举权;(3)从事依法应具备特定条件的公法上业务的资格等。

2. 剥夺从事某种职业、特定行为的权利

禁止犯罪人从事某种职业或某种特定行为,是资格刑的重要内容。因为现代资格刑主要是针对利用某种职业行为或从事某种活动的身份实施犯罪行为的行为人,所以剥夺行为人从事该种职业、行为的资格也就成为防止行为人再犯的必然要求。从大陆法系国家的立法来看,资格刑还包含剥夺从事某种私权利范围内活动的资格。常见的情况包括禁止驾驶,禁止从事某种商业、营业活动,禁止从事某种职业以及其他禁止从事的行为。根据《法国刑法典》的规定,只要犯罪人可能将其所从事的职业行为提供的机会用于犯罪,法官就可以对其权利进行限制或剥夺。例如,《法国刑法典》可以剥夺从事某种行为的权利的资格刑包括:暂时吊销驾驶执照、禁止驾驶特定车辆、撤销驾驶执照、禁止持有或携带须经批准的武器、收回打猎执照、禁止签发支票以及使用信用卡付款。此外,《法国刑法典》还进行了概括性规定,交给法院自由裁量,如所从事的职业性或社会性活动提供的方便条件被故意用来准备或实行犯罪,则禁止从事此种职业或社会活动。但是,为了保障特定人从事该领域内具有特殊性的工作,该禁止事项不适用于因选举产生的任职或履行工会职责,亦不适用于违反出版法之轻罪。根据《意大利刑法典》的规定,此类资格刑的内容包括:停止从事某一职业或技艺,使被判刑人在停止期间丧失从事某一要求具备特别许可、特别资格、主管机关批准或准许的职业、技艺、产业、贸易或者行业的权能,并且意味着上述许可、资格、批准或准许的失效;禁止担任法人和企业的领导职务,使被判刑人丧失在禁止期间担任董事、监事、清算人、总经理和任何其他包含法人或企业代表权的职务的权能。

3. 剥夺一定的民事、经济权利

资格刑产生之初,其剥夺或限制的权利内容主要是犯罪人的公权利,但随着社会的发展,人们的社会活动在很大程度上也依赖于私权,因此资格刑的内容也逐渐扩大,除增加了上述剥夺犯罪人从事某种职业与活动的权利外,也包括剥夺犯罪人一定的民事上的权利与经济上的权利。例如,《瑞士联邦刑法典》规定,因犯重罪或轻罪被科处自由刑,其教养权或其作为监护人、保护人的义务因而被破坏的,法官可剥夺其教养权或监护人职务、保护人职务,并宣告其无力行使教养权或担任监护人、保护人。在其他情况下,即法官认为被判刑人因犯重罪或轻罪而不配履行教养权或监护人、保护人职务的,法官应告知监护机关。

4. 剥夺某种荣誉、职衔和称号

对这一类资格刑规定的较为详细的是俄罗斯刑法。根据《俄罗斯联邦刑法典》的规定,在对严重犯罪或特别严重的犯罪判刑时,考虑犯罪人的身份,法院可以剥夺其专门称号、军衔或荣誉称号、职衔和国家奖励。在意大利刑法中,是将剥夺荣誉、称号、级别和勋章等作为犯罪人被褫夺公职的必然结果。《意大利刑法典》规定,除法律另有规定外,褫夺公职使被判刑人丧失的荣誉包括:学术级别或职位,称号,勋章或其他公共荣誉标志;由国家或其他公共机构负担的薪金、抚恤金和补贴;一切与以上各项列举的职务、服务、级别、称号、身份、地位和勋章有关的荣誉性权利。

5. 适用于法人、团体的资格刑

在现代社会,法人逐渐成为社会活动中不可或缺的主体,各国刑事立法也都相继承认了法人犯罪,因此设立适用于法人的刑罚也就变得至关重要。规定适用于法人的资格刑可以说是法国刑法的一大特色。《法国刑法典》规定,可适用于法人的资格刑包括:如法人之设立即是为了实施犯罪行为,或者法人被转移了经营目标而实施犯罪行为,其所犯重罪或轻罪对自然人可处5年以上监禁刑时,法人予以解散;禁止直接或间接从事一种或几种职业性或社会性活动;关闭用于实施犯罪行为的企业机构或一家或数家机构;排除参与公共工程;禁止公开募集资金;禁止签发支票以及使用信用卡付款,但出票人在受票人处提取资金或者经鉴证确认之支票除外。日本刑法中虽然没有关于资格刑的规定,但是,在其保安处分的内容中,也有针对团体所采取的规制处分,即针对作为团体的活动而进行了暴力破坏的团体,公安审查委员会有充分的理由足以认为该团体有继续地或反复地在将来还会作为团体的活动进行暴力破坏的危险时,可以禁止集团示威、集团行进或者举行公开的集会,可以禁止印刷或者颁布机关刊物,可以禁止特定的职员或成员为该团体而行为,如果上述处分仍不能除去危险,可以指定解散该团体。

(二)我国刑法规定的资格刑

我国刑法所规定的资格刑只有两种:一是剥夺政治权利,二是驱逐出境。

1. 剥夺政治权利

我国刑法用五个条文对剥夺政治权利作出专门规定。

（1）关于剥夺政治权利的内容。该内容包括：选举权和被选举权；言论、出版、集会、结社、游行、示威自由的权利；担任国家机关职务的权利；担任国有公司、企业、事业单位和人民团体领导职务的权利。

（2）关于剥夺政治权利的期限。对于被判处死刑、无期徒刑的犯罪分子，应当剥夺政治权利终身。在死刑缓期执行减为有期徒刑或者无期徒刑减为有期徒刑的时候，应当把附加剥夺政治权利的期限改为3年以上10年以下。除剥夺政治权利终身外，为1年以上5年以下。判处管制附加剥夺政治权利的，剥夺政治权利的期限与管制的期限相等，同时执行。

（3）关于剥夺政治权利的适用方式。对于危害国家安全的犯罪分子应当附加剥夺政治权利；对于故意杀人、强奸、放火、爆炸、投毒、抢劫等严重破坏社会秩序的犯罪分子，可以附加剥夺政治权利。独立适用剥夺政治权利的，依照刑法分则的规定。

（4）关于剥夺政治权利的刑期计算与执行。附加剥夺政治权利的刑期，从徒刑、拘役执行完毕之日或者从假释之日起计算；剥夺政治权利的效力当然施用于主刑执行期间。被剥夺政治权利的犯罪分子，在执行期间，应当遵守法律、行政法规和国务院公安部门有关监督管理的规定，服从监督；不得行使刑法中规定剥夺的各项政治权利。

2. 驱逐出境

对于驱逐出境，我国《刑法》中只有一个条文，即第35条规定："对于犯罪的外国人，可以独立适用或者附加适用驱逐出境。"据此规定，可以将驱逐出境定义为强迫犯罪的外国人离开中国国（边）境的刑罚方法。关于驱逐出境是不是一种资格刑的问题，我国刑法学界意见比较一致，现有的教科书及有关专著都是把它作为资格刑来论述的。其理由在于对犯罪人一定资格的剥夺是资格刑的本质属性。

驱逐出境剥夺的是外国人在中国居留的资格，这种资格已经为中国法律所确认。例如，《中华人民共和国出境入境管理法》规定："对中国经济社会发展作出突出贡献或者符合其他在中国境内永久居留条件的外国人，经本人申请和公安部批准，取得永久居留资格。"外国人被驱逐出境的，由公安部取消其在中国境内永久居留资格。由此可见，法院对犯罪的外国人适用驱逐出境，正是对外国人在中国居留资格的剥夺，因而是一种资格刑。

（三）我国法律规定的剥夺资格的惩罚

在我国刑法中，有些资格的剥夺与限制，没有被写进主刑或者附加刑，但是在国外刑法中，有可能被认定系资格刑。在我国刑法之外，也有部分法律规定了禁止从事某种职业或者从事某种活动。

1. 禁止从事特定职业

我国《刑法》规定,因利用职业便利实施犯罪,或者实施违背职业要求的特定义务的犯罪被判处刑罚的,人民法院可以根据犯罪情况和预防再犯罪的需要,禁止其自刑罚执行完毕之日或者假释之日起从事相关职业,期限为3~5年。例如,某人构成操纵证券、期货市场罪,法院可以根据情况,禁止其从事证券、期货职业。

2. 禁止令

我国《刑法》规定,对管制犯、缓刑犯可以适用禁止令。对判处管制、宣告缓刑的犯罪分子,人民法院根据犯罪情况,认为从促进犯罪分子教育矫正、有效维护社会秩序的需要出发,确有必要禁止其在管制执行期间、缓刑考验期限内从事特定活动,进入特定区域、场所,接触特定人。人民法院宣告禁止令,应当根据犯罪分子的犯罪原因、犯罪性质、犯罪手段、犯罪后的悔罪表现、个人一贯表现等情况,充分考虑与犯罪分子所犯罪行的关联程度,有针对性地决定禁止其在管制执行期间、缓刑考验期限内"从事特定活动,进入特定区域、场所,接触特定的人"的一项或者几项内容。例如,个人为进行违法犯罪活动而设立公司、企业、事业单位或者在设立公司、企业、事业单位后以实施犯罪为主要活动的,禁止设立公司、企业、事业单位;禁止进入夜总会、酒吧、迪厅、网吧等娱乐场所;禁止接触其他可能遭受其侵害、滋扰的人或者可能诱发其再次危害社会的人。

3. 其他法律规定的资格限制、剥夺

除《刑法》中规定了对某种职业资格的限制或者剥夺外,其他法律中也有相关限制或剥夺从事某种职业,取得某种资格的规定。《教师法》规定,受到剥夺政治权利或者故意犯罪受到有期徒刑以上刑事处罚的,不能取得教师资格;已经取得教师资格的,丧失教师资格。《公务员法》规定,因犯罪受过刑事处罚的不得录取为公务员。《道路交通安全法》规定,醉酒驾驶机动车的,由公安机关交通管理部门约束至酒醒,吊销机动车驾驶证,依法追究刑事责任;5年内不得重新取得机动车驾驶证。这些资格的限制或者剥夺在我国不是资格刑,但是能够起到国外某些资格刑的作用。

第二节　资格刑评价

一、资格刑的优点

(一)资格刑具有明显的否定性政治评价作用

尽管从理论上讲任何刑罚方法都蕴含着国家从政治上对犯罪人的否定,但生命刑、自由刑、财产刑的直接效果在于剥夺犯罪人的生命、自由与财产，其在政治上对犯罪人的否定是间接体现出来的。资格刑作为剥夺犯罪人的政治权利的刑罚方法，对犯罪人及其行为所作出的政治上的否定评价，是直接体现出来的。这是资格刑的主要内容，也是资格刑不同于其他刑罚方法，不能被其他刑罚方法所取代的理由所在。

（二）资格刑具有剥夺或限制再犯罪能力的独特功能

被判处自由刑的罪犯，在行刑期间未必已被改造成遵纪守法的公民，而一旦刑满，又不得不对之予以释放。作为一种附加刑，资格刑在犯罪人刑满释放后仍可适用。这在客观上可以巩固对犯罪人的改造效果，防止其再次利用某种资格进行犯罪。

（三）资格刑具有维护国家机关威信，纯洁国家公职人员队伍的作用

犯罪人是国家与人民利益的侵害者，如让其担任国家工作人员，则很难取得人民的信任，进而会有损国家机关、企事业单位和社会团体等领导机构的信誉。对犯罪人判处资格刑，禁止其行使选举权与被选举权，剥夺其担任国家机关、企事业单位和社会团体等组织中领导职务的资格，有助于纯洁国家机关及其工作人员，维护国家机关及有关领导机构的威信和形象。

二、资格刑的缺点

（一）不利于犯罪人的再社会化

就刑罚的个别预防目的而言，自由刑的基点在于使犯罪人在刑满释放后重新适应社会生活。然而，资格刑只能在自由刑执行完毕或得到假释后再执行。由于资格刑破坏了犯罪人的名誉，使犯罪人的自尊心备受挫伤，故对于已经改造好了的犯罪人，资格刑可能使其回归社会后遭受到歧视待遇，这自然加重了他的思想负担，使他无形之中与其他社会成员有了距离感，不利于他的再社会化。这种情况确实与刑罚所追求的个别预防目的发生了冲突。资格刑限制或者剥夺犯罪人从事某种职业，是对其劳动权的部分限制，会影响其在回归社会后谋求职业，影响其再次回归社会。

（二）资格刑有可能造成“刑罚过剩”现象

从各国刑法规定来看，资格刑一般是附加于其他刑罚而适用，当对被判处自由刑的罪犯附加适用时，其刑期是从自由刑执行完毕之日或者从假释之日起计算。对于在自由刑执行期间没有改造好的犯罪人，资格刑的适用固然可以起到一定程度继续剥夺或限制其再犯能力的作用，但是通过自由刑的执行，绝大多数犯罪人都

已经被改造好了,如果在其刑满后,继续执行资格刑,则显得毫无必要。此外,即使犯罪人在刑满释放后仍有可能利用某种资格重新犯罪,剥夺他的这一项资格也就足以遏制其再犯罪行为。然而,资格刑作为一个刑种,总是涉及多种资格的剥夺,它一经适用,便不只是剥夺他人有可能用以再犯罪的那一项资格,而是剥夺其多种资格。因此,资格刑的适用不但可能成为多余的刑罚,而且可能导致刑罚过剩的后果。

(三)资格刑不具有足够的威慑力

资格刑是对犯罪人一定资格的剥夺,而资格本身是无形的、非物质的,它不像生命刑、自由刑那样给犯罪人造成直接的、有形的、物质性的损失。人们通常会认为无形的损失是虚的,无足轻重,而只有有形的损失才是实实在在的。这一性质就决定了资格刑不具有足够的威慑效力。有些犯罪人对某种资格并不重视,剥夺或者限制这种资格,对其不会造成任何损失。同样,对于社会上的其他不稳定分子,资格刑的一般预防作用也是微乎其微。

(四)资格刑的执行存在困难

这主要表现为犯罪人的某些权利被剥夺后,即使被晓之于众,也仍然有非法行使的可能。因为犯罪人也是人,便不可能不使用作为人与人之间感情交流中介的语言,而语言又是言论自由权的行使手段之一,因此犯罪人仍有可能利用日常交谈等机会非法行使言论自由权,这使资格刑在某些情况下难以得到执行。

第三节　资格刑趋势

一、当今世界各国资格刑的发展趋势

(一)资格刑的弱化趋势

如前所述,在资本主义社会发展初期,西方国家对资格刑比较重视。但是,后来随着教育刑论的兴起,资格刑的弊端日益突出。它破坏犯罪人的名誉,不利于犯罪人的再社会化,这与刑罚的个别预防目的相矛盾。所以,资格刑在西方刑罚体系中的地位日趋下降,存在削减资格刑的立法趋势。其具体体现在以下三个方面:

1.削减资格刑的内容。按其最初形态,绝大多数国家采用广义上的资格刑,刑法所规定的应予剥夺的资格刑的涉及面十分广泛,但在当今的各国刑法典中,资格刑的内容有渐趋缩小的趋势。现行《德国刑法典》则把剥夺资格仅限用于禁止驾驶、选举与被选举资格和担任公职的资格。

2. 限制资格刑的适用范围。纵观中世纪和资本主义初期，西方各国刑法规定的资格刑的适用范围都较大。例如，1871 年《德国刑法典》规定，凡处死刑与惩役者，均应同时附加剥夺权利。而到了资本主义后期，各国刑法开始对资格刑的适用范围予以严格限制。如现行《德国刑法典》中不再在总则中规定资格刑的一般适用，而是规定资格刑的适用以刑法分则有专门规定者为限。横览当今各国刑法的有关规定，资格刑大都被限用于政治性犯罪与其他特定的犯罪。

3. 资格刑的非刑罚化。这是资格刑地位下降的又一重要表现。对于资格刑，有的国家甚至不再把它作为刑种列入刑罚体系，而是要么是在刑法中不予统一规定，由其他有关的单行法规加以规定，要么是将某些原属资格刑的剥夺资格改为保安处分措施。例如我国的做法，对某些资格的剥夺或者限制作为一种行政处罚，降低其对犯罪人的影响与评价。

（二）确立资格刑的缓刑制度

通常缓刑适用于主刑，有些国家资格刑也可以适用缓刑。法国刑法中所规定的资格刑缓刑是普通缓刑，即资格刑可以暂缓执行。与法国刑法的规定不同，韩国刑法中规定了资格刑的暂缓宣告制度。《韩国刑法典》规定，停止资格的处罚，对悔改表现显著者，可以暂缓宣告，但曾被判处停止资格以上刑罚者除外。对接受暂缓宣告者，在暂缓期间被判处停止资格以上刑罚，或者发现曾有被判处停止资格以上刑罚的前科时，宣告暂缓的刑罚。

（三）确立资格的恢复制度

资格的恢复又称复权。从各国的刑事立法来看，资格刑分为有期资格刑和永久资格刑两种。对于永久资格刑，一旦判处，除非法律另有规定，被判刑人永久性地丧失享有某种权利的资格；对于有期资格刑则存在资格的恢复问题。对于被剥夺某些资格的罪犯来说，其被判刑和受过刑罚处分的法律事实，可以成为其再犯或累犯加重处罚的事由，并可限制其某些权利和资格的行使。这种状态的长期存在，对于罪犯的前途及悔改自新显然是不利的，因此有必要通过一定的制度，恢复罪犯作为一个正常人所有的权利和资格，这种制度就是复权制度。

复权制度有法律上的复权和裁判上的复权之分。法律上的复权是指罪犯在服刑期满或刑罚执行完毕之后，在一定期间内符合法律规定的某些条件，则依法当然地恢复其被剥夺的资格，故又称自然复权。例如，《法国刑法典》规定，被判刑的自然人，在确定的期限内，未再次被判处任何重罪或轻罪之刑罚者，自然得到复权。裁判上的复权是指罪犯在服刑期间、服刑期满以后或刑罚执行完毕以后，由法院依据其悔改表现以及法律规定的其他条件，决定是否恢复其被剥夺的权利。例如，《瑞士联邦刑法典》规定,行为人被宣告失去教养权或不得再担任监护人或保护人的,如其刑罚已执行完毕两年以上,经其申请并在听取监护机关的意见之后,法官可宣告恢复其被剥夺的资格,但以其表现良好,且法院确定的或通过调解所确定的损失得到赔偿者为限。复权的效力只能是面向未来的,因此犯罪人因受资格刑之宣告而已经丧失的职务、权利或者法律地位不能恢复。

二、我国资格刑的发展方向

(一)进一步明确资格刑的适用条件

例如,我国《刑法》第 56 条规定,“对于故意杀人、强奸、放火、爆炸、投毒、抢劫等严重破坏社会秩序的犯罪分子,可以附加剥夺政治权利”。具体在什么情况下可以附加适用剥夺政治权利,法律对此没有作出明确的规定,因而,在司法实践中往往使审判人员难以掌握和认定,难免造成司法不统一的现象。可以进一步完善立法,明确规定其适用的条件,以便审判人员准确适用法律,保证司法公正。

(二)完善资格刑的适用方式

资格刑的适用方式是指对犯罪分子适用剥夺权利时,对法律所列举的各项权利,是部分剥夺还是全部剥夺的问题。从各国的有关立法来看,主要有两种情况:一种情况是凡判处剥夺一定权利的,法律所列举的各项权利全部被剥夺;另一种情况是根据法律规定,既可全部剥夺亦可部分剥夺。我国刑法中剥夺政治权利的适用属于前一种情况,即一经被判处剥夺政治权利,《刑法》第 54 条所列举的四项权利就被全部剥夺。这种适用方式限制了剥夺政治权利刑的适用范围,使其在附加适用的情况下,只能适用于性质和后果都非常严重的犯罪,其范围十分狭小;同时难免会出现“刑罚过剩”的问题,因为单处剥夺政治权利只能适用于罪行较轻的罪犯,而对于犯侮辱、诽谤等轻微犯罪的人,将宪法所赋予的言论、出版、集会、结社、游行、示威自由的权利也一并予以剥夺,没有必要。因此,可以借鉴外国的立法经验,实行资格刑的分立制,即把资格刑所剥夺的各项权利内容分别规定、单独适用,彼此不发生连带关系。这样便于审判人员根据犯罪人的不同情况,灵活地选择适用,以更好地发挥其预防犯罪的作用。

思考题

1. 简述资格刑的概念。
2. 资格刑具有哪些特征?

3. 应如何评价资格刑的优点与缺点?
4. 从世界范围来看,资格刑具有哪些发展趋势?
5. 西方国家资格刑的弱化趋势具体体现在哪些方面?
6. 如何看待中国资格刑的发展方向?

第十二章　刑罚的诉求

第一节　求 刑 概 述

刑罚的诉求，又称为求刑，它是刑罚运行过程中的重要环节，起到了承上启下的作用。刑罚在法律中被创制后，尚为纸面的规范，仅具有抽象约束行为、预防犯罪的意义，需要通过求刑活动才能开启国家暴力机关惩罚犯罪的功能。现代意义的刑事诉讼，控审职能分离，审判活动具有消极保守的特征，审理清楚案件事实才能够运用刑罚剥夺或者限制犯罪人最基本的权利。审判机关不能主动对被告人追究责任，只能通过求刑主体行使求刑权才能开展量刑活动。

一、求刑的概念与特征

（一）求刑的概念

求刑是指特定机关或者个人依据相关法律赋予的权力或者权利，以书面或者口头形式对被告人提出指控，请求法院审理案件事实并予以刑罚惩罚的活动。

（二）求刑的特征

求刑具有以下几个特征：

1. 求刑的内容是发动刑罚裁量程序

求刑的内容特定，只能与刑罚有关，经济损失、民事赔偿以及剥夺公职、荣誉称号等不在求刑的内容之列。求刑的内容包含向特定的主体要求对行为人开始裁决是否需要适用刑罚，应适用何种刑罚，该种刑罚的轻重程度如何、是否立即执行等。上述内容是求刑者基于权力或者权利及法律规范对被告人的行为及其人身危险性进行评价后的判断，究竟能否被采纳，还需要审判者的裁量。

2. 求刑是特定主体的活动

刑罚对犯罪人的影响巨大，前科记录几乎具有终身性，发动刑罚必须慎之又慎，因此求刑的主体应该是特定主体。我们不难想象，任何人对任何案件都享有求刑的权力将会导致何种混乱。现代社会,法律越来越发达,纷繁复杂的法律法规使公民不能娴熟地把握罪与非罪、此罪与彼罪的界限,只有将求刑权交由专门的机关或者利益攸关的个人才能使刑罚发挥最大的效力。

3. 求刑是依据法律开展的活动

求刑是行使国家权力的过程,其开展须依照法律进行。求刑所依据的法律既包含实体法律——刑法,又包含程序法律——刑事诉讼法。求刑活动应严格按照刑事诉讼法规定的程序进行,谨慎地启动刑罚适用程序。任何不按照法律规定行使求刑权的活动都会影响求刑权乃至整个刑罚权的正常运行。我国刑法中规定了部分告诉才处理的案件,侮辱罪、诽谤罪、暴力干涉婚姻自由罪、虐待罪、侵占罪,如果不是情节或者危害结果严重的,国家机关不能干涉被害人求刑权的独立行使。

4. 求刑的对象是法院

我国《宪法》规定,中华人民共和国人民法院是国家的审判机关。审判机关专门享有对犯罪人适用刑罚的权力,所以只能向审判机关申请对犯罪人适用刑罚。在我国,目前有许多机关享有行政处罚的权力,如罚款、拘留等,这些处罚措施从形式上与刑罚具有相似性,但无论是形式还是实质上它们都有很大的区别。当求刑主体认为被告人的行为侵犯了法律所保护的利益,且违反刑法的时候,只能向审判机关而非其他任何机关、单位、团体提起刑罚运用的主张。

5. 求刑目的以报应为基础,以功利为辅助

求刑是刑罚运行过程中的重要环节,它同样要遵循、贯彻刑罚的目的。求刑要考虑被告人给社会带来的严重危害后果、求刑将带来的社会效果、求刑对被告人的影响等。依法不予求刑包括以下几种情况:(1)情节显著轻微、危害不大,不认为是犯罪的;(2)犯罪已过追诉时效期限的;(3)经特赦令免除刑罚的;(4)依照刑法告诉才处理的犯罪,没有告诉或者撤回告诉的;(5)犯罪嫌疑人、被告人死亡的;(6)其他法律规定免予追究刑事责任的。对于未成年人涉嫌刑法分则侵犯人身权利、民主权利罪,侵犯财产罪,妨害社会管理秩序罪,可能判处一年有期徒刑以下刑罚,符合起诉条件,但有悔罪表现的,人民检察院可以作出附条件不起诉的决定。不起诉或者附条件不起诉均为贯彻刑罚的目的。

二、求刑的原则

(一)求刑独立原则

我国《宪法》规定,人民检察院依照法律规定独立行使检察权。检察院行使求刑权,不受行政机关、社会团体和个人的干涉。检察院通过求刑活动,追诉犯罪,维

护国家安全和社会秩序,维护个人和组织的合法权益,维护国家利益和社会公共利益,保障法律正确实施,维护社会公平正义,维护国家法制统一、尊严和权威,保障中国特色社会主义建设的顺利进行。公民个人在进行自诉的求刑活动中,同样是独立行使权利,对于自诉案件,被害人有权向人民法院直接起诉。被害人死亡或者丧失行为能力的,被害人的法定代理人、近亲属有权向人民法院起诉。自诉人有权利决定对侵害个人利益的行为人提起自诉,也有权利在诉讼过程中撤诉,自己处分个人权利。

(二)控辩平等对抗原则

通常情况下,专业的求刑机关在权力、能力、物质、精神条件上远远超过被告人,为了维护被告人的合法权利,应当保障被告人依法享有的辩护权和其他诉讼权利。现代刑事诉讼活动中,应保障辩护行为与求刑行为相对抗,经审判人员许可,被告人及其辩护人可以同公诉人、自诉人及其诉讼代理人互相辩论。控辩双方应该能够诉讼地位平等地对抗,通过刑事诉讼法确立控辩双方诉讼地位平等的程序。

(三)求刑方举证原则

公诉案件中被告人有罪的举证责任由人民检察院承担,自诉案件中被告人有罪的举证责任由自诉人承担,所举证据,必须忠于事实真相。求刑方提出的证据必须与待证事实有关。检察人员必须依照法定程序,收集能够证实犯罪嫌疑人、被告人有罪或者无罪、犯罪情节轻重的各种证据。严禁刑讯逼供和以威胁、引诱、欺骗以及其他非法方法收集证据,不得强迫任何人证实自己有罪。自诉人必须提出被告人有罪的事实清楚的证据。缺乏罪证的自诉案件,如果自诉人提不出补充证据,将被裁定驳回。

三、求刑的评价

刑罚运行过程,分为制刑、求刑、量刑、行刑。求刑是承上启下的重要环节,是刑罚发动的动因。虽有刑罚被规定于法条之中,但是其欲成为能够真正影响人活动的规则,真正实现刑罚的目的,尚需由专人发动刑罚,启动刑事审判程序,将刑罚适用于犯罪人。

求刑的意义源于犯罪追究程序本身的性质。现代刑事程序废除纠问制,实行原告、被告和法官三方组合形成的“诉讼主义”,在程序上贯彻“不告不理原则”,即以求刑为审判、量刑的前提。没有求刑方的求刑,法院不能主动追究行为刑事责任。这是司法分权制度的体现,是防止刑罚滥用的重要程序性原则。

在西方,这项原则最早出现于古罗马。在古罗马,法院审理案件奉行“没有原告就没有法官”“无告诉无审判”的诉讼原则，即先由告诉人向法院提出控告，法院的法官根据控告决定开庭审理。告诉人只能是奴隶主和自由民，且必须经过最高裁判官认可才能行使控告权。在欧洲封建社会时期，专制纠问式诉讼模式成为主流，法官权力膨胀延伸至诉讼前的阶段，包揽了侦查、求刑和量刑的大权，主动纠问犯罪，“不告不理原则”被废弃。

资产阶级革命胜利后，“不告不理原则”重新确立了其统治地位，被现代各国普遍认可。求刑不再是法官一个人的事情，检察官代表国家对犯罪人进行求刑。控审分离限制了法院适用刑罚的范围，它不能对未经求刑的案件和未经求刑的犯罪嫌疑人、被告人进行审理，保持了求刑与量刑的一致性。同时，还能够防止对同一案件多次起诉，从而维护公民的权益及司法程序的公正。

第二节　求　刑　权

一、求刑权的概念

求刑权是对犯罪追诉的一种权力，即程序、实体审判请求权，是请求对被告人的行为展开审理，确认犯罪事实后进行刑罚裁量，适用刑罚的权力。请求权属性表明了求刑权在法律上的效果不是一种终极裁判性权力。由于在刑事诉讼程序中采取不告不理的诉讼原则，非经依法定程序追诉，对被告人的犯罪行为不得加以处罚。所以，求刑权是主体提起刑事诉讼的权限，是刑罚权的一个组成部分，它上承制刑权，下启量刑权，求刑权的发生与消灭，对刑罚权的运用起着极为重要的作用。

求刑权具有双重请求权的特征，它包括对刑事诉讼活动展开的请求与对量刑活动展开的请求。因此，求刑权亦可划分为实体求刑权与形式求刑权。实体求刑权是以请求对诉讼对象进行量刑为内容。形式求刑权则以请求开始诉讼为内容，侧重其在诉讼上的意义，是属于刑事诉讼法上的权利。

与求刑权密切相关的一个权力是检察权，这是容易发生混淆的两个概念。检察权是国家权力的组成部分，是司法权内部分化的产物。检察权概念提出和形成的初期，其内容基本上限定在代表国家行使公诉权力方面，这时检察权与求刑权实质含义相重合，概念往往是同义同语使用，只不过检察权表于外而求刑权存于内。但随着社会的发展和国家权力结构体系的变化，检察权逐渐成为复合性权力，权力属性由单纯的犯罪追诉演变为具有对诉讼活动中有关国家机关是否依法行使职权的监督与制衡的属性，以及作为公共利益的代表行使其他法令规定权限等多方面的要求，促使检察权在求刑权的基础上发展完善权能内容。因此，检察权是一种复合性的国家权能，其权力内涵在不同的宪法制度下有所差异。在中国，检察权是宪法规定的一种独立国家权力，而不仅仅是一种发动刑罚运用程序的权力。

二、求刑权的特征

求刑权的特征是求刑权独有的属性，是把握求刑权与其他权力区分的表征。把握求刑权的特征，有利于把握刑罚权运行的规律。

（一）求刑权是一种国家公权力，是国家维护社会生活基本秩序的方式之一

中华人民共和国人民检察院是国家的法律监督机关，人民检察院通过行使检察权，追诉犯罪。求刑权是检察权中的一部分，检察院专门享有求刑权中的公诉部分。

犯罪行为侵犯了国家、社会、公民等的利益，对犯罪打击也会限制犯罪人本人的权益，刑法需要在权益中间进行权衡。刑法是国家运用最严厉手段对特定利益进行保护的必然产物，它以法律条文的形式对国家基本制度——如国家安全制度、经济制度、人身民主权利制度、财产制度、社会秩序等制度进行保护。为维护犯罪侵犯了的国家基本制度，作为对犯罪的回应，国家需要用刑罚剥夺犯罪人最基本的人权。国家通过求刑权运行，发动对犯罪人的惩罚。

1994 年英国制定的《皇家检察官守则》中规定了两项起诉标准，即证据审查标准和公共利益审查标准。关于公共利益审查标准的确立，被解释为“本国从来没有这样的规则——我希望永远也不会有——刑事犯罪嫌疑人必须自动成为控诉的对象”①。这正是求刑权作为一种公权力的属性所决定的。求刑权是对犯罪人适用刑罚活动的开始，它应该严格按照法律规定的程序进行，必须由专门机关或者个人发动而不能是犯罪嫌疑人自动站到被告人席上。

求刑权的公权力属性，要求在具体的个案中决定是否请求、建议法院适用刑罚、适用何种刑罚及适用刑罚的严厉程度等都要考虑国家利益、社会利益以及个人利益。检察机关求刑权的行使、修正、放弃，最终都要服从于国家利益的需要。这种能动既要求法定化，又要克服僵化和教条执法，把对刑罚的启动交给专门机关或者个人，有利于公权力的灵活运行。

（二）求刑权具有专属性、独立性

人民检察院依照法律规定独立行使检察权，不受行政机关、社会团体和个人的

---

① 陈兴良：《刑法的价值构造》，中国人民大学出版社 1998 年版，第 544 页。

干涉。求刑权中的公诉权是检察权的组成部分，它只能由专门机关或者相关个人行使。求刑活动将会使被告人的基本权利受到各种各样的限制，也会使审判机关开始运行，所以这项活动必须审慎。它的发动需要权力享有者具有专门的法律知识或者与案件具有最直接的利害关系，所以法律以专门条文的形式将这项权力赋予了专门主体。求刑权的独立性则是指求刑主体应当具有自主决定公诉事宜的能力，即求刑主体独立行使求刑权，不受其他任何主体的干涉。这种独立性体现为享有求刑权的专门主体——公诉机关对外部的独立性、公诉人对于公诉机关内部的相对独立性和刑事自诉案件中自诉人的独立性。

（三）求刑权是一种请求权，是一种诉权

求刑权是一种请求权，其请求的内容是请求法院对被告人适用刑罚和适用何种刑罚及适用刑罚的严厉程度。根据这一属性，在刑罚运用过程中，求刑权表现出积极性和主动性。主动性体现在求刑主体对于发现起诉事实的真相、是否启动或推进审判程序、关注判决结果等问题具有积极作用。实践中，公诉机关的公诉裁量、量刑建议、抗诉以及自诉案件中公民个人的起诉与否等都是求刑权的主动性的体现，也是诉权属性的必然要求。

三、求刑权的主体

对犯罪人的追究，虽然世界各国都采用告诉原则，不告不理，但是求刑权的享有主体不同。有的国家采取国家求刑主义，有的国家采取私人求刑主义，有的国家采取公众求刑主义。在大陆法系国家，对犯罪的追诉，一般实行公诉为主、自诉为辅的方式，公诉人通常由检察官担任。在德国，对某些轻微犯罪实行私人追诉。日本采取求刑权独占主义，以检察院为唯一求刑权享有机关，并不认为私人有诉追犯罪的权利。在普通法系国家，检察官没有垄断检控罪案的权力，公诉人一般由受聘于政府的律师担任。美国的法律制度虽源于英国，但在其求刑制度上仍然具有自己的特点。在1704年康涅狄格州采用公诉求刑制度后，其他州也先后效仿，以至于第一批英国移民在美国推行的自诉制度逐渐消失。今天，美国大多数州实行的是检察官和大陪审团共享求刑权的制度。这是求刑垄断的一种形式，即国家求刑——以检察官为主体和公众求刑——以大陪审团为主体。

我国现行求刑制度与大陆法系国家相似，采取国家求刑主义与被害人求刑主义并行模式。这表明国家对不同性质犯罪的求刑权持不同的态度，对比较严重的犯罪必须通过公诉方式求刑，不允许被害人或者其利害关系人对此利益进行调解。把一部分有关亲情、朋友间亲密关系的案件是否需要处以刑罚的权利交给被害人，由被害人自主决定，体现了对特殊案件中被害人权利的特别关注。我国《刑事诉讼法》在1996年修改的时候，适当扩张自诉范围。我国目前享有求刑权的主体有以下几种：

（一）国家专门机关

人民检察院享有求刑权，而且是求刑权的主要享有者。根据《刑事诉讼法》的规定，提起公诉，由人民检察院负责，凡需要提起公诉的案件，一律由人民检察院审查决定。人民检察院审查案件的时候，必须查明：（1）犯罪事实、情节是否清楚，证据是否确实、充分，犯罪性质和罪名的认定是否正确；（2）有无遗漏罪行和其他应当追究刑事责任的人；（3）是否属于不应追究刑事责任的；（4）有无附带民事诉讼；（5）侦查活动是否合法。

人民检察院认为犯罪嫌疑人的犯罪事实已经查清，证据确实、充分，依法应当追究刑事责任的，应当作出起诉决定，按照审判管辖的规定，向人民法院提起公诉。犯罪嫌疑人没有犯罪事实，或者有依法不追诉情形的，人民检察院应当作出不起诉决定。

（二）被害人及其法定代理人、近亲属

我国法律规定，除检察院享有大部分求刑权外，较为轻微的犯罪由自诉人自主决定是否起诉。对于自诉案件，被害人有权向人民法院直接起诉。被害人死亡或者丧失行为能力的，被害人的法定代理人、近亲属有权向人民法院起诉，人民法院应当依法受理。

我国自诉的范围相对较广。人民法院直接受理的自诉案件包括三类。第一类是告诉才处理的案件。（1）侮辱、诽谤案，严重危害社会秩序和国家利益的除外；（2）暴力干涉婚姻自由案，未致使被害人死亡的；（3）虐待案，未致使被害人重伤、死亡的，但被害人没有能力告诉或者因受到强制、威吓无法告诉的除外；（4）侵占案（《刑法》第270条规定的）。第二类是人民检察院没有提起公诉，被害人有证据证明的轻微刑事案件。（1）故意伤害案（《刑法》第234条第1款规定的）；（2）非法侵入住宅案（《刑法》第245条规定的）；（3）侵犯通信自由案（《刑法》第252条规定的）；（4）重婚案（《刑法》第258条规定的）；（5）遗弃案（《刑法》第261条规定的）；（6）生产、销售伪劣商品案（《刑法》分则第三章第一节规定的，但严重危害社会秩序和国家利益的除外）；（7）侵犯知识产权案（《刑法》分则第三章第七节规定的，但严重危害社会秩序和国家利益的除外）；（8）《刑法》分则规定侵犯公民人身权利、民主权利罪和侵犯财产罪，可能判处三年有期徒刑以下刑罚的案件。第三类是被害人有证据证明对被告人侵犯自己人身、财产权利的行为应当依法追究刑事责任，且有证据证明曾经提出控告，而公安机关或者人民检察院不予追究被告人刑事责任的案件。

第三节　求刑权评价

一、求刑权与量刑权的分野

“每个社会都会产生矛盾”①,犯罪是人类社会当中矛盾激化的必然产物。矛盾的产生会导致对既存秩序的破坏,犯罪则是对秩序最为激烈的蔑视和破坏。国家为了维持社会秩序,必须对严重的危害社会的行为——犯罪进行揭露、控诉和惩罚。这样,刑罚权成为惩治、减少犯罪的重要公权力。求刑权、量刑权是刑罚权的重要组成部分,起初人类历史上求刑权与量刑权曾经由一个裁判机关享有,控审合一,几乎没有分开。二者由不同机关掌握,始于检察制度、检察机关的发展和完善,这经历了一个漫长的历史发展过程,是刑事诉讼史上内部分权制约的产物。

中国古代社会,基层管理机关行政权与司法权不分,司法权中的求刑权与量刑权也没有做到彻底分离,案件的起诉与审判基本上同属于一个机关,即基层地方官既享有求刑权又享有量刑权。官员有权力自己主动发现、寻找案件并加以审理。同时,部分求刑权也由民众掌握,他们可以对侵犯其权利的刑事犯罪提起告诉,请求国家用刑罚惩罚犯罪。“刑事案件,包括杀人、强盗、窃盗、犯奸、略人等,可以在任何时间控告于州县官,包括专许听受民事诉讼的那几天。州县官员允许人们在衙门口击鼓以表达其请求审理之愿。”②

在中国古代社会,没有检察机关这种官衔的称呼,正式的检察机关肇始于中国近代史上的晚清修律与民初的民主性的司法改制运动。检察官制创始于大陆法系国家,中国清末年间通过学习日本,仿效法国、德国立法例,移植检察官制度。清末移植近代西方法制时,修律大臣沈家本把“public prosecutor(or prosecuting attorney)”翻译为“检察官”,英文“public prosecutor”原意是政府律师,英国的皇家律师和中国香港律政司的政府律师与检察官同义。沈家本没有将其译为“政府律师”,统治者法制改革的正式文本中也没有采纳诸如律师之类的词语,可能的原因是当时中国既无现代意义上的政府,又无法制意义上的律师制度;译为“检察官”,可能的原因是这一官职称谓既有社会历史性的词源因素,又有与中国古代的某些制度存在内在的实质性联系因素,更容易被中国当时国家管理体系接受。

---

① [美]弗里德曼:《法律制度》,李琼英、林欣译,中国政法大学出版社1994年版,第20页。

② 瞿同祖:《瞿同祖法学论著集》,中国政法大学出版社2004年版,第457页。

清末移植德、法、日国家检察制度初始，设立法部堂官监督全国审判衙门及检察厅，总检察厅厅丞监督该厅及各级检察厅，各厅检察长监督检察官。检察官的职权是提起刑事公诉，检察官有权请求法院运用正当的法律，并且监视判决后的正当实施。这样求刑权从行政权中独立出来，取得与量刑权在法律上的并列地位。

北洋政府时期，实行"审检分立"制，检察官处于原告法律地位，其职权是代表国家，检举与控告犯罪并提起上诉，还有权对政府及行政官吏的违法行为进行监督。求刑权的独立地位得到进一步的发展。

国民党统治时期，实行"审检合署"制，检察官仍独立行使检察权；检察官享有侦查权、检举权及刑罚执行监督权。1928 年 7 月 28 日，国民政府公布《刑事诉讼法》，采取国家追诉主义。以检察官代表国家行使刑事原告职权。法律中倡导注重民权，被害者必须先向检察机关告诉，检察机关不起诉的，法院不能够进行审判。同时规定自诉，使被害人及有告诉权者，可就被害事实向法院起诉。检察官有独立上诉权及对撤回自诉或上诉案件，亦有干涉权。自此，刑罚权中的求刑权和量刑权在中国有了明确的法律上的界分。

西方国家的求刑权与量刑权最初也是由一个机关掌握。当时还没有专设审判机关，因为司法和行政不分，司法权依附在行政权之下，只是行政的工具，当时诉讼由行政裁决，政权拥有者本身即是司法者。在专制的国家里，君主可以亲自审判案件。① 由君主做判决将成为不公正和弊端无穷无尽的泉源；朝臣们将通过啰唆的请求向君主强索判决。有些罗马皇帝有亲自审理案件的狂热；他们的朝代无与伦比的不公正，使全世界为之惊愕。②

直至 12 世纪后期，法国国王指派专人为其处理私人事务。其后这种代理国王处理私人事务的人逐渐发展为代表国王向审判机关提起民事诉讼的人。到 13 世纪中期，这种代表制度逐渐扩大到刑事案件的诉讼，即罪案不由被害人起诉，而由国王的私人专门代理人起诉，国王的代理人也摇身变为国家官吏，而非国王的私人事务助理。这样求刑权即由这部分人专门行使。

13 世纪开始，法国的领主就使用"检察官"控诉犯罪人，以维护他们的税收利益。1355 年 12 月 28 日，国王颁布敕令，将公诉的职责赋予检察官，以独立于任何私人控诉。这种专门的控诉人在 14 世纪初就被称为检察官。③ 14 世纪以后的法兰西王国，检察机关以国家公诉人身份听取私人控告，进行侦查，提起诉讼，支持公诉

---

① [法]孟德斯鸠：《论法的精神》(上册)，张雁深译，商务印书馆 1959 年版，第 93 页。

② [法]孟德斯鸠：《论法的精神》(上册)，张雁深译，商务印书馆 1959 年版，第 95 页。

③ 张智辉：《检察制度的起源与发展》，载《检察日报》2004 年 2 月 10 日。

以及抗议法庭判决并代表国王监督地方行政当局的职能,致使侦查与审判截然分开。[①] 检察官一方面代表国王对各封建主和各地方当局实行监督,另一方面又以国家公诉人的身份对犯罪进行侦查与公诉,并参与法院进行的诉讼活动。这样检察机关与法院各司其职,对求刑权与量刑权进行了较为清晰的划分。

在激烈的法国大革命中,革命者创立了职权式诉讼模式。所谓职权式,就是注重发挥侦查机关、检察机关、法院等公共权力机关在刑事诉讼中的职权作用,特别是法官在审判中的调查事实真相与主动指挥作用,而不强调当事人在诉讼中的积极性。[②] 这样形成了刑事诉讼中预审、追诉、审判三大诉讼职能的构造,侦查权、求刑权、量刑权实现了更加清晰的界定。

随着法国大革命的发展,由拿破仑创立的职权式诉讼模式及全新的检察官制度随着法国大军传播到欧洲各国,德国以及法国的殖民地受其影响最为深刻。法国创立的检察官公诉制度实质上是将求刑权独立出来的制度,它不再是量刑权的附庸,对刑罚权的发展有着重要的影响。随后整个欧洲大陆国家,乃至世界许多国家的刑罚制度都发生了这种变化。经过数百年的发展和演进,世界各国的法律直接确立了由检察官对犯罪进行公诉的制度,使检察机关拥有了独立的求刑权。

英国的检察制度也是起源于为国王办理财产诉讼的律师活动。在当时,审判和检察工作的分工处于萌芽状态,国王律师与法庭法官的工作有时可以互相代替。在相当长的时期,英国除在苏格兰外,并未如大陆法系国家一般设置检察机关。受人民都有为国王维持地方治安的义务这一传统思想的影响,人人均得控诉犯罪,这既是一种权利,也是一种义务,所以当时求刑权为每个公民所掌握。当时的英国绝大部分刑事案件均由警察独自负责侦查,并加以控诉,而非如多数大陆法系国家由警察侦查后,尚需移送检察机关,由检察机关再向法院提出控诉。因此,英国的求刑权也有很大部分掌握在警察机关手中。

英国人多重私权,作为一种社会传统,他们在很长的历史时期内都把维持治安和追诉犯罪视为公民的私事。在起诉方式上,英国传统的做法是国家不设立类似于大陆法系那样的检察机关来专门负责提起公诉,理论上,检察官、警官、任何政府机关、地方机构和个人都可以对任何犯罪行为起诉。实际操作上对犯罪的起诉主要是由警察机关(委托律师)负责进行的。但是,警察机关的主要职责是负责对犯罪的侦查,又让其担负刑事案件的起诉,这种做法有明显的缺陷,容易导致权力的滥用。为改进犯罪追诉工作,英国在 1879 年颁行《犯罪检举法》,设立了总检察长,

---

① 陈光中主编:《外国刑事诉讼程序比较研究》,法律出版社 1988 年版,第 8 页。

② 陈光中主编:《外国刑事诉讼程序比较研究》,法律出版社 1988 年版,第 15 页。

代表国家对重要案件提起公诉。刑事诉讼中比较严重的犯罪案件,先由治安法官进行预审,以便决定是否对被告起诉。所以,求刑权又转移到检察官和治安法官的手中。即使是这样,在观念上,治安法官与检察官的求刑也不被认为是代表国家进行求刑,而被视为一个穿制服的公民代表受害的个人和团体提起的私人诉讼。在1985年,英国改革起诉制度,将治安法官的职能并入检察系统并建立独立和统一的全国性监察检察机构,由检察官全面接管刑事案件的求刑工作。这标志着英国由私人求刑转向了国家求刑的变革。

在英美法系,由于个人主义思潮长期盛行,检察官实际上是由政府律师充任。虽然实行检察官公诉罪案制度,但法律仍然承认人人都有检控犯罪以求法院对犯罪人判处刑罚的权利。私人律师不仅可接受任何诉讼主体的委托担任被告人的辩护人与被害人的代理人,也可接受检察机关的聘请对罪犯进行检控,行使由检察官掌控的求刑权。

二、求刑权独立的历史意义

(一)求刑权是人类法律文明发展的必然产物

犯罪作为一种激烈的反社会冲突,被马克思表述为"孤立的个人反对统治关系的斗争",所以它不仅仅是行者与受者之间的关系,更是行者、受者、社会或者国家多方的关系。冲突解决过程是人类建立规则和形成法律的过程。"当私力救济作为一种普遍性社会现象从人类文明史中消失后,诉讼变成为遏制和解决社会冲突的主要手段。"①在没有明确的法律规定以解决实体纠纷之时,司法过程本身构成解决实体纠纷的手段之一。人类在诉讼产生后,不再依靠冲突主体自身报复性的冲突恢复被先前冲突所破坏的利益均衡状态,尤其不再利用血族、血亲、私人复仇这样激烈的暴力方式解决冲突,这是人类文明的进步。精密、严格的法律程序使人们相信被犯罪侵犯的利益能够在诉讼中得到解决而放弃了私人复仇,其对犯罪人追究责任的权利让渡给国家而形成求刑权的基础。这种对犯罪行为的追究演变成在法律规制下的有节制的权力运用。求刑权为专门的国家机关所掌握,并在极个别领域内分配给个人,这是通过法律文明解决社会冲突的必然。

(二)求刑权是现代国家制度发展的产物

依现代政治和社会观念,犯罪不仅是对个人或者团体的权利的侵犯,更是对国家制度的侵犯。国家对严重侵犯其基本制度的犯罪行为同样要进行追究,从而确

---

① 顾培东:《社会冲突与诉讼机制》,法律出版社2004年版,第18页。

立国家的权威和维护国家、社会存在的秩序。国家对犯罪嫌疑人进行求刑,是其义务所在,国家机关享有求刑权,是国家义务履行的体现。

(三)求刑权独立是由现代刑事诉讼的三角结构决定的

在刑事诉讼的结构中,法官居于三角的顶端,处于一种相对消极中立的地位。检察机关以及刑事案件中的被害人及其家属、亲友作为刑事诉讼的提起者,除了请求法官依法对被告人确定适用刑罚外,还应对被告人的量刑提出具体意见,然后由处于相对消极地位的法官对这种意见进行判断。作为代表争议一方的求刑方,应当与犯罪嫌疑人平等对抗。求刑权的行使要有足够的证据支持。在与犯罪嫌疑人进行诉讼的过程中,求刑权表现为依据充分的证据对案件事实进行认定,并援引刑法规范提出主张。从这一角度看,求刑权与犯罪嫌疑人的辩护权应当是同等的。这种平等体现在:一方面,求刑方中的检察机关并不因为享有国家强制取证的权利而在证明资格上有任何特权;另一方面,犯罪嫌疑人应当拥有同样的事实调查的权利或者相关的救济途径。我国《刑事诉讼法》所规定的辩护律师向被害人等取证,在公诉阶段要经过公诉方许可的限制,以及律师在法律上不是收集证据的主体,其提交的证据需经过转换才能在法庭上使用等做法,都是与求刑权作为刑事诉讼中三角中的一角不相符的。这些是在对诉讼制度进行完善时应当加以考虑的重要问题。

(四)求刑权是正义实现的必然产物

以司法方式解决犯罪给社会带来的利益不均衡这一过程孕育着法律规则和法律精神的形成,正义即为其中最重要的价值。自国家介入对犯罪的责任追究起,求刑权制度经过了不断的发展。在司法制度发展史上,为了反对专制的审判制度,代表求刑权的控诉职能与代表量刑权的审判职能进行了有效的分离。这种分离体现了权力的行使程序应当体现正义的原则。审判权不能与求刑权合二为一,否则审判机关有可能演化成专横的司法机关。求刑权应当独立行使,不为法官的审判权所影响。这至少在形式上保证了诉的正义与合理,这是法律文明发展的必然,充分体现了正义在法律领域内的价值。

思考题

1. 简述求刑的概念及特征。
2. 简述求刑权的概念及特征。
3. 简述个人行使求刑权的范围。
4. 简述求刑权独立的历史意义。

第十三章　刑罚的裁量

第一节　量刑概述

一、量刑的概念与特征

量刑即刑罚的裁量，是法院在查明犯罪事实，认定犯罪性质的前提下，决定对犯罪人是否判处刑罚、判处何种刑罚以及刑量的刑事审判活动。量刑具有以下特征：

1. 量刑是依据相关法律进行的刑事审判活动。量刑的依据是刑法与刑事诉讼法及其他相关的法律。在刑事审判过程中，法官还不可避免地受到国家刑事政策、司法解释、座谈会纪要等规范性或者非规范性法律渊源的影响。量刑的基础是犯罪事实，对象是实施了犯罪行为的犯罪人。

2. 量刑的主体是法院。量刑是适用刑罚的专门性活动，是国家权力运行的重要部分，依据《宪法》及相关法律的规定，只能由法院行使这项权力，甚至可以说只能由法院的刑事审判庭才能履行这项职责。其他任何机关、组织、团体、个人都不能行使刑罚裁量的权力。在法院系统中，也并非所有法院都有刑罚裁量权，如海事法院就没有这项权力。在基层法院中，不能行使对罪犯判处无期徒刑与死刑的权力。

3. 量刑的前提是查明犯罪事实，认定行为人的犯罪性质。犯罪引发刑事责任，刑事责任的有无、大小决定刑罚的有无与轻重。法院只有在查明犯罪事实、认定犯罪性质后才可以量刑。刑事审判只能先定罪后量刑，而不能为了从轻或从重惩罚罪犯先量刑再去寻找与之对应的罪名。所以，未经法院认定为有罪的行为人，不能对之适用刑罚。当然，定罪并非量刑的内容，二者是不同的阶段，有不同的任务。

4. 量刑的内容是裁量刑罚。裁量刑罚，首先决定是否适用刑罚，对于有些犯罪人，可以认定犯罪但是免于刑罚处罚。决定适用刑罚后，将涉及适用的刑罚种类、所适用刑罚的刑量、刑罚是否立即执行等问题。对犯罪人是否判处刑罚，是在对犯罪人定罪后依据其刑事责任大小作出的决定，是刑罚运用的必要环节。如果行为人具有刑法规定的免除处罚情节又不具有从重处罚情节的,则应宣告免于刑事处罚,并决定是否适用非刑罚处理方法。例如,对于没有造成损害的中止犯,应当免除处罚,但是可以定罪,根据情况判处行为人赔偿经济损失等。

5. 量刑是刑罚运行中的中间环节。量刑是刑罚运行过程的中间环节。刑罚被制定出来后,停留在纸面上,固定在条文中,虽然有一定的预防能力,能够起到指引人们行为的作用,但影响终究有限。量刑活动则激发刑罚文字变成活生生的刑罚制裁,一旦刑罚确立,犯罪人即将受到严厉的惩罚,其基本人权将被剥夺或限制。虽然求刑启动了追究刑罚惩罚的过程,但是究竟是否运用刑罚,是否将抽象的法律条文变成现实的惩治措施,还最终取决于量刑。所以,量刑在刑罚运行中起到了至关重要的作用。

二、量刑的评价

(一)正确的量刑是实现刑罚目的的重要手段

刑罚的目的是预防犯罪。通过对犯罪人正确量刑,可以预防其重新犯罪,告诫社会上的不稳定分子不要走上犯罪道路,并教育广大守法公民,使公众认识到何种行为要受到刑罚惩罚,鼓励广大公民遵守法律规定。量刑不当,不仅会使犯罪人因被轻纵、没有从刑罚惩罚中吸取教训而再次走上犯罪道路;也会使犯罪人因被不当重罚,对法官、对社会产生怨恨,不容易被矫治,更有可能在结束刑罚后实施极端行为报复社会。对犯罪人的不当量刑,会使公民对司法公正、法官素质产生怀疑,畸轻的量刑会使人怀疑法官是否被贿买,或者无以安抚被害人及其家属,可能因报复而产生新的犯罪;畸重的量刑也会使人对犯罪人产生同情。

量刑在不涉及公民隐私、国家机密等情况下应该向社会和公众公开,尤其是法官确定刑罚的过程。这样既能起到法律宣传作用,使每一位公民都认识到刑法的不可违背性和国家、社会、他人利益不可侵犯性,也使犯罪人的行径受到道德法庭的审判,使其认识到自己行为的反社会性、不道德性,从而在思想深处接受量刑,认真服刑,消除自己的道德过错。

(二)正确的量刑是实现罪刑均衡的基本手段

虽然每个犯罪人造成的客观损害是相同或者相近的,但是如果单纯从客观危害、客观行为量刑,则无法实现罪刑均衡。每一个犯罪人的犯罪人格是不同的,犯罪人犯罪前的表现、犯罪人的家庭、受教育情况、人际关系、初犯、累犯、主犯、从犯、胁从犯、自首、立功、手段残忍与否、犯罪后对被害人是否补偿等都体现了不同的犯罪人格。对犯罪人格不同的犯罪人,单纯以客观损害为标准量刑是机械的,在方法论上是错误的,不能最大限度地发挥刑罚作用。所以,没有正确的量刑,不能体现犯罪人的人格差异,不能真正体现刑罚与犯罪之间的几何般的精确性。

(三)正确的量刑可以真正赋予刑罚以生命力

停留在刑法文本中的刑罚,其作用是有限的,单纯依靠公民对刑罚的文本了解而产生的心理威慑作用也是不可测的。通过将文本中的刑罚运用到犯罪人身上,使其发挥对社会的影响力、对犯罪人的影响力、对普通守法公民的活生生的教育,这样才使刑罚"活"起来,具有了真正的生命力。

(四)正确的量刑是正确执行刑罚的前提

刑罚执行,要考虑到犯罪人的个人特征,力争实现刑罚执行的个别化。如果量刑恰当,能够从责任及预防的需要出发,实现责任的个别化①,则为刑罚执行个别化打下坚实基础。

第二节　量刑原则与量刑方法

一、量刑原则

量刑原则是指贯穿于整个量刑过程中并对审判机关展开量刑活动起指导作用的行为准则。量刑原则贯彻于整个量刑过程,无论是在第一审程序、第二审程序还是在再审程序,都具有指导作用。量刑原则是强制性规范,量刑者必须遵循、不得随意变动,任何违反量刑原则的行为都为法律所不容,量刑者将承担法律上的后果。量刑原则是抽象性法律规范,它虽然以法律规范形式表现出来,但并没有明确规定量刑者的权利义务,也不规定量刑的操作方式,它是量刑行为的评判标准,蕴含着立法精神的原则性、法律性要求。

(一)国外主要量刑原则

大陆法系国家量刑主张罪刑法定原则与罪刑均衡原则。罪刑法定原则要求法官的量刑必须基于刑法的规定,刑罚的种类、限度不可超出刑法的规定。罪刑均衡原则源于古老的公平正义观念,但公平正义观念是随着时代的发展而发展的,因此,本原则也有了新的含义。在刑事古典学派时期,罪刑相适应原则表现为有罪才有刑,有罪必有刑,刑罚的质量同罪质和实害相均衡。但随着刑事实证学派的发展,这一原则中又增加了新的内容,刑罚的轻重不仅取决于犯罪的轻重,也深受犯罪人

① 翟中东:《刑罚个别化研究》,中国人民公安大学出版社2001年版,第99页。

人身危险性的影响。

当今英美国家的刑罚理论界主张以报应刑为主的综合刑罚目的观,其量刑原则也随之发展为"应得的惩罚"原则,主张刑罚的首要目的在于惩罚犯罪,实现刑罚的公正性、一致性,保护公民的安全。同时,该原则也注重实现刑罚的其他目的,如威慑或预防目的、教育改造或复归社会目的、补偿目的等。2004 年生效的《英国治安法院量刑指南》强调,量刑必须反映"应得的惩罚"原则,任何刑罚必须根据犯罪行为的严重性和犯罪人的个人因素而裁量;在量刑过程中必须全面考虑犯罪行为各方面的因素,并对行为的危害等级作出公正的评价。[①]

总而言之,"应得的惩罚"原则的内容可以概括为量刑时必须根据犯罪行为的严重性而实施,同时兼顾犯罪人的人身危险性。刑罚的最终目的是"控制犯罪",在其中包含了个别预防的内容。如英国在《执刑指南——对 HSE 和 LA 调查者的法律指导》之"一般原则:法院如何量刑"中强调,"判决可以作为一项复归社会的刺激因素,使受到惩罚的责任人约束他们今后的行为,以免再次受罚"。刑罚作为一种刺激因素,合适的、均衡的量刑可以矫正、约束犯罪人的不当行为。处罚的目的是使其再社会化并且重返社会,希望犯罪人被改正之后将不想也不需要再度犯罪。[②] 裁量刑罚则应在报应("应得的惩罚")的基础上确定。

(二)我国主要量刑原则

1. 以报应为基础,以预防为辅助原则

我国《刑法》第 61 条规定:"对于犯罪分子决定刑罚的时候,应当根据犯罪的事实、犯罪的性质、情节和对于社会的危害程度,依照本法的有关规定判处。"一般认为,这就是刑法关于量刑原则的规定,是罪刑均衡原则的具体化,学者据此认定我国量刑原则就是以犯罪事实为依据,以刑事法律为准绳。但是,从更深层次讲,我国量刑原则不止于此,我国量刑原则应概括为以报应为基础,以预防为辅助。

量刑中的预防原则包含个别预防与一般预防。我们认为,根据"犯罪的事实""犯罪的性质""对于社会的危害程度"对犯罪人决定刑罚,体现了以报应为基础的原则。上述三项内容是犯罪人的行为给法益造成损害的参照标准,犯罪事实越严重,犯罪性质越恶劣,犯罪行为对法益的侵害程度越严重,犯罪人给社会造成的危害越大,其应承受的刑罚越严重。

---

① The Magistrates' association, *Magistrates' Court Sentencing Guidelines*, http://www.sentencing-guide-lines.gov.uk/guidelines/other/magistrates.html.

② *Enforcement Guide - Legal guidance for HSE and LA Inspectors*, http://www.hse.gov.uk/enforce/enforcement-guide/court/sentencing/principles.htm.

犯罪的情节体现了以预防为辅助的原则。犯罪过程中,除了体现犯罪构成要件的事实,还包括体现犯罪人人身危险性的事实,如犯罪人犯罪的时间、地点、手段、对象,犯罪人有无未遂或者中止犯罪过程、犯罪人在共同犯罪中所起作用等。犯罪过程外,也有情节能够体现犯罪人的人身危险性,如犯罪前一贯的表现、累犯、前科、犯罪的动机、犯罪的原因,犯罪后自首、坦白、立功、消灭犯罪证据、恐吓证人等。这些情节体现了犯罪人的反社会性,敌视、漠视、轻视法律所保护的利益的态度,出于个别预防的需要,在量刑时要对他们体现出差别。如果犯罪人的犯罪行为预谋已久,手段隐蔽、残忍,对象为法律重点保护的利益,虽有困难但仍然克服,将犯罪行为坚持到底,则应在量刑时考虑从重处罚。

虽然我们并不愿意承认,且在刑法中难以寻觅踪迹,但是,量刑中确实会考虑到一般预防。刑事审判要注重法律效果和社会效果的统一,这个表述中对社会效果的关注无疑是要求法官在量刑中重视刑罚的一般预防效果,通过量刑,起到法律宣传、震慑不稳定分子、遏制和预防犯罪、减少社会对抗的作用。

2. 罪刑均衡原则

罪刑均衡原则是指审判机关对犯罪人判处的刑罚主要与犯罪人行为的客观危害相适应,同时要与犯罪人的人身危险性相适应。此原则有以下积极意义:第一,具有客观性。该原则强调只有已经发生的犯罪才是量刑的基础,没有实施犯罪行为的人即使有严重的人身危险性也不能作为犯罪人来处理,更谈不上将与其人身危险性相适应的刑罚加诸其身。第二,具有限制性。刑罚虽然由法官运用,但是这种运用是在刑法框架中的运用,刑罚不可偏离已然的犯罪,畸轻畸重的刑罚都是司法专横的表现。并且即使刑罚的确定要考虑犯罪人的人身危险性,这种考量也必须在客观危害的基础上,否则若将难以测量的人身危险性作为主要量刑基础必然又回到罪刑擅断的时代。该原则也正是为防止法官滥用权力而创造的。第三,具有公正性。该原则以已然之罪的大小作为量刑的主要根据,给社会造成的危害大则刑罚重,给社会造成的危害小则刑罚轻,符合罪有应得的传统观念。第四,具有灵活性。虽然具有相同或者相近的危害结果,但是犯罪人人身危险性是有差别的,对一个因抢劫罪入狱,在监狱中故意伤害致人重伤的犯罪人和对一个因不堪丈夫长期虐待,在一次反抗虐待中致丈夫重伤的犯罪人的处罚必然要体现差别。

3. 依照刑事政策原则

刑事政策这一概念产生于19世纪的德国,通行的概念是国家为预防犯罪、缓和犯罪被害人及社会一般人对于犯罪的敌视,从而实现维护国家最基本制度的目的而采取的一切措施政策,包括立法、司法乃至行政方面的对策,其核心是防止犯罪。

量刑中以刑事政策为指导，主要表现为量刑应该贯彻宽严相济刑事政策。宽严相济是我国现阶段的基本刑事政策。该政策的核心内容是要根据犯罪的具体情况，实行区别对待，做到该宽则宽，当严则严，宽严相济，罚当其罪。宽不是要法外施恩，毫无原则地对犯罪人一味放纵。严也不是无限加重，而是要严格依照刑法、刑事诉讼法以及相关的刑事法律，根据具体的案件情况来惩罚犯罪，只有这样才能够符合科学量刑的要求，真正做到判决经得起历史的检验。通过刑罚打击和孤立极少数，教育、感化和挽救大多数，最大限度地减少社会对立面，促进社会和谐稳定，维护国家长治久安。量刑过程中，应当力求在刑罚的必然性即有罪必会究、有罪必能究的基础上，切实贯彻宽严相济的基本刑事政策，从而理性地治理犯罪。

严惩严重刑事犯罪，必须充分考虑被告人的主观恶性和人身危险性。对不同的犯罪人，应该挖掘其不同的人身危险性，发现其是否有自首、立功、退赃、窝赃、坦白等情节，从而对当宽的一定不能严，对当严的一定不能宽，使量刑在刑事法律的框架内发挥最大的鉴别性。对于事先精心预谋、策划犯罪的被告人，具有惯犯、职业犯等情节的被告人，或者因故意犯罪受过刑事处罚，在缓刑、假释考验期内又犯罪的被告人，要依法严惩，以实现刑罚特殊预防的功能。对于情节较轻、社会危害性较小的犯罪，或者罪行虽然严重，但具有法定、酌定从宽处罚情节，以及主观恶性相对较小、人身危险性不大的被告人，可以依法从轻、减轻或者免除处罚。对于具有一定社会危害性，但情节显著轻微危害不大的行为，不作为犯罪处理。对于依法可不监禁的，尽量适用缓刑或者判处管制、单处罚金等非监禁刑。

4. 量刑独立原则

量刑是司法活动的重要组成部分，必须由法官独立裁量。量刑需要对法律、政策、犯罪人本人有充分的了解，法官全程参与审判，对犯罪人的罪行、犯罪后果、人身危险性有充分的了解，只有真正参与审判的法官才有能力作出正确的量刑。对案情、犯罪人缺乏了解的任何其他人，如没有参与审判的其他法官、审判委员会、政府官员、媒体从业人员、社团组织、民众等都不能僭越量刑法官的理性，不能替代法官量刑。否则，量刑将会失去其专业性、权威性，若量刑能够随意被干涉，不仅法官这一神圣的法律职业将会失去价值，犯罪人的合法权利更是得不到应有保障。

5. 认罪认罚从宽原则

党的十八届四中全会通过的《中共中央关于全面推进依法治国若干重大问题的决定》明确要求“完善刑事诉讼中认罪认罚从宽制度”。2019 年，最高人民法院、最高人民检察院、公安部、国家安全部、司法部发布《关于适用认罪认罚从宽制度的指导意见》。该意见指出，认罪是指犯罪嫌疑人、被告人自愿如实供述自己的罪行，对指控的犯罪事实没有异议。认罚是指犯罪嫌疑人、被告人真诚悔罪，愿意接受处罚。从宽处理既包括实体上从宽处罚，也包括程序上从简处理。“可以从宽”是指一般应当体现法律规定和政策精神，予以从宽处理。但可以从宽不是一律从宽，对犯罪性质和危害后果特别严重、犯罪手段特别残忍、社会影响特别恶劣的犯罪嫌疑人、被告人，认罪认罚不足以从轻处罚的，依法不予从宽处罚。量刑中应坚持认罪认罚从宽原则，对准确及时惩罚犯罪、强化人权司法保障、推动刑事案件繁简分流、节约司法资源、化解社会矛盾、推动国家治理体系和治理能力现代化具有重要意义。

二、量刑方法

量刑是具有悠久历史的司法活动，尽管有数千年的历史，人类却没有办法提供出一个放之四海而皆准的方法。量刑中涉及的法律规则、法律解释、人之理性、实践智慧等错综复杂，绝非单纯的文字能够表述其中的精妙，量刑方法很难统一，大多数体现为千差万别的个体经验和智慧。量刑方法应该是在量刑原则指导之下的具体操作方式，并非无迹可寻。

（一）综合估量的量刑方法

综合估量的量刑方法，俗称“估堆儿法”，此方法在实践中使用较多。它指的是量刑人员在掌握了案情后，根据犯罪的社会危害性和犯罪人的人身危险性，舆论对案件的关注程度，被害人或者其他公民对犯罪人的态度，对案件进行综合分析，一次性地估量出对犯罪人应处以何种刑罚，应处以何种严重程度的刑罚的方法。

此种量刑方法主要依靠法官的个人经验和内心模糊的感受，欠缺客观性、科学性和标准性。

（二）基础刑量刑方法

基础刑量刑方法是指在某罪的法定刑范围内，首先确定基本刑，找出量刑的基本点，然后根据案件中的从重、从轻、减轻等情节，在基础刑上做上下浮动的调整，确定犯罪人应被判处的刑罚。此种量刑方法具有一定合理性，但是其最大的难题在于基础刑的确立。

（三）电脑辅助量刑方法

此方法为我国刑法学者赵廷光教授所创。[①] 电脑辅助量刑系统可以解决一些重复性、程序性的案件的量刑，在一定程度上可以代替人工，提高效率，节约司法资

---

① 参见马克昌主编：《刑罚通论》，武汉大学出版社 1999 年版，第七章；高铭暄、马克昌主编：《刑法学》（第 3 版），北京大学出版社、高等教育出版社 2007 年版，第十六章；以及赵廷光教授独立开发的“计算机辅助量刑系统”。

源。犯罪具有复杂性,同样的案情,可能因为某些外在因素的不同、犯罪人本人情况不同,量刑结果有较大差异,而电脑程序不可能涵括所有社会生活中可能出现的情况。所以,电脑量刑作为一种辅助手段具有其积极意义,但是不可能取代法官的主观能动作用。随着人工智能、大数据云计算等科技进步,不断有人呼吁用电脑量刑代替法官量刑,但是量刑是经验积累下的艺术,电脑量刑可以辅助,不能替代法官行使量刑权力。

(四)量刑规范化方法

为统一法律适用标准,规范裁量权,严格执行法律,准确裁量刑罚,确保办案质量,实现公平正义等,2010 年最高人民法院制定了《人民法院量刑指导意见(试行)》。该指导意见开启了量刑规范化的历程,2015 年因被其他文件替代等而失效。2013 年,最高人民法院发布《关于常见犯罪的量刑指导意见》。2021 年,最高人民法院、最高人民检察院在总结实践经验的基础上,对量刑指导意见做了进一步修改、完善,发布修订后的《关于常见犯罪的量刑指导意见》(试行),新的指导意见进一步完善量刑方法,明确"以定性分析为主,定量分析为辅"的量刑方法。新的指导意见内容包括以下几项:(1)量刑的指导原则;(2)量刑的基本方法,量刑时,应以定性分析为主,定量分析为辅,依次确定量刑起点、基准刑和宣告刑;(3)常见量刑情节的适用,对 18 个量刑情节适用进行规范;(4)常见犯罪的量刑,对 23 个常见罪名量刑进行规范化;(5)附则。

量刑规范化方法为进一步规范刑罚裁量权,落实宽严相济刑事政策,增强量刑的公开性,实现量刑公正打下了良好的基础。

(五)类案检索法

类案是指与待决案件在基本事实、争议焦点、法律适用问题等方面具有相似性,且已经人民法院裁判生效的案件。量刑中的类案检索法是指法官在量刑的时候,对正在量刑的待决案件,参考具有相似性的已经生效的案件,以确定本案中的量刑的方法。类案检索有利于统一法律适用,提高量刑的可预测性,提升司法公信力,达成量刑共识。

2020 年,最高人民法院印发了《关于统一法律适用加强类案检索的指导意见(试行)》,开始推行类案检索的量刑方法。该意见共计 14 条,对类案检索的适用范围、检索主体及平台、检索范围和方法、类案识别和比对、检索报告或说明、结果运用、法官回应、法律分歧解决、审判案例数据库建设等予以明确。

类案检索的范围一般包括:最高人民法院发布的指导性案例;最高人民法院发布的典型案例及裁判生效的案件;本省(自治区、直辖市)高级人民法院发布的参考性案例及裁判生效的案件;上一级人民法院及本院裁判生效的案件。除指导性案例以外,优先检索近3年的案例或者案件;已经在前一顺位中检索到类案的,可以不再进行检索。

第三节 量刑模式

量刑模式是指量刑的基本方式,是量刑的基本步骤和范式。当今世界各国量刑模式主要分为两种,即大陆法系量刑模式和英美法系量刑模式。

一、大陆法系量刑模式

(一)大陆法系量刑模式的内容

在大陆法系国家,实行成文法,量刑按照法律规定进行。其非常显著的特点是定罪与量刑在同一程序中进行,实行相同的证据规则。① 出于对中世纪法官滥用量刑权的恐惧,在一段时期,要求法官判案只能完全按照法律,而不能有任何的自由裁量权,甚至出现过绝对的法定刑情况。因为"公民的命运经常因法庭的更换而变化。不幸者的生活和自由成了荒谬推理的牺牲品,或者成了某个法官情绪冲动的牺牲品。因为法官把从自己头脑中一系列混杂概念中得出的谬误结论奉为合法的解释。我们还可以看到,相同的罪行在同一法庭上,由于时间不同而受到不同的惩罚。原因是人们得到的不是持久稳定的而是飘忽不定的法律解释"②。所以,"法官唯一的使命就是判定公民的行为是否符合成文法律""对任何案件都应进行三段论式的逻辑推理。大前提是一般法律,小前提是行为是否符合法律,结论是自由或者刑罚。一旦法官被迫或自愿做哪怕只是两种三段论推理的话,就会出现捉摸不定的前景"③。这对于反对罪刑擅断、任意量刑是有积极意义的。

大陆法系的量刑模式主要遵循演绎推理的思维模式,演绎推理被认为是法律适用的基本原则,即从两个前提中得出结论的过程。

当前,大陆法系国家一般都实行相对确定的法定刑,在法律规定的范围内,法官具有自由裁量权。这种自由裁量权,是在坚定执行罪刑法定原则前提下的自由裁量,是在具体案件中根据犯罪人人身危险性不同出于特殊预防的需要而作出的

---

① 孙长永:《探索正当程序——比较刑事诉讼法专论》,中国法制出版社2005年版,第441页。
② [意]贝卡里亚:《论犯罪与刑罚》,黄风译,中国大百科全书出版社1993年版,第12页。
③ [意]贝卡里亚:《论犯罪与刑罚》,黄风译,中国大百科全书出版社1993年版,第12~11页。

不同裁量,这是哲学上矛盾特殊性的体现。大陆法系国家的量刑模式是从一般到特别的推理。由于法条总是抽象的,案件总是个别的,没有一个案件会完全符合法条的规定,但是法官还要在罪刑法定原则的框架内活动,因此法官的主观能动性会受到较大的限制。

(二)大陆法系量刑模式的变化

大陆法系国家一般都将法官视为"法律的执行者"。当一个案件交给法官时,法官从原始案件材料中提取出相关事实,并将其与法律中的规定相对应,然后对行为人定罪量刑。出于对极其精确的法律的信任,法官总是试图找到能与案件相对应的法律。法律制定主体的唯一性及法律自身的滞后性使法官在遇到疑难案件时无法对法条进行解释,也没有办法遵循司法判例。"基于同一理由,公平正义的要求和其他创制法律的目的也不能考虑。虽然疑难案件,不公正或与案件事实不符的判决的出现是令人遗憾的事情,但是为了保证法律的'确定',也不得不付出这种代价。"①所以,大陆法系的量刑模式也在进行一些改革。

由于大陆法系中高级法院和部分下级法院的判例定期汇编和出版,这加深了上级法院审判、量刑对下级法院的影响。判例在法院定罪、量刑过程中一再被引用。虽然下级法院和上级法院并没有直接的隶属关系,甚至在某种意义上它们是平等的,但事实上,如果判例是上级法院所做,下级法院一般不会违背上级法院的判例而作出迥异的量刑,因为一旦犯罪嫌疑人上诉,上级法院可能会改判。虽然判例在大陆法系并没有法律效力,但是其仍然有着重要的作用。其主要表现在:"(1)司法机关在审理案件时不可能不参考类似的判决,以保证法的实施的统一性。(2)上级法院对下级法院判决的约束力事实上是相当大的,因为如果下级法院的法官经常反对上级法院的决定,将会影响到其升职。(3)联邦德国和意大利宪法法院关于制定法合宪性的判决有普遍拘束力。(4)稳定持久的判例有极大的权威,在西班牙语国家这类判决立法赋予其约束力,某些德国理论家甚至认为,这类案例能够创造一种习惯法规则,具有普遍约束力。(5)在整个大陆法系各国都有案例汇编,如法国不仅存在广泛的案例汇编体系,而且类似于普通法系……"②

所以,大陆法系的量刑模式在悄悄地发生变化,法律条文不再是法官定罪量刑的唯一参考,上级法院的判例也成为他们的重要指导。同时,在德国、意大利、法国、日本等国家法学院经典教科书中,无不充满了该国最高法院或某高级法院的判例。

---

① [美]约翰·亨利·梅利曼:《大陆法系》(第2版),顾培东、禄正平译,法律出版社2004年版,第86页。

② 朱景文:《比较法总论》,中国人民大学出版社2004年版,第184页。

这些判例通过教科书影响着未来的法官，使他们量刑时在潜意识中受到教科书中判例的影响，这一影响是无形的，但又是巨大的。

二、英美法系量刑模式

（一）英美法系量刑模式的内容

判例是英美法系（普通法系）主要的法的渊源。它与判例的运用方式——“遵循先例”的原则紧密相连。遵循先例，stare decisis，是一拉丁语名称，来源于拉丁语说 stare decisis et non quieta movere，意思是维护前例和不反对已经固定的观点。遵循先例有助于节省时间精力，提高对行为后果的预知性，也是对前辈法官的智慧和经验的尊重。

遵循先例的原则是一种传统，并非宪法、法律中的规定，或者法官宣誓就职时的誓言内容。法官审理案件、量刑时遵循先例的目的，在于防止任意作出判决，随意量刑。法官在寻找适合于某案件的判例时不得任意为之，他必须提出与该案件的案情、案由、量刑相同的判例。例如，一个法官遇到一个酒后神志不清而斗殴杀死人的案件时，他必须寻找一个类似的判例，即该判例必须符合这样的条件：酒后；神志不清；斗殴；将人杀死，判处 20 年监禁。法官的量刑必须完全符合上述条件方可加以援引。

（二）英美法系量刑模式简评

英美法系量刑中的遵循先例原则，并不意味着法院判决要遵循任何一个法院以前的判例，判例的法律约束力是有严格限制的。一般来说，在法院体系中，上级法院的判例对下级法院有拘束力，下级法院的判例对上级法院没有约束力。例如，英国的上议院是英国的最高上诉法院，它所做的判例对下级法院都具有约束力，高等法院、郡法院、治安法院在定罪量刑中都必须遵从，不得违背。在美国，联邦最高法院作出的判例对所有下级法院（含联邦上诉法院和联邦地区法院）也有约束力。

这种量刑模式从哲学上讲是从个别到个别的推理。判例法可比性强，为法官提供了一个具体感性的类比模板，易于效仿。法官在审判中，如果发现没有先例可以遵循，还可以根据法律的精神自己创造新的判例，这样新的法律也诞生了。这种模式能够有效适应社会发展趋势，有利于打击犯罪，保持罪刑相适应，有利于法制统一。但是，由于数百年的累积，判例多如繁星，这也给法官检索、审判带来诸多不便。

（三）英美法系量刑模式的变化

在英美法系下，遵循先例原则由于具有一定的保守性，它也在发生变化，虽然这种变化是细微的,但是对判决、量刑的影响都是巨大的。在英美法系下,下级法院通常要遵循上级法院的先例,但是同级法院或者同一法院的判例是否具有约束力?在英国,长期以来人们都认为,上议院的判例对自身亦有拘束力。1898 年,英国的上议院通过一个案件的判决确认了这一原则。1966 年,英国上议院大法官宣布了一个与此相反的政策:“上议院把运用判例视为决定什么是法和它在个别案件中的应用的不可分离的基础。它至少为人们提供了在他们的行为中能够依赖的某种程度的确定性,以及法律规则有秩序地发展的基础。然而上议院法官承认,太严格地遵循先例可能导致在特殊案件中的不公正,并且也导致对法的正当发展的不适当的限制。因此,上议院法官建议修改他们迄今的实践,在把上议院以前的判决看作具有规范约束力的同时,当背离以前的判决是正确时,就应采取这样的做法。这一声明无意反映除本院之外其他地方先例的运用”①。这就说明了英国上议院对这一原则坚定态度的变化。上议院法官在审判、量刑时可以做适当的调整。

同时遵循先例的原则自身的保守性也使法官在遵循先例的框架中发展了区别的技术,即对一个法官在审理案件的过程中如何运用以前的判例,遵循先例中的那些内容,以及如果该案与先例有矛盾如何处理的技术。这就使法官能够在先例不适应新变化的时候,或遵循先例量刑会明显导致案件的不公正时,能灵活地处理问题。

法官在量刑中处理案件与先例的关系时可能会出现以下情形:

1. 先例提供了明确合理的准则,合乎公正与效率,法官将无条件地适用先例。

2. 先例并不完全适用于该案件,在这种情况下,法官并非无所作为地屈从先例,他可以运用区别技术,缩小先例中规范性内容的适用范围,把这些内容视为前辈法官在判例中发表的个人见解,同时把前辈法官某些个人见解视为规范性内容。

3. 由于先例在现代看来已经十分过时,或者适用先例会造成明显的不公正,按先例量刑会畸轻畸重,这样法官即可充分发挥自己的主观能动性,不仅可以否定以前的判决,还可以自己创制新的判例。

当然,这种不遵循先例、否认先前判例的情形并不多见,据报道,美国联邦最高法院 1810 年至 1957 年期间否决自身判决也仅仅有 90 次。②

---

① Practile statement,1996,1W. L. R. 1234. 转引自朱景文:《比较法总论》(第 4 版),中国人民大学出版社 2019 年版,第 155 页。

② [美]阿伦·法恩慈沃思:《美国法律制度概论》,马清文译,群众出版社 1986 年版,第 80 页。

第四节　量 刑 趋 势

量刑是人类历史上的重要活动,其发展也有脉络可循,也遵循着一定的规律。

一、从神祇量刑到理性量刑

在人类社会早期,人们的知识比较贫乏,对神力的推崇远远超过人力。在当时人的观念中,有一个全能的神支配着人间的一切,能辨别人世间的真伪,会通过显灵、创造奇迹来保护一个人的权利,为人类伸张正义。这种现象在东、西方社会中均有体现,现在少数偏远地区仍保留着由神祇来决定是否科处刑罚的风俗。人们相信不需要神祇惩罚的人就会在各种活动中创造出奇迹,如不怕高温灼烫、不怕水淹、不怕凶残猛兽等。这种方法在人力不能实现司法公正的情况下,诉诸神祇就是当时人的一种合理选择。如果在神祇量刑中实现了司法公正,人们就将其归功于神,如果在量刑中造成了一定的"冤案",人们也无怨无悔。更为重要的是,由神祇量刑不管有没有在事实上实现司法公正,它都对刑事犯罪行为起到了一种威慑作用,使不法者不敢肆意妄为。由神祇量刑在更大程度上反映了当时人对司法公正的一种呼唤,是对原始正义的一种诉求。现代社会由神祇来决定是否量刑已经在法律上被废除,人类开始相信自己的理性,由人类理性决定是否对一个人量刑、对他施加何种刑罚、刑罚严重程度应如何。

二、自由刑之量刑由定期向不定期转换,再由不定期向定期转换

人类历史上最初对自由刑的量刑是定期的,即犯罪人自由被剥夺或者被限制的期限是确定的。但是随着人类学、犯罪学的发展,认为人是可以被改变的,无论其外在行为模式还是内在思维方法。犯罪人就像病人一样,他患的是不适应社会生活的疾病,他也是可以被医治的,医治一名病人并不能在一开始就确定疾病治愈的时间,医治时间应该由病人的身体反应来决定。对待犯罪人也是一样的,犯罪人如果在一开始就被确定自由刑的刑期有多长,而不考虑他的行为模式或者思维方法的变化,就等于一个病人住院之初就被确定了出院的时间,如果治疗非常有效,病人不能提前出院;如果治疗糟糕,即使没有痊愈也必须出院。所以,在19世纪的德国提出了不定期刑思想,19世纪70年代初至20世纪60年代末开展了不定期刑运动。在美国,"1876年纽约州通过的《爱尔密拉教养院法令》规定对青少年犯罪

(16~30岁)实行不定期刑,这被认为是第一个不定期刑的立法。此后不定期刑扩大到普通成年犯人。纽约州的做法很快被其他州仿效。到20世纪40年代,美国多数州都采用了这种量刑模式,到60年代末所有的州都广泛地实行了不定期刑量刑制度"①。量刑不定期化能够使大多数犯罪人接受比较理想的矫治,有利于犯罪人回归社会。

由于量刑不定期化赋予法官很大的自由裁量权,且在实际执行中作为配套,给予自由刑执行方同样的裁量权,使本来不精确的法院量刑与实际中的行刑也出现了巨大的轻重悬殊。这就造成一定的不公正,也容易产生权钱交易的空间。所以,在1975年前后美国又开始了量刑定期化改革。这场改革主要在于削减法官的自由裁量空间,使刑罚趋向合理,使量刑更加符合公正的要求。这种趋势中表现出来的是运用明确、精细的标准在犯罪与刑罚之间设立对应关系。保证犯罪人应服刑期长短在定罪时或定罪后不久就确定下来。②

三、以报应为基础,以预防为辅助的趋势

量刑中应该以报应为基础,即首先考虑犯罪人给法益造成的客观损害,犯罪行为严重的社会危害性。报应的本质在于公正,即罪有应得,只有立足于行为严重的社会危害性,行为给法益造成的客观损害,量刑才不会脱离基准,不会背离法律的公正。以牙还牙、以眼还眼的报应思想源于人类非理性的冲动,报应及其体现的公正固然重要,但不能成为量刑的唯一根据。量刑中必须考虑刑罚的预防功能,即刑罚的威慑与防止犯罪人再次犯罪的功能。

量刑是一个社会活动,它必然会对社会各种元素产生影响,量刑的公开进行对意图犯罪的人起到了威慑作用,进行了法制宣传,使人们不敢、不愿实施犯罪行为。量刑不能单纯为一般预防服务,否则将会因过度追求威慑力而导致刑罚不断走向严厉。所以,一般预防通常没有专门考虑的必要,为维护社会秩序或专门打击某一种犯罪而在量刑时追求重刑应当慎之又慎。

针对造成相同或相近客观损害的犯罪人,量刑时也应出于个别预防的要求,作

---

① 储槐植:《美国刑法》(第3版),北京大学出版社2005年版,第252页。

② 美国刑事诉讼程序中,定罪与量刑是分开的过程,且主体不同。定罪由陪审团确定,量刑的权力交由法官。陪审团如果对被告人作出有罪的裁决,轻罪案件中法官会当庭宣告刑罚。在重罪案件中,法官会进行量刑听证。量刑听证前法官会责成为法院工作的缓刑监督官准备一份有关犯罪人一切情况的量刑前调查报告,并在听证前进行审阅。听证时检察官可以提出量刑建议,辩护人可以提出减轻处罚的理由,被害人可以要求法官从重处罚犯罪人。充分听取意见后法官才作出量刑结论。参见马跃:《美国刑事司法制度》,中国政法大学出版社2004年版,第330~331页。

出不同的判决。针对具有不同人格的犯罪人，刑罚应作出不同反应，在量刑过程当中更应如此。

很多国家比较重视犯罪人的人格调查。1970年英国《治安法院(少年儿童)规则》第10条规定，法院必须考虑有关儿童或者少年的平常行为、家庭环境、学校档案和病史的资料，以便对案件作出最符合其利益的处理。在美国，量刑前的人格调查主要包括以下项目：(1)目前的罪行；(2)以前的犯罪史；(3)家史；(4)教育程度；(5)就业史；(6)兵役史；(7)目前经济状况；(8)医疗史；(9)心理与精神状态的评估。[①]《美国青少年教养法》的补充规定中，在确定刑罚前，要查明：少年的年龄和社会背景；被指控罪行的性质；少年过去的违法经历的程度和性质，少年现在的智力发展和思想成熟状况；过去为治理而进行的努力的性质和少年对这种努力的反应等。

《意大利刑法典》第133条规定了法官在量刑过程中进行自由裁量时，应当根据下列情况认定犯罪的严重程度：(1)行为的性质、类型、手段、对象、时间、地点和其他方式；(2)对犯罪被害人造成的损害或者危险的程度；(3)故意或过失之程度。法官还应当根据下列情况认定犯罪人的犯罪能力：(1)犯罪的原因和犯罪人的特点；(2)刑事处罚前科，尤其是犯罪人在犯罪前的品行和生活；(3)犯罪时的品行或者犯罪后的品行；(4)犯罪人所处的个人、家庭和社会生活环境。《德国刑法典》第46条规定了法院在量刑时的基本原则，行为人的犯罪动机和目的，特别是种族、仇外或其他蔑视人性的，行为所表露的思想和行为时的意志，违反义务的程度，行为的种类与可归咎的行为影响，犯罪人的过往生活，犯罪人人格与经济关系以及犯罪表现，尤其是为了补救损失所作的努力以及为与被害人和解进行的努力。《日本少年法》第9条规定，家庭裁判所考虑对该少年应当审判时，应对案件进行调查，在调查时，务必调查少年、监护人或者有关人员的人格、经历、素质、环境……《俄罗斯联邦刑法典》(2003年修订)第89条第1款规定，在对未成年人处刑时，除应考虑本法典第60条所规定的情节外，还应考虑其生活和教育条件、心理发育水平、其他个人特点，以及年长的人对他的影响。联合国大会通过的《公民权利和政治权利国际公约》第14条第4款规定，对少年的案件，在程序上应考虑到他们的年龄和帮助他们重新做人的需要。对犯罪人尤其是少年犯的人格关注成为量刑时重要的考量因素。

---

① 参见[美]杜菲：《美国矫正政策与实践》，吴宗宪等译，中国人民公安大学出版社1992年版，第197页。

量刑时对犯罪人的人格调查,有利于刑罚目的的实现,因为刑罚之外的教育、引导等相对温和的方式能使犯罪人更加顺利地回归社会。

思考题

1. 简述量刑的概念及特征。
2. 简述量刑原则及其种类。
3. 我国法院系统的量刑方法有哪些?
4. 简述大陆法系量刑模式内容及其评价、发展。
5. 简述英美法系量刑模式内容及其评价、发展。
6. 量刑趋势有哪些?
7. 试述你对我国量刑听证制度的构想。

第十四章 量刑制度

第一节 累犯制度

一、累犯的概念与分类

（一）累犯的概念

累犯是指因犯罪被判处一定刑罚，刑罚执行完毕或者赦免以后在法定期限内又犯一定之罪，因而依法加重其刑罚的情形。犯罪人曾受刑罚惩罚，特定时间以内又实施性质、危害严重的犯罪行为，体现了很大的人身危险性。对这类犯罪人，需通过从重量刑，实施更长时间的监禁隔离或者更丰富的针对性教育措施，以达到预防犯罪的目的。

“累犯”一词具有双重含义。首先，它是指量刑制度或者称为量刑情节，系一种特定的再次犯罪的事实，如本节所称的累犯制度。犯罪人因具备累犯的量刑条件，会因此被从重量刑、从严减刑、失去假释的机会等。其次，它是指特定的再次犯罪的行为人，如我国《刑法》第65条规定，被判处有期徒刑以上刑罚的犯罪分子，刑罚执行完毕或者赦免以后，在5年以内再犯应当判处有期徒刑以上刑罚之罪的，是累犯。此处累犯与初犯相对应，是指犯罪人。

（二）累犯的分类

1. 根据成立条件的不同，可以将累犯分为一般累犯与特别累犯。所谓一般累犯，是指前罪与后罪的犯罪性质不相同的累犯，如前罪为抢劫罪，而后罪为故意杀人罪。特别累犯，是指前罪与后罪的犯罪性质相同或者属于同一类别的累犯，如前罪为盗窃罪，后罪亦为盗窃罪，或者前罪为间谍罪而后罪为为境外窃取国家秘密罪等。

2. 从不同学科角度，可以将累犯划分为刑法学意义上的累犯与犯罪学意义上的累犯。前者是指受过刑罚处罚的人再次犯罪；后者是指重新犯罪的人，即多次实施某种、某类或各种犯罪的人，至于行为人是否受过刑罚处罚在所不问。

3. 根据1955年在伦敦召开的第三届国际犯罪学研讨会的研究报告，累犯可以分为两类：一类为因实施刑法所禁止的行为而曾受过一定刑罚处罚而又重新犯罪者（严格意义的累犯）；另一类为因实施刑法所禁止的行为而曾受过一定刑罚处罚而处于“危险状态”，有重新违法犯罪的倾向者（泛化意义的累犯）。由此可见，所谓的“泛化意义的累犯”实际上是在“严格意义的累犯”基础之上，将“有重新违法犯罪的倾向”等个体、主观因素纳入累犯制度的评价范围之内。因此，这种分类方法与国内学界所主张的“行为中心论的累犯概念与行为人中心论的累犯概念之二分法”是一致的。①

二、累犯的成立条件与处罚原则

（一）累犯的成立条件

关于适用累犯制度的具体条件，各国制刑规定不尽相同，但是大体都要求具备以下两个方面的条件。

1. 罪刑条件

通常各国刑法要求行为人所犯的前罪与后罪都是比较严重的犯罪才能成立累犯。例如，《瑞士联邦刑法典》（2003年修订）第67条规定，累犯的前、后罪的刑度条件均为重惩役或监禁刑。《日本刑法典》（2017年修订）第56条规定，成立累犯要求前罪被判处惩役，后罪也应被判处有期惩役。我国《刑法》第65条也有类似之规定，要求“被判处有期徒刑以上刑罚的犯罪分子，刑罚执行完毕或者赦免以后，在五年以内再犯应当判处有期徒刑以上刑罚之罪的”，才能成立累犯。但是也有国家对于累犯前、后罪的严重程度不作要求，从而使累犯的范围非常广泛，如《意大利刑法典》（2006年3月修订）第99条规定，在因某一非过失犯罪受到处罚后又实施犯罪者，即成立累犯。至于前、后罪的犯罪性质、严重程度、所处刑罚等，并无要求。

需要说明的是，对于累犯前、后罪的主观方面的罪过形式，除1996年《俄罗斯联邦刑法典》第18条、《意大利刑法典》（2006年3月修订）第99条以及我国《刑法》等少数立法例要求前、后罪均为故意犯罪之外，大多数国家的刑法并没有对此作出特别限制。例如，《日本刑法典》第56条第1款就只规定“五年内再犯罪”，并没有说明是再故意犯罪还是过失犯罪，这就意味着前、后罪都是过失犯罪的也可以成立累犯。没有规定前、后罪均需要为故意犯罪，将会产生扩大累犯范围的效果。

---

① 马克昌主编：《刑罚通论》，武汉大学出版社1999年版，第402～407页。

2. 时间条件

在时间条件方面，成立累犯，后罪必须发生在前罪被判处刑罚后的一定期限内。这个条件的适用涉及两个具体问题：一是该期限以何时为计算起点。有的国家规定只要后罪发生在前罪判决确定后，即可构成累犯（判决确定主义），如法国、俄罗斯、意大利。有的国家规定在前罪刑罚执行过程中再犯新罪，即可构成累犯（执行开始主义），如瑞士。还有的国家规定，只有在前罪刑罚执行完毕或者免除后再犯罪的，方可成立累犯（执行完毕主义），如日本、韩国。我国的累犯制度亦采用执行完毕主义。二是该期限的长短如何规定。有的国家对于期限不予限制，只是将其作为加重刑罚幅度的依据来处理，如意大利。有的国家是规定统一的期限，如韩国规定为 3 年，瑞士、日本、中国规定为 5 年，土耳其规定为 10 年。有的国家以前罪的前科消灭期限作为前后之罪的时间距离，即在前罪的前科消灭前犯新罪的，才能构成累犯，如俄罗斯。有的国家则区别不同情况，予以分别对待，如 1994 年《法国刑法典》根据前后所犯之罪是重罪、轻罪或违警罪，将前后之罪的时间距离分别规定为 10 年、5 年、1 年期限内。①

（二）累犯的处罚原则

累犯较之初犯和其他类型的犯罪人，具有更大的人身危险性，因此将累犯作为加重处罚的事由，就成为各国制刑的通例，但是其具体的加重方式则并不相同。

概括起来主要有两种代表性方式：一是将法定刑提高一定的倍数或者比例予以适用，如《日本刑法典》第 57 条规定，累犯的刑罚是对其犯罪所规定的惩役的最高刑期二倍以下。二是明确规定适用较重的刑罚。例如，《法国刑法典》第 132－8 条规定：自然人因重罪或因法律规定当处 10 年监禁刑之轻罪已经最终确定判决，再犯重罪者，如法律对该重罪所定最高刑为 20 年或 30 年，应受之最高刑为无期徒刑或终身拘押；如该重罪最高刑为 15 年，应受之最高刑加至 30 年徒刑或 30 年拘押。根据我国《刑法》第 65 条的规定，累犯的处罚原则为“应当从重处罚”，即必须对其适用较重的刑罚或较长的刑期。我国对于累犯不得适用缓刑和假释。

三、我国累犯制度评价

我国累犯制度的渊源，是《尚书·舜典》中记载的虞舜中期后的“怙终贼刑”。虞舜中期前，犯罪者多被判死刑或刖目、截足，重复犯罪现象基本没有或甚少。及至虞舜中期以后，皋陶改革刑制，废除由死刑、刖目和截足组成的刑罚体系，重复犯罪

① 马克昌主编：《外国刑法学总论》，中国人民大学出版社 2009 年版，第 447 页。

现象逐渐出现并增多,才有"怙终贼刑"的规定。由此可见,人类社会先有了重新犯罪现象,然后才有累犯制度的规定。

社会重新犯罪态势的变化也影响着累犯制度内容的变迁。法律的变迁总是深受社会变迁的影响,并落后于社会的变迁。累犯制度内容的变化,在一定程度上也受社会再犯罪现象变化的影响。以 19 世纪末 20 世纪初西方国家累犯制度的变化为例,进入 19 世纪中叶以后,资本主义发展到帝国主义阶段,社会矛盾激化,犯罪数量尤其是累犯数量剧增。这种重犯现象不断增长的局面,证明了原有累犯制度的苍白无力,导致了累犯制度由累犯行为中心论转向累犯人中心论,并改变了累犯的处罚原则,即由单纯的加重刑罚转为刑罚与保安处分并科的二元主义或保安处分替代刑罚的一元主义。由此可以看出,累犯制度的产生以重新犯罪现象的出现为前提条件,并且其内容在一定程度上受重新犯罪态势变化的影响。

我国 1997 年对 1979 年《刑法》规定的累犯制度做了较大的修改,具体表现为将累犯前、后罪的时间间隔由 3 年改为 5 年,适当扩大了累犯的范围;把以前的反革命累犯改为危害国家安全罪累犯,符合国内形势变化的需要和制刑发展趋势;坚持了原有的累犯从重处罚原则和累犯不得缓刑的规定,加强了对累犯人身危险性和刑罚对累犯矫正改善的关注。

2011 年《刑法修正案(八)》对累犯制度进行修改,增加了不满 18 周岁的人犯罪除外之规定。原有条文对累犯主体未作特殊要求,因此未成年人再次犯罪,符合累犯成立条件的,也可认定为累犯,不但从重处罚,且不得适用缓刑和假释。原规定把未成年人作为累犯主体,没有充分考虑未成年犯罪人的心理、生理特点,有违我国对未成年人特殊保护的立法精神。因此,修订时将未成年人排除出累犯范围,符合累犯制度的设立目的。

现实中,累犯制度仍然有值得讨论的空间,如关于累犯不得假释的规定等。

第二节 自首和坦白制度

一、自首制度

(一)自首的概念与成立条件

1. 自首的概念

自首是指犯罪以后自动投案,如实供述自己的罪行的行为。这是自首的通常形态。除此之外,还有以自首论的特殊自首,根据我国《刑法》第 67 条第 2 款的规定，被采取强制措施的犯罪嫌疑人、被告人和正在服刑的罪犯，如实供述司法机关还未掌握的本人其他罪行的行为，是特殊自首。

2. 自首的成立条件

在理论上，自首的成立通常应当具备以下两个条件：(1)在犯罪被发觉之前自动投案。所谓“犯罪被发觉之前”，既可以是犯罪事实被发觉之前，也可以是犯罪事实已经被发觉但是犯罪人尚未被发觉之前。(2)自发地承认犯罪行为。行为人将自己实施的犯罪事实如实地向侦查机关进行报告。

我国的自首制度可分为一般自首与特殊自首两种类型。一般自首的成立应具备两个条件：(1)犯罪以后自动投案；(2)如实供述自己的罪行。成立特别自首也要求两个条件：(1)主体必须是被采取强制措施的犯罪嫌疑人、被告人和正在服刑的罪犯；(2)必须如实供述司法机关还未掌握的本人其他罪行。

(二)自首的处罚原则

对于自首的犯罪人，世界各国刑法均无例外地采取从宽处罚的原则。但是对于如何从宽处罚的问题，各国的规定并不一致，主要包括两种模式：绝对从宽主义和相对从宽主义。

绝对从宽主义，也称必减主义，即不问自首罪行的性质、危害程度以及自首的原因、悔改程度，一律予以从轻、减轻处罚。此类立法中通常以“应当”或者“必须”来表述这种绝对的、刚性的规定，审判人员没有自由裁量的余地。例如，《格陵兰刑法典》第88条规定：“罪犯自首并彻底坦白者，应酌情减轻。”朝鲜、蒙古国、法国、巴西等均采用此种模式。

相对从宽主义，又称为得减主义，即对自首的犯罪人是否从轻、减轻处罚，要由审判人员根据自首罪行的性质、危害程度，结合犯罪人自首的原因、悔改程度等因素进行具体分析，并决定是否予以从轻、减轻处罚。立法中通常以“可以”或者“得”来表述这种相对的、授权性的规定。例如，《日本刑法典》第42条规定：“犯罪者在侦查机关发觉之前而自首者，得减轻其刑。”

我国自首的处罚原则经历了相对从宽主义结合绝对从宽主义向相对从宽主义的转变。《刑法修正案(八)》之前，相对从宽包含两种情况：(1)对于自首的犯罪分子，可以从轻或者减轻处罚；(2)犯罪较轻的，可以免除处罚。绝对从宽是结合重大立功考量：犯罪后自首又有重大立功表现的，应当减轻或者免除处罚。2011年《刑法修正案(八)》生效之后，删除了犯罪后自首又有重大立功绝对从宽的规定。

(三)自首制度评价

自首制度在刑罚的适用中具有重要的意义。首先，它有利于迅速侦破刑事案件，提高破案效率，降低国家打击犯罪的成本，从而提高司法效率，及时惩治犯罪，提高刑罚在预防犯罪和保卫社会中的作用。其次，它有利于分化瓦解犯罪势力，及时查处共同犯罪案件和摧毁犯罪集团。无论是一般自首还是特殊自首，共同犯罪中的犯罪人首先如实供述司法机关未掌握的罪行，能够获得更多从宽的机会。其他共同参与人，在之后供述的，有可能变成坦白，获得从宽的机会减少。最后，它能感召犯罪人主动投案，激励犯罪人悔过自新。

需要注意的是，自首行为产生的有利于国家、社会的结果并没有降低自首者犯罪行为本身所产生的社会危害。自首行为具有应予肯定的价值，但自首毕竟是犯罪后行为，它只能在一定程度上降低犯罪行为在事后对社会产生的影响。对于自首犯从宽处罚的考量，主要在于自首行为所反映出的自首者人身危险性的降低。因此，对自首者从宽处罚的幅度，应当受到犯罪行为轻重和刑罚目的实现需要的双重制约。

二、坦白制度

（一）坦白的概念与成立条件

1. 坦白的概念

坦白，指的是犯罪嫌疑人、被告人在其罪行被司法机关或者有关组织发现后，被传唤、讯问时，或被采取调查措施、强制措施后，或者在法庭审理过程中，如实供述自己罪行的行为。

2. 坦白的成立条件

坦白与自首相比，成立的条件相对较为宽松，即“如实供述自己罪行”。

犯罪嫌疑人或者被告人在交代罪行过程中，如果刻意隐瞒主要犯罪事实或者关键证据，避重就轻或大包大揽，逃避刑罚惩罚，则不能认定坦白，不可以适用从轻或者减轻处罚。

（二）坦白制度的处罚原则

我国刑法中对坦白规定了两档处罚原则。普通坦白的，可以从轻处罚。因坦白避免特别严重后果发生的，可以减轻处罚。需要注意，坦白的从轻或者减轻处罚是法定酌定量刑情节，法官既可以从轻也可以不从轻，既可以减轻也可以不减轻。

（三）坦白制度评价

“坦白从宽、抗拒从严”是我国一项长期的刑事司法政策，这项人所熟知的政策很长一段时间没有写进刑法或者刑事诉讼法。无论是1979年《刑法》还是在1997年进行修订中，坦白从宽都没有成为正式的法律渊源。由于坦白从宽没有法律依据,只能成为法官量刑时的一项酌定从宽情节。实践中出现了让犯罪嫌疑人、被告人都认可的“坦白从宽,牢底坐穿;抗拒从严,回家过年”的怪象,这是一种因制刑不完善而导致的司法悖论。如果本人抗拒调查,拒不供述,可能出现因没有充分证据不能移交审查起诉、存疑不起诉、证据不足做无罪处理等犯罪嫌疑人、被告人希望的结果。但是一旦坦白,很有可能因坦白而重判。这导致罪犯缺乏坦白的功利动因,也是对司法公正性的无形伤害。

坦白正式成为一种量刑制度,始于2011年《刑法修正案(八)》生效。“犯罪嫌疑人虽不具有前两款规定的自首情节,但是如实供述自己罪行的,可以从轻处罚;因其如实供述自己罪行,避免特别严重后果发生的,可以减轻处罚。”

坦白是自首行为的降维形式,主要区别在于自动投案与否。坦白者相对于自首者,人身危险性更高一些。同自首一样,坦白有利于节约司法资源,提高案件侦办效率,减轻司法机关负担,集中更多力量解决疑难案件。坦白表明罪犯同司法机关采取了非对抗态度和行为,认识到自己的行为给社会、被害人带来的危害,有悔罪的表现,有利于未来接受刑罚惩罚的同时自我矫正。

第三节 立功制度

一、立功的概念

立功是指犯罪分子揭发他人犯罪行为,查证属实的,或者提供重要线索,从而得以侦破其他案件的行为。立功能够使犯罪人获得奖励:有一般立功表现的,可以从轻或者减轻处罚;有重大立功表现的,可以减轻或者免除处罚。

二、立功的条件

(一)一般立功的条件

1. 主体条件

立功的主体是犯罪分子,犯罪分子不局限于犯罪嫌疑人,也包括正在接受审判的被告人和正在服刑的罪犯。

2. 时间条件

立功是对犯罪分子实施犯罪行为之后的表现进行评价。犯罪分子在犯罪之前给国家、社会等作出的贡献,作出有利于侦破案件等有益行为的,不能成为立功的条件,否则将出现适用刑法不平等现象。立功不是必须在到案后检举揭发他人犯罪行为等才能成立,在到案前也可以成立立功。例如,某犯罪分子通过电话向公安机关投案自首,同时告知杀自己的人将在半小时后到达自己藏身之处,公安机关设伏抓获故意杀人的犯罪嫌疑人,同时将自首的犯罪分子抓获归案。该举报他人杀自己的行为完全可以构成立功。

3. 行为条件

根据我国的法律法规,立功需要具备法定的行为表现,主要包括五种行为。

第一,检举、揭发他人犯罪行为,包括共同犯罪案件中的犯罪分子揭发同案犯共同犯罪以外的其他犯罪,经查证属实,据以立功的他人罪行材料应当指明具体犯罪事实,经侦查机关或者其他机关认定对侦破案件有价值的。如果犯罪分子揭发他人犯罪行为时没有指明具体犯罪事实的,或者揭发的犯罪事实与查实的犯罪事实不具有关联性的,不能认定立功。

第二,提供侦破其他案件的重要线索,经查证属实。立功必须是犯罪分子本人实施的行为。对于线索来源,司法解释做了排除性规定。犯罪分子通过贿买、暴力、胁迫等非法手段,或者被羁押后与律师、亲友会见过程中违反监管规定,获取他人犯罪线索并"检举揭发"的,不能认定为有立功表现。犯罪分子将本人以往查办犯罪职务活动中掌握的,或者从负有查办犯罪、监管职责的国家工作人员处获取的他人犯罪线索予以检举揭发的,不能认定为有立功表现。犯罪分子亲友为使犯罪分子"立功",向司法机关提供他人犯罪线索、协助抓捕犯罪嫌疑人的,不能认定为犯罪分子有立功表现。

第三,阻止他人犯罪活动。阻止他人犯罪活动,通常发生在羁押场所,如在看守所阻止了他人的脱逃行为,制止了他人的故意伤害、故意杀人行为等。犯罪分子以自己的力量协助维护羁押场所秩序,制止犯罪活动本身将承担一定风险,应该予以从宽量刑。在监狱制止他人犯罪活动,因量刑已经完毕,可以成为减刑的条件。

第四,协助司法机关抓捕其他犯罪嫌疑人(包括同案犯)。其包括但不限于下列行为:其一,按照司法机关的安排,以打电话、发信息等方式将其他犯罪嫌疑人(包括同案犯)约至指定地点的;其二,按照司法机关的安排,当场指认、辨认其他犯罪嫌疑人(包括同案犯)的;其三,带领侦查人员抓获其他犯罪嫌疑人(包括同案犯)的;其四,提供司法机关尚未掌握的其他案件犯罪嫌疑人的联络方式、藏匿地址的,等等。需要注意的是,犯罪分子提供同案犯姓名、住址、体貌特征等基本情况,或者提供犯罪前、犯罪中掌握、使用的同案犯联络方式、藏匿地址,司法机关据此抓捕同案犯的,不能认定为协助司法机关抓捕同案犯。

第五,具有其他有利于国家和社会的突出表现的,应当认定为有立功表现。在量刑前,在抗御自然灾害、排除重大事故、抢险救灾、发明创造等方面有突出表现的,可以认定立功。

(二)重大立功的条件

重大立功的条件与一般立功的条件基本相同,差异在于贡献的重大性。根据司法解释,犯罪分子有以下行为应当认定为有重大立功表现:检举、揭发他人重大犯罪行为,经查证属实;提供侦破其他重大案件的重要线索,经查证属实;阻止他人重大犯罪活动;协助司法机关抓捕其他重大犯罪嫌疑人(包括同案犯);对国家和社会有其他重大贡献,等等。重大犯罪、重大案件、重大犯罪嫌疑人的标准,一般是指犯罪嫌疑人、被告人可能被判处无期徒刑以上刑罚或者案件在本省、自治区、直辖市或者全国范围内有较大影响等情形。

三、立功制度评价

我国立功制度有着强烈的本国特色,是我国宽严相济的刑事政策在刑罚适用中的具体体现,是我国传统法律文化在现代刑罚裁量体系中的延续。立功制度及立功从宽处罚的原则,具有重要的意义。

1. 立功制度有利于犯罪人以积极的态度协助司法机关工作。积极检举、揭发他人犯罪行为,提供对侦破案件有价值的重要线索,能够有效地提高司法机关办理刑事案件的效率,充分地实现刑罚打击犯罪、保护人民的目的。

2. 立功制度能够瓦解犯罪势力。犯罪分子之间往往存在一定联系,互相掌握了他人犯罪的情况,通过立功制度,能够促使其他犯罪分子及早归案,减少因犯罪而给社会带来的不安定因素。

3. 立功制度有助于通过对犯罪人立功从宽处罚的客观效果,激励其改过自新、弃恶从善,从而使刑罚的改造功能得以顺利发挥。立功制度除有功利主义的考量之外,还包含对罪犯真诚悔过的要求。如果通过非正常途径获得犯罪的线索,即使对破案有一定帮助,也不予以认定立功,这是为了杜绝犯罪分子的侥幸心理、投机心理等。

4. 立功制度是我国宽严相济刑事政策的一种体现。我国首任公安部部长罗瑞卿在《我国肃反斗争的主要情况和若干经验》中指出:“惩办与宽大相结合的政策,它的具体内容就是‘首恶必办,胁从不问,坦白从宽,抗拒从严,立功折罪,立大功受奖’。”立功赎罪制度早在我国新民主主义革命时期所颁布的刑事法律中就有体现,这也是立功制度的萌芽,发展到 1979 年《刑法》生效,立功制度作为一种在中国普遍适用的法律制度得以最终确立。惩办与宽大相结合的刑事政策与宽严相济的刑事政策是一脉相承的,因此我国刑罚适用中的立功制度也体现了宽严相济刑事政策的基本精神。

第四节　数罪并罚制度

一、数罪并罚制度的特征

数罪并罚是指法院对犯罪人在法定期限内所犯数罪分别定罪量刑之后,依照法定的原则和方法,决定应予执行刑罚的一种刑罚裁量制度。

数罪并罚制度具有以下基本特征:

(一)行为特征,一人犯有数罪

数罪并罚的前提条件是一人犯数罪,如果是实质的一罪、法定的一罪或者是处断的一罪,在刑法上都做一罪处理,判决时按照一个罪处理,没有讨论并罚的必要。“一人”,既可以是单独犯罪的行为人,也可以是共同犯罪中的某一行为人。“数罪”是指数个独立的罪(实质上的数罪),或者数个非实质数罪,或者独立的罪与非实质数罪(如一个独立的犯罪与一个非实质数罪)。“独立的罪”是指不依附于其他罪而独立存在的犯罪。“非实质数罪”则是根据罪数理论,将一行为或者数行为在制刑中规定为一罪或者在量刑时按照一罪处理的情形,如继续犯、想象竞合犯、连续犯、牵连犯等。此外,“数罪”应当作广义的理解,就罪过形式和犯罪形态而言,既可以是故意犯罪,也可以是过失犯罪;既可以是单独犯罪,也可以是共同犯罪;既可以是犯罪的完成形态(既遂),也可以是犯罪的未完成形态(预备、未遂或者中止)。

(二)时间特征,数罪发生在法定的期限之内

此项特征决定了数罪并罚成立的时间范围。这就意味着虽然一人犯有数罪是适用数罪并罚的前提,但是其结果并非必然是数罪并罚。只有依据一定准则选择确定的数罪才能纳入数罪并罚的范畴。

我国刑法规定三种时间条件下需要数罪并罚:(1)判决宣告以前一人犯数罪的。这是数罪并罚的典型情况。(2)判决宣告以后,刑罚执行完毕以前,发现被判刑的犯罪分子在判决宣告以前还有其他罪没有判决的。这是刑罚执行完毕以前发现漏罪的情况。(3)判决宣告以后,刑罚执行完毕以前,被判刑的犯罪分子又犯罪的。这是刑罚执行完毕以前发现新罪的情况。

如果刑罚执行完毕之后发现漏罪的,若对漏罪没有超过追诉时效的,则对漏罪进行追诉,定罪量刑执行刑罚,不得与前罪数罪并罚。如果刑罚执行完毕之后再犯

新罪的，对新罪进行追诉，定罪量刑执行刑罚，不得与前罪数罪并罚。因为刑罚执行完毕后，国家失去对前罪的刑罚权，不能再次进行评价。

（三）规则特征，数罪并罚应遵循法定的方法

此项特征要求对于依法需要进行并罚的数个犯罪，不能采用“估堆”的方法将其作为一个整体进行笼统的、综合的判断，而是应当在对数罪分别定罪量刑的基础上，依照刑法规定的原则和方法决定应当执行的刑罚。即使有一个或者数个罪名应该被判处死刑或者无期徒刑，同样应该对其他行为定罪量刑，最终决定执行死刑或者无期徒刑。对附加刑也是如此。

刑罚执行期间发现漏罪的，应当对新发现的漏罪作出判决，实行先并后减原则，把前后两个判决所判处的刑罚并罚。对刑罚执行期间犯新罪的，应当对新犯的罪作出判决，实行先减后并原则，把前罪没有执行的刑罚和后罪所判处的刑罚并罚。先减后并原则显然在执行中会更严厉，犯罪人将会被执行更长的刑期，且已经执行的刑期越长，并罚后实际执行的刑期越长。

二、数罪并罚的原则

（一）并科原则

并科原则是指对被告人所犯各罪分别作出宣告刑，而且全部合并加以执行的处罚规则，又称相加原则、累加原则或合并原则。该原则基于罗马法“刑罚应与犯罪之数相称”的传统而来。它体现了“每罪必罚”“一罪一刑”“数罪数罚”思想的古老的数罪并罚原则，在某种程度上实为报应刑的产物。并科原则在具体适用方法上又可分为三种：一是将数罪的宣告刑绝对相加，合并执行，不加任何限制；二是在将数罪的宣告刑绝对相加的基础上，执行刑酌减；三是在并科执行的基础上，又规定了执行刑期的上限。

在英美法系中，将数罪以多数之刑罚并科处理为理所当然，因而数罪虽然同时受审判，也应当分别确定其刑罚。换言之，英美法系对于数罪采取并科主义以确定应执行之刑。但是数罪并罚的方法比较特别，其采用的方法是同时执行和连续计算。同时执行可理解为通常而言的并科，而实际效果却相当于吸收，但理论上不是吸收，在计算前科数目或改判、减刑时，也与吸收有别。因为数个判决在相同时间和地点同时执行，很显然执行完最长一个，短的判决自然也执行完毕。连续计算与相加一样，即罪犯需执行数个判决相加后的总和刑期。但是，连续判决在判决中并不相加，仅仅为一个一个独立的刑期，而不是一个最后的总刑期。罪犯在执行中，也不是执行一个总刑期，比如被告人被判处了三个为期 10 年而总和刑期为 30 年的刑

罚,就应当执行三个10年的判决,并且应当一个接一个执行。行刑机关也不计算总刑期,只按判决书的顺序,告诉罪犯目前正执行哪个罪的刑期。当发生减刑、改判时,都按每个罪单独进行,互不混淆。

并科原则对于处理主刑与附加刑以及不同种类附加刑之间的并罚是妥当的。但是它也具有相当的局限性,表现在:一是对于多个有期徒刑而言,绝对相加的结果往往会表现得过分严苛;二是过长的刑期能体现刑法的评价作用,无法实现真正的惩罚效果;三是对于死刑、无期徒刑而言无法适用。

(二)吸收原则

吸收原则是指对一人所犯数罪采取重罪吸收轻罪或者重罪刑吸收轻罪刑的处罚规则。从理论上讲,吸收原则具体又可分为以下三种原则:一是犯罪吸收主义,即在所犯各罪中选择危害性最严重之一罪加以论处后,其余危害性较轻之罪即不必再论处;二是法定刑吸收主义,即在所犯各罪中选择法定本刑最高之罪加以论处后,其余法定本刑较低之罪即不必再论处;三是宣告刑吸收主义,即在所犯各罪之法官宣告刑最重之一罪加以论处后,其余宣告刑较轻之罪则不必再论处。

采用吸收原则,对于死刑、无期徒刑等刑种的合并处罚是妥当的,但是对于有期徒刑、财产刑而言则存在弊端,体现在:一是犯数罪与犯一罪,处罚的结果可能是相同的,因而有违罪刑均衡原则;二是客观上轻纵甚至鼓励已犯重罪之行为人多犯罪,尤其是多犯轻罪,不利于刑罚预防目的的实现。

(三)限制加重原则

限制加重原则,指的是以数罪中的最高刑罚为基础,再加重一定的刑罚,作为执行的刑期,或者在数刑的合并刑期以下,依法酌情决定执行的刑期。限制加重原则可以进一步分为加重单一刑和加重综合刑。所谓加重单一刑,是指首先确定加重的处断刑,然后在处断刑的范围内确定执行的刑罚。例如,《日本刑法典》第47条(有期惩役及监禁之加重)规定:合并罪中有两个以上之罪处有期惩役或监禁者,以其中最重罪所定刑期上限加重二分之一作为其刑期上限。但不得超过各罪所定刑期上限之总和。采取加重单一刑原则,并不需要对每一个犯罪分别量刑。所谓加重综合刑,是指对数罪都分别量刑,然后在总和刑期内,根据一定的规则,再确定应当执行的刑期。例如,《德国刑法典》第54条规定:并和刑罚不允许达到单个宣告刑罚的合计数。有期徒刑不得超过15年,财产刑不得超过行为人财产的价值,罚金刑不得超过720日额;并和刑罚是由有期徒刑和罚金刑形成的,在确定单个宣告刑的合计数时,一个日额等同于一日的自由刑。

我国《刑法》第69条的规定也属于加重综合刑原则,即除判处死刑和无期徒刑以外，应当在总和刑期以下、数刑中最高刑期以上，酌情决定执行的刑期，但是不能超过法定的最高限度。

（四）折中原则

此乃综合兼采以上三种原则，视所犯各罪之性质、种类等不同，而分别采取适当合并处罚的原则。由于该原则取长补短，适用面广，目前世界上大多数国家和地区法律均采用该原则。

我国采用折中主义，即根据《刑法》第 69 条之规定，数罪中有一罪被判处死刑或者无期徒刑的，采取吸收原则；数罪分别被判处有期徒刑、拘役、管制的，采取限制加重原则；如果数罪中有判处附加刑的，采取并科原则，即附加刑仍须执行。被判处多个罚金刑的，也应被合并执行。

三、数罪并罚制度评价

不同国家之间的差异，从某种意义上讲可以归结为制刑技术上的差异，但是仅仅停留在这个认识层面上是远远不够的，这种制度上的差异仍应从不同的刑罚理念中寻求答案。近代刑罚理论发展受犯罪学影响至深，刑罚的目的也不再简单地被视为报应，预防则成为重要的内容，数罪并罚制度的演变也毫不例外地受到这种影响。

从坚持罪刑绝对等价的并合主义的并罚原则到注重犯罪人矫正教育的吸收原则、限制加重原则的发展，其间犯罪学理论影响十分明显。这一点可以从数罪并罚制度历史发展中得到证明。

（一）确立数罪并罚制度，是准确适用刑罚的客观需要

一人犯数罪的情况是普遍存在的，是司法机关在办案工作中经常面对的问题，只有明确规定数罪并罚的成立条件、适用原则和方法，才能保证量刑中对犯罪人判处适当的刑罚，并且使刑罚执行机关能够准确执行对犯罪人所宣告的刑罚。

（二）确立数罪并罚制度，是罪刑均衡原则的必然要求

量刑的依据是犯罪行为的社会危害性和犯罪人的人身危险性。一般来说，一人犯数罪与一人只犯一罪相比较，无论在行为的社会危害性方面，还是在行为人的人身危险性方面都要大得多。在行刑期间再次犯新罪，更是体现了对刑罚、法律的敌视。对于犯有数罪的行为人理应予以更加严厉的否定性评价和法律制裁，数罪并罚即体现了这一精神，即使是在数罪中最高刑为无期徒刑或死刑而只执行一个无期徒刑或死刑时，对其所犯的数罪分别定罪量刑也表明了社会和法律对其的谴责力度要大于只犯一罪的犯罪人。

（三）确立数罪并罚制度，是实现刑罚目的的必然要求

从辩证法的角度分析，犯罪是对正常社会秩序的否定，刑罚则是对犯罪的否定之否定。通过这种否定之否定的过程，表达社会正义观念，恢复社会正常秩序。如果没有数罪并罚制度，对犯一罪的人与对犯数罪的人在处罚上不作区别，既不能实现恢复社会正义的目的，导致犯罪行为给社会造成的危害与犯罪人因犯罪所受的惩罚明显失衡；也不能实现预防犯罪的刑罚目的，从某种意义上说是"鼓励"已经实施了犯罪行为的人继续危害社会，对其他公民也起不到震慑、教育的作用。即使对一人犯数罪的实行并罚，如果没有法律的明确规定、没有先进的原则和科学的方法指导，也势必导致定罪不准，量刑失当，同样不能实现适用刑罚的目的。[①]

思考题

1. 累犯的概念是什么？
2. 成立累犯的条件有哪些？
3. 如何评价我国的累犯制度？
4. 数罪并罚的概念是什么？具有哪些特征？
5. 数罪并罚的原则有哪些？
6. 确立数罪并罚制度的意义何在？
7. 自首的成立条件通常有哪些？
8. 应当如何评价自首制度？
9. 我国的立功制度具有哪些重要的意义？

① 马克昌主编：《刑罚通论》，武汉大学出版社 1999 年版，第 472～473 页。

第十五章　刑罚的执行

第一节　行 刑 概 述

一、行刑的概念与特征

(一)行刑的概念

行刑是刑罚执行的简称,是指由国家专门机关将发生法律效力的刑事判决和裁定中所确定的刑罚付诸实施。行刑有广义和狭义两种界说。广义的行刑,是指各种刑罚的执行,即生命刑、自由刑、财产刑、资格刑的执行。狭义的行刑,专指监狱对剥夺自由刑的执行。本章所讲的行刑是广义的行刑。

(二)行刑的特征

行刑具有以下几个特征:

1. 行刑是刑罚得以实现的关键环节

刑罚由制定至最终实现,需经历一个由静态到动态的运行过程,即制刑、求刑、量刑、行刑四个阶段。行刑是刑罚完整运行直至最终实现的最后一个环节,也是刑事司法活动的归宿。行刑解决刑罚的最终实现问题,是刑罚由法律上的静态存在变为现实的关键,也是刑罚运行过程中实质性内容最为丰富的一个环节。

2. 行刑的依据是生效的判决和裁定

从行刑的定义中可以看出,行刑的依据是发生法律效力的刑事判决和裁定。根据我国《刑事诉讼法》第 259 条的规定,发生法律效力的判决和裁定主要包括以下三种:(1)已过法定期限没有上诉、抗诉的判决和裁定;(2)终审的判决和裁定;(3)最高人民法院核准的死刑的判决和高级人民法院核准的死刑缓期二年执行的判决。

3. 行刑是对犯罪人执行刑罚

刑罚只能对犯罪人适用,行刑的对象也只能是犯罪人。对犯罪人执行刑罚,就是将发生法律效力的判决和裁定中所确定的刑罚施加在犯罪人身上。任何刑罚在执行时都是针对特定的犯罪人。

4. 行刑的主体是国家专门机关

行刑的主体是行刑权的享有者和行使者。可以从两个层次对其进行理解：

其一，行刑权专属于国家。行刑权是刑罚权的有机组成部分，而刑罚权则是国家权力的外在表现形式之一，是国家基于独立主权而对犯罪人实施刑事制裁的权力。因此，行刑权同刑罚权一样专属于国家。

其二，行刑权只能由国家授权的专门机关行使，其他任何国家机关、团体、组织都无权执行刑罚。根据我国《刑事诉讼法》的有关规定，我国的行刑主体有人民法院、公安机关、监狱（未成年犯管教所）、社区矫正机构。

二、行刑的地位

行刑在刑罚运行中占有十分重要的地位，表现在以下两方面：[①]

（一）刑罚执行对刑罚目的的实现具有决定作用

刑罚的目的有个别预防和一般预防两个方面。就刑罚这两方面目的的实现而言，刑罚的执行均处于非常明显的主导地位，具有决定性的意义。刑罚的制定只具有警示的作用，尚未和犯罪人联系起来。刑罚的裁量虽然与犯罪人联系起来了，但还只是一种观念上的联系，而不是实在的联系，因此不能使犯罪人真切地感受到刑罚的威严，难以真正发挥刑罚预防犯罪的作用。唯有刑罚的执行能够使刑罚与犯罪人实实在在联系起来，使犯罪人真切地感受到刑罚的威慑力量和刑罚所带来的痛苦，这样便能在客观上剥夺和限制犯罪人的再犯能力，在主观上遏制和消除犯罪人的犯罪动机，进而消除犯罪人的人身危险性，达到个别预防的目的。在刑罚的一般预防上，刑罚执行与刑罚的制定和裁量相比，也有着明显的优势。对于公众而言，刑罚的制定、裁量和执行都具有一定的警示作用，但只有刑罚的执行所起的警示作用较为实际和具体。如果国家制定和裁量的刑罚得不到实际的执行，一般人基于对刑罚的恐惧心理就会因为犯罪人得不到刑罚的执行而化为乌有，刑罚的一般预防作用就无法实现。

（二）刑罚执行对刑罚的制定和裁量具有反作用

刑罚执行在整个刑事司法活动中占有十分重要的地位，它是刑罚制定和刑罚裁量的最终归宿。就刑罚的制定、刑罚的裁量和刑罚的执行三者的关系而言，刑罚执行具有从属的一面，它处于刑罚制定和刑罚裁量之后，是刑罚制定和裁量的自然

---

① 侯国云主编：《刑罚执行问题研究》，中国人民公安大学出版社2005年版，第3页。

延伸,没有刑罚的制定和裁量,就没有刑罚的最终执行。但是刑罚执行并不是被动地依附于刑罚的制定和裁量,它对刑罚的制定和裁量具有积极的反作用。任何刑罚在制定和裁量前,都必须考虑到制定和裁量的刑罚能否在实践中得以执行、效果如何这些现实问题。

三、行刑的主体

行刑的主体是有权依法执行刑罚的机关。刑罚由国家的专门机关来执行。但不同的国家,行刑的主体是不一样的,有的国家由统一的刑罚执行机关来执行,有的国家由不同的机关来执行,而我国就属于由不同的机关来执行不同的刑罚。

在我国,行刑的主体有监狱、公安机关、人民法院、社区矫正机构。其中,死刑立即执行、罚金和没收财产由人民法院执行;拘役、剩余刑期在 3 个月以下的有期徒刑、剥夺政治权利和驱逐出境由公安机关负责执行;死刑缓期 2 年执行、无期徒刑、剩余刑期在 3 个月以上的有期徒刑由监狱执行;管制,有期徒刑或者无期徒刑的假释,拘役、有期徒刑或者无期徒刑的暂予监外执行由社区矫正机构组织管理实施社区矫正。需要指出的是,社区矫正机构对缓刑犯的考验不是行刑,缓刑犯没有接受刑罚,接受社区矫正是在对其是否需要执行实刑进行考验。

刑罚由不同的机关来执行,实际上显现出我国的刑罚执行处于分散的状态,而且在我国的行刑主体中,除监狱是被明确为国家的刑罚执行机关外,公安机关、人民法院、社区矫正机构都不是专门的刑罚执行机关,这势必会引发诸多问题。为此,《中共中央关于全面推进依法治国若干重大问题的决定》提出"完善刑罚执行制度,统一刑罚执行体制",以解决我国现行刑罚执行体制中执行主体多元、执行权分散、执行管理标准不统一、执行成本高效率低、犯罪人处遇不平衡等重大弊端。由此来看,刑罚执行的统一是我国刑罚执行的改革方向。

第二节　行 刑 原 则

行刑的基本原则是指所有在刑罚执行过程中都应当遵循的,能对刑罚执行起指导作用的行刑准则。行刑的基本原则是刑罚执行理论体系中的一个重要问题,主要有行刑个别化原则、行刑人道化原则和行刑教育化原则。

一、行刑个别化原则

行刑个别化原则是指刑罚执行机关在刑罚执行过程中根据罪犯的人身危险

性,即再犯可能性的大小和罪犯再社会化的需要而对其采取不同处遇方式和矫正措施。

行刑个别化是刑罚个别化的内容之一,伴随着刑罚个别化在19世纪末被正式提出。刑罚个别化思想是基于纠正严格规则主义指导下的罪刑法定原则的需要而产生的,其价值在于在保证刑法一般正义的前提下,促进刑法个别正义的实现。[①]一般认为,刑罚个别化理论是由法国学者雷蒙·萨雷伊于1898年在其著作《刑罚个别化》一书中正式提出来的。萨雷伊认为,刑罚个别化包括法律上的个别化、裁判上的个别化和行政上的个别化。其中,行政上的个别化是指刑罚执行机关根据罪犯的具体情况执行刑罚,也就是我们今天所说的行刑个别化。行刑个别化对世界刑事立法和刑事司法都产生了广泛而深远的影响,行刑个别化也因此成为刑罚执行过程中应当遵循的基本原则之一。

（一）行刑个别化的基本内容

刑罚执行过程中罪犯的人身危险性主要是指其再犯的可能性,而再犯可能性又与犯罪人的犯罪性质、主观恶性等因素密切相关。另外,服刑罪犯因其年龄、性别、生理、心理、个人经历、家庭等方面的不同而对刑罚作出不同的反应,表现出一些个别化的特点。刑罚执行机关应当根据罪犯的具体特点来确定恰当的处遇方式和矫正措施,以提高教育改造的针对性,提高刑罚个别预防的效果。

具体来讲,行刑个别化需要从以下几个方面来实现:

1. 对罪犯进行分类

对罪犯进行分类是基于个别化的要求而将罪犯予以归类。罪犯分类既是行刑个别化的首要步骤,也是其他行刑个别化措施的前提和保证。为此,许多国家设有专门的罪犯分类机构,并组织相关专家从事罪犯分类调查工作。早期的分类较为简单、粗糙,主要是根据罪犯年龄、性别、犯罪类型和所判刑罚的轻重来对罪犯进行分类关押。随着心理科学的不断发展,监狱根据罪犯的人格特征对其进行分类,并在此基础上进行不同方式的管束和教育。

2. 刑罚执行机关应设置不同的处遇方式

在横向分类的基础上,相同类型的罪犯的服刑表现仍有较大差别。有的罪犯能够接受惩罚,积极服刑改造,表现良好;有的罪犯则不思悔改,抗拒改造。居于二者之间的罪犯也大有人在。根据行刑个别化的基本要求,刑罚执行机关设置不同级别的处遇,根据罪犯的不同表现将其纳入相应级别的处遇之中。通过这种方式,

---

① 翟中东:《刑罚个别化研究》,中国人民公安大学出版社2001年版,第6页。

可以激励罪犯以积极的态度按照刑罚执行机关的预期来行为，并由此形成积极向上的行刑秩序。

3. 矫正人员应当为不同类型的罪犯设计个别化的矫正方案

罪犯的分类和分级也只是在一定程度上从群体化到类别化的发展，与行刑个别化的要求仍然有一定的距离。因此，矫正人员还应当在分类、分级的基础上，为每一个罪犯设计出个别化的矫正方案。毕竟，每个罪犯都是不同的。

（二）我国刑罚执行中行刑个别化原则的体现

在刑罚执行过程中提倡"区别对待"，这是行刑个别化的中国版本。对此可以从两个方面来了解：

1. 在监狱内执行刑罚时的个别化

在监狱管理中对罪犯实行"三分"，即分押、分管、分教。我国《监狱法》规定，对罪犯按照性别、年龄、犯罪类型、刑罚轻重等进行分类，实施不同方式管理。按照罪犯的年龄、文化水平以及出狱后的就业方向和需要等，对罪犯进行包括政治思想、文化科技、职业技术等在内的分类教育，重视个别教育。

我国监狱都配备有一定数量的心理矫治人员，犯罪心理和服刑心理也是所有监狱工作者必须学习的内容。这为我国监狱内对罪犯进行科学分类创造了良好的条件，也为行刑个别化在我国监狱内的进一步深化和推进提供了足够的人力资源。

2. 社区矫正中的个别化

行刑个别化不仅表现在监禁刑的执行过程中，也表现在社区矫正的过程中。应当说，社区矫正本身就是行刑个别化的具体体现。对于那些罪行轻微、社会危害性不大，或者经过一段时间的刑罚执行后其人身危险性有明显降低的罪犯，通过在社区设定与其自身特点相符的法定义务，使其能够在不受监禁的情况下，接受监督和考察，消除犯罪心理，保持和提高社会适应能力，提高刑罚执行的效果。

二、行刑人道化原则

行刑人道化原则是指刑罚执行过程中必须坚持人道主义，尊重罪犯的个人价值，反对残酷和不人道刑罚。

人道主义作为一种思想体系，本来是以古希腊和古罗马学术思想为基础的关于人的知识体系。在文艺复兴时期，人道主义得以传播，刑罚的启蒙时期人道主义进一步成为资产阶级最重要的社会价值观念之一。早期的刑罚在执行过程中，为了实现刑罚的报应功能而力求刑罚威慑效果的最大化，各种刑罚的执行方式都非常残忍，受刑人在承受巨大的肉体痛苦的同时，还经常遭受到人格上的羞辱。人道主义作为刑罚执行的基本原则之一，是伴随着资产阶级人道主义思想的兴起而出现的。继17、18世纪西方资产阶级人权运动的兴起，维护人权、尊重个人的价值、平等博爱的人道观念渐入人心，文艺复兴后，资本主义自由、平等、人道观念得以广泛传播，人们日益认识到死刑、肉刑的残酷性、野蛮性，强烈要求刑罚的人道化，废除、限制死刑、肉刑等非人道的刑罚。进入现代社会以后，随着人权、平等、博爱等观念的深入人心，刑罚在执行过程中也体现出人道化的倾向，不仅尽量减少受刑人的痛苦，而且尊重其人格。尽管对于人道化的具体标准不尽相同，但是人道主义却是绝大多数国家在刑罚执行过程中贯彻的一个基本原则。

（一）行刑人道化的内涵

行刑人道化是刑罚人道化在刑事执行领域的体现和反映。行刑人道化的内涵有两个层次：

1. 刑罚执行不能突破罪犯作为人的最低限

这是行刑人道主义原则的最低要求。它要求刑罚执行机关不得体罚、虐待罪犯，不得侮辱罪犯人格，保障罪犯的生存权和人格尊严不受侵犯的权利，因为这是作为一个人的最基本的要求，也是人道主义的最低要求。

2. 刑罚执行应当朝着将罪犯培养成为一个人格健全的人的方向发展

如今在刑罚执行中贯彻的人道主义，已经超出不得虐待、体罚罪犯的低层次水平，扩展到了立足于人的本性、关心罪犯、尽量满足罪犯作为人的正常情感等，甚至发展到把罪犯视为病人，要求行刑机构与人员像医生对待病人一样对待犯人。这是人道主义对刑罚执行提出的较高要求，也是行刑人道原则的最高标准。

（二）行刑人道化原则的基本要求

行刑人道化原则要求刑罚执行机关在刑罚执行过程中，不体罚、虐待罪犯，要把罪犯当作人看待，充分尊重其人格尊严，实行文明管理，保证其享有各项法定权利，切实关心罪犯日常生活并给予相应的物质保障。当代西方监狱学理论强调罪犯的法律地位，认为应将罪犯视为具有权利义务和责任的人，应保障犯人生活、学习条件和探视权、申诉权以及信仰自由的权利等，不能因为其被剥夺自由而导致其身体、财产和名誉的损害，除非法律有明文规定以剥夺某项权利作为额外惩罚，应废除使用残酷的戒具和有悖人道的独居制等。

（三）我国刑罚执行中行刑人道化原则的体现

中华人民共和国成立后，党和国家非常重视在刑罚执行过程中推行和落实人道主义，尤其是在如何对待各种战犯这一问题上，严格遵照国际法的相关规定，不虐待战俘，在当时艰苦的条件下尽可能地保障战俘们的生存权和健康权，尊重战犯们的人格尊严。新中国对待战犯的人道主义做法,为新生的人民政权赢得了良好的国际声誉,对各种战犯也起到极大的感召作用。对于普通刑事罪犯,“把犯人当人看”,是我国行刑人道化的集中体现。这具体表现在以下几个方面:

1. 罪犯在服刑期间仍然享有广泛的权利,国家保障罪犯未被剥夺的权利的实现。在《中国改造罪犯的状况》白皮书和《监狱法》中明确规定,罪犯的人格不受侮辱,其人身安全、合法财产和辩护、申诉、控告、检举以及其他未被依法剥夺或者限制的权利不受侵犯。这些权利涉及罪犯的生存权、发展权、健康权、人格权、财产权、宗教信仰自由、通信自由、获得劳动报酬的权利等方面。

2. 我国法律还对监狱人民警察执行刑罚的权力做了专门的限制。监狱人民警察不得对罪犯进行刑讯逼供或者体罚、虐待罪犯;不得侮辱罪犯的人格;不得殴打或者纵容他人殴打罪犯。对于违反规定的人员,尚未构成犯罪的,要对其进行相应的行政处分;构成犯罪的,要追究其刑事责任。

3. 国家为罪犯改造提供条件和保障。国家积极改善监狱的环境,为罪犯提供必要的物质生活条件和医疗保健。监狱设立医疗机构和生活、卫生设施,建立罪犯生活、卫生制度。罪犯的医疗保健列入监狱所在地区的卫生、防疫计划。在新冠疫情期间,部分监狱组织远程视频诊疗,为罪犯提供优质医疗。

4. 即使是在死刑、财产刑等刑罚的执行上,行刑人道化原则依然得以坚持。我国创设了死刑缓期执行制度,作为死刑的一种执行方式大大限制了死刑的实际执行;执行死刑时,不得将死刑犯示众;死刑执行方式逐渐由注射代替枪决,以尽可能减少受刑人的痛苦等。财产刑在执行过程中,如果罪犯无力偿付,则可以减免执行;在分割罪犯的个人财产时,在为需要赡养的老人和需要抚养的未成年人留出必要的份额后才予执行。这些都是行刑人道化原则的具体体现。

三、行刑教育化原则

行刑教育化原则是指刑罚执行机关以降低和消除罪犯的人身危险性,将其教育改造成为一个人格健全、完善、有较强社会适应能力的人为宗旨的行刑准则。

行刑教育化原则源于近代的教育刑思想理论。教育刑论认为刑罚执行应当以教育为主。对于罪犯的刑罚执行,应当首先研究其犯罪原因,然后进行针对性的教育。早期的教育刑把行刑中的教化提高到一个不恰当的位置,混淆了刑罚与教育二者之间的差别,甚至想用教育来取代刑罚。现在的教育刑思想已经作了修正,重新对刑罚执行中的教育进行了理性定位,认为教育是实现刑罚目的的一个重要手段,刑罚执行不应该忽视教育手段的应用。这种转变很好地处理了刑罚和教育二者之间的关系,也为行刑教育化原则的确立创造了良好的条件。

(一)刑罚执行中教育的内容和教育的方式

1. 行刑教育的内容

行刑教育通常包括社会道德、社会价值观念方面的教育;文化知识和职业技术方面的教育;遵纪守法教育等。西方许多国家还允许神职人员入监传授教义,对罪犯进行宗教训诫和教诲。

2. 行刑教育的方式

刑罚执行中的教育,既要遵循一般教育的基本规律,也应当考虑罪犯这种受教育主体的特殊性,以及在教育与刑罚之间形成的特殊而敏感的关系。

(二)我国刑罚执行中行刑教育化原则的体现

中华人民共和国成立后,党和国家领导人都非常重视对于罪犯的教育。对于各类战犯,在对其实施人道主义进行感化的过程中,还选派了大量政策水平高、个人修养好的人员投入战犯改造工作中。对于普通刑事犯罪分子,提出"三个像",其中有一个就是"要像老师对待学生"。这些做法和提法,都在一定程度上体现了新中国监狱在刑罚执行过程中是非常重视教育的。

现在,教育改造作为我国改造罪犯的一个重要方式而受到重视。我国监狱管理中实行的"三分",是指分押、分管和分教。分教是分类教育的简称。罪犯投入监狱服刑后,监狱在分押、分管的基础上,根据不同类型罪犯所表现出来的不同特点进行针对性的教育。同时,按照其文化水平的高低、年龄的不同而对其进行不同层次的教育。教育的内容主要是"三课"教育,包括思想政治教育、文化知识教育和职业技术教育等,既转变其犯罪思想,又提高其个人素养,同时还提高其生存本领,对罪犯是一种全方位的立体教育。行刑教育的方式主要是分类教育,行刑教育中坚持集体教育和个别教育相结合、劳动改造和教育改造相结合、惩罚和改造相结合、狱内教育和社会教育相结合、因人施教等原则。

其他刑罚在执行过程中,行刑教育化原则也得到较好的坚持。通常认为死刑不具有教育性,因为死刑没有给受刑者以受教育的机会。但是,现在死刑在执行之前,审判机关、羁押机关都被要求表述判处死刑的原因应当充分,这样罪犯即使被判处死刑,也会对判决心悦诚服地接受。这对其他刑罚一般预防的对象也会产生很好的教育效果。财产刑在执行时,也一改以往重罚轻教的做法,对于受罚者还要说明理由,对其进行思想教育。

第三节 行刑趋势

随着国际交往的不断扩展和深入,刑事司法领域中的先进理念和科学方式逐渐为大多数国家所接受并在本国的司法实践中推行,当今世界各国在刑罚执行方面出现了一些共同的特点和相似的发展趋势。这些新的趋势概括起来主要有以下几个方面:①

一、行刑社会化趋势

监禁刑在近代以来成为各国刑罚体系的中心,矫正罪犯使其复归社会成为监狱行刑的主旨。但是监狱行刑以将罪犯隔离于正常社会的手段,去追求罪犯再社会化的目标,却形成了手段与目标之间的深刻矛盾。在日益开放的现代化社会中,监禁刑的运行成本在不断增加,而其改造效果却令人失望。为了消除上述矛盾,解决监禁刑在实际运行中所产生的问题,西方兴起了行刑社会化思想,主张慎用监禁刑,尽可能把罪犯放到社会上接受矫正,同时弱化监狱的封闭性,使其尽可能接近自由社会,并扩大社会力量对矫正事业参与的范围,以利于罪犯回归社会。

现在,行刑社会化已经在世界范围内得到广泛认同,各国都积极在刑罚执行实践中推行和应用这一理论。可以说,行刑社会化代表着世界行刑发展的方向,它是缓解监狱行刑悖论,提高行刑效能和改造质量的根本出路。同时,行刑领域的社会化趋向反过来推动着制刑和量刑的整体变革和进步。因而行刑社会化思想具有极为重要的刑事政策意义。②

(一)行刑社会化的内涵

所谓行刑社会化,就是为了避免和减少监禁刑的弊端,促进罪犯回归社会目标的实现。一是控制监禁刑的适用,通过发展社区矫正制度,使罪犯尽可能在社会环境中服刑;二是适度弱化监狱的封闭性,使其尽可能与自由社会接近,以加强罪犯与社会的联系,训练其社会适应能力;三是利用社会力量来改造罪犯。

从概念中可以看出,行刑社会化的内涵包括:

其一,应当限制监禁刑的适用,扩大非监禁刑的适用范围。行刑社会化认为,犯

---

① 侯国云主编:《刑罚执行问题研究》,中国人民公安大学出版社 2005 年版,第 4 ~7 页。

② 冯卫国:《行刑社会化研究》,北京大学出版社 2003 年版,第 3 页。

罪既然是社会矛盾运动的产物,要消除犯罪,改造和矫正犯罪人,也必须将其置于和自由社会相类似的环境之中。监禁刑降低罪犯社会适应能力,强化其监狱人格,这完全背离教育刑思想的基本要求。出于对监禁刑这些弊端的认识,在废除监狱的可能性不存在的情况下,限制监禁刑的适用无疑是较为理性和务实的选择。

其二,刑罚执行机关的行刑方式应当有利于罪犯的再社会化。监狱既是国家的刑罚执行机关,也是社会整体的有机组成部分,不应当将其与自由社会完全隔离。即便在有限的监禁中,也应当弱化监狱的封闭性,以便于监狱与自由社会的信息互通,便于罪犯尽可能与自由社会接近和自由社会的各种力量支援监狱对罪犯的教育和改造,这有利于加强罪犯与社会的联系,训练其社会适应能力。

其三,调动一切社会积极因素,充分利用社会资源来合力救助、改造罪犯,并保证和巩固行刑的效果。刑罚的功能是有限的,监狱在预防重新犯罪方面的功能同样是有限的,单靠刑罚执行机关来最大限度地预防重新犯罪是一种不切合实际的想法。对重新犯罪的防治应该是社会整体的防治,即整个社会对犯罪人的教育改造都有联系,应该利用各种社会手段来改造罪犯。另外,监狱为社会提供安全、秩序、正义等社会产品,社会在享受这些产品的时候,也应当关注监狱的发展,为监狱执行刑罚工作提供必要的支持和帮助。

(二)行刑社会化的产生和发展

自由刑占据刑罚体系的中心位置以后,受教育刑思想的影响,刑罚执行实务中都非常重视对犯罪人的矫正和改造。刑罚执行机关长久以来奉行的教育改造罪犯的模式对于罪犯的教育改造效果是有限的,长期的禁锢和僵硬说教在让罪犯养成一定的行为习惯和形成一定的思想观念时,也导致了其社会适应能力的下降,罪犯刑满释放后因难以适应自由社会而重新犯罪的情形屡见不鲜,刑罚执行的效果堪忧。西方一些社会学家和监狱管理者认识到这一问题的严重性,他们率先指出监禁和社会化之间的矛盾,并提出和推行“行刑社会化”思想和观念。在我国,亦有学者较早注意到“监狱行刑以将罪犯隔离于正常社会的手段,去追求再社会化的目标,形成了手段与目标之间的深刻矛盾”这一问题。

行刑社会化的内涵,只在一定程度上揭示了其产生的内在原因,即监狱及其监禁活动与行刑目标之间的矛盾。其实,行刑社会化的产生也离不开其所处的外部大环境。

在传统社会中,监禁刑取得了较好剥夺再犯能力、惩罚威慑犯罪分子的刑罚效果,这和传统社会运行方式的封闭性有着密不可分的联系。传统社会封闭运行,社会发展较慢,人们的观念更新、生活方式的变化也非常小,以至于被监禁很长一段时间被释放后,刑释人员不会产生任何的适应困难,监狱的监禁和社会对大众的禁锢何其相似,二者相得益彰,刑罚执行的效果较为理想。但是,随着生产力的不断提高,社会的发展速度也在不断地加快,人们的生活方式、思想观念日新月异,新生事物层出不穷,社会越来越呈现出前所未有的开放态势。在这种情况下,刑罚执行的方式如果故步自封,仍然实行单纯的监禁,则一段时间的监禁会让受刑人被社会落下很长的距离,监禁化人格也使其难以适应社会发展的需要。在这种情况下,重新犯罪率升高,刑罚执行的效果不佳是难以避免的。因此,社会日益开放化是行刑社会化产生和发展的最主要的外因。否则,我们无法解释"为何经济发展了,监狱硬件更好了,刑罚执行人员的数量增加、素质提高了,而刑罚执行的效果却反而下降了"这一矛盾。

行刑社会化产生的这种外部环境对刑罚执行的影响是深刻而广泛的。在社会开放形势不可逆转的情况下,调整监狱的运行方式,改革现行的刑罚执行模式,以在监狱的封闭和社会的开放之间找到恰当的平衡点,实现刑罚执行效果的最佳化成为必然选择。

(三)行刑社会化的具体做法

20世纪下半叶以来,世界各国行刑社会化倾向越来越明显,许多国家在行刑社会化方面也积累了一定的经验并形成了有效的做法。例如:英国设置社区刑与半监禁刑,监禁刑的执行中弱化其封闭性;美国实施设施内行刑社会化、社区矫正、重返社会方案等。综合来看,世界各国的行刑社会化主要做法为:创设并大量适用非监禁刑;保持较高的假释适用率;推行开放式处遇;挖掘开放式监狱功能;保障罪犯与社会的联系;社会力量的参与;推行释前帮助方法。

目前,监狱在刑罚执行中实行的累进处遇制、狱务公开以及"请进来、走出去"是最主要的行刑社会化的表现。一些能体现行刑社会化精神内核的缓刑、假释、监外执行等社区刑罚的适用率偏低,同时在执行上也处于较为散乱的局面。这些问题严重制约着刑罚效益的发挥,阻碍着我国刑罚执行工作现代化的进程。随着社区矫正工作的全面展开,我国在行刑社会化的发展道路上踏出了坚实的一步。

二、行刑经济化趋势

刑罚执行不仅是一项生产性的社会活动,为社会提供正义、安全、秩序等社会产品,而且是一项消耗性非常大的社会活动。尤其是自由刑占据刑罚体系中心位置以后,自由刑的高消耗性逐渐为人们所认识。随着商品经济的不断发展,用经济学的方式来衡量一件工作的价值成为一种习惯,行刑经济化的趋势正是在这样一个背景下出现的。

(一)行刑经济化的内涵

所谓行刑经济化,是指力求以最少的行刑资源投入,获取最大的行刑效益。

衡量刑罚执行机关某一行为或做法是否符合行刑经济化,关键需要把握三个关键词,即投入、产出和效益。行刑经济化讲求以最小的投入来获得最大的预防和减少犯罪的社会效益,其内涵包括以下几个层次:一是减少司法资源的投入;二是提高刑罚执行的效能,即增加刑罚执行的产出;三是投入和产出的比率即刑罚执行的效益应当高,符合经济学原理。

(二)行刑经济化的基本做法

1. 尽可能避免和减少刑罚的执行,包括刑罚的实际执行,以获得尽可能大的行刑效果

(1)在保证法律的权威性和刑罚效果的前提下,能避免刑罚的执行就尽可能避免,而以其他措施替代,除非是必要和迫不得已的情况才执行刑罚。

(2)如果执行少的刑罚能获得所需要的行刑效果,就不应再执行较多的刑罚。

(3)如果以非监禁的方式执行刑罚能获取行刑效果,就不需要再以监禁方式执行刑罚。

(4)如果以较少的时间执行刑罚就能获取行刑效果,就不需要再执行较长时间的刑罚。

2. 合理配置行刑资源

刑罚资源是有限的,具有稀缺性,行刑资源同样如此。能否通过有限的行刑资源来获得最大的行刑效益是行刑经济化要考虑的因素。合理配置行刑资源要求:

(1)确定合适的刑罚执行机关;

(2)按照罪犯管理的难易程度合理配置行刑资源;

(3)按照罪犯改造的难易程度合理配置行刑资源。

3. 最大限度地提高改造质量

单纯地减少投入并不能完全符合行刑经济化的要求。如果减少投入后,刑罚执行的效果变得非常糟糕,有限的投入没有取得预期的效果,这也是一种不经济。因此,在降低投入的同时,还应当注意提高教育改造质量,最大限度地预防和减少犯罪。只有这样,刑罚执行才能取得理想的效果。

(三)行刑经济化在我国的现状和发展

1. 行刑资源的配置欠合理

我国的刑罚执行是由多个机关来执行的,涉及人民法院、公安机关、监狱、社区

矫正机构,除监狱外,其他都不是专门的刑罚执行机关。刑罚执行权的分散,显现出行刑资源的配置不合理,也会影响刑罚执行效果。鉴于此,《中共中央关于全面推进依法治国若干重大问题的决定》提出“完善刑罚执行制度,统一刑罚执行体制”,将统一刑罚执行体制作为我国刑罚执行的改革方向。

2. 以非监禁方式执行刑罚的比例有待提高

我国一直以来以监禁刑的适用为主,自然也以监禁的执行方式为主要,而非监禁的执行方式在很长的一段时间内并没有受到重视。随着2003年社区矫正试点的开始,非监禁的刑罚执行方式比例有所增加,但增加有限。在以非监禁方式执行的刑罚中,假释的适用率依然处于低位的状态,而作为我国唯一的限制自由刑的管制的实际适用也较少,这样的状况下,非监禁的刑罚执行方式的增加也就显而易见了。从行刑经济化的要求来看,如果以非监禁的方式执行刑罚能获取行刑效果,就不需要再以监禁方式执行刑罚。就我国的目前状况而言,有必要提高非监禁方式的刑罚执行比例,通过扩大假释的适用率、提高管制的适用比例、增加社区刑等来提高非监禁方式的刑罚执行比例。

三、行刑科学化趋势

科学是反映规律的知识体系,规律是事物之间的内在的必然联系,决定着事物发展的必然趋向。科学化则是更加符合规律的过程,具体表现为由不科学(感性、经验)向科学(理性、规律)的发展。当今社会,随着刑事政策、刑罚理念的变化,以及科学技术的飞速发展,刑罚执行不再是简单的惩罚,不再是经验的简单重复,而是基于行刑规律的认识,将多学科的知识、先进的科学技术等运用于刑罚执行中,使刑罚执行逐步由简单化、经验化走向科学化。行刑科学化是科学理论和科学技术在刑罚执行中的体现。随着社会的发展,这种趋势会更加明显。

(一)行刑科学化的内涵

行刑科学化是基于对行刑规律的认识、把握与遵循来执行刑罚,是通过科学理念指导行刑、科学模式规范行刑、科学方法执行刑罚来提高行刑效果,实现行刑目的。从这一概念中可以看出,行刑科学化的内涵表现在以下两个方面。

其一,刑罚执行过程中对行刑规律的认识、把握和遵循。科学化本身就是符合规律的过程,无规律,难以说科学化。这要求执行机关不仅要使用和引进各种所需的科技产品和先进理论,而且应当配备能够使用和掌握这些产品和理论的高素质工作人员。

其二,科学化的最终目的是执行刑罚,提高行刑效果,实现刑罚目的。

(二)行刑科学化的表现

1. 行刑理念的科学化

行刑理念是行刑主体依照行刑规律,在刑罚执行过程中对行刑功能、行刑目的、行刑地位等所形成的理性认识和目标追求。行刑理念对行刑制度的建设具有重要的指导作用。遵循何种行刑理念,影响着行刑效果、行刑质量,影响着刑罚目的的实现。随着社会的发展和刑罚的文明进步,行刑理念也在发生变化。行刑理念由追求野蛮、报复而逐步发展到追求对罪犯进行改造,不再执着于罪犯的过去,而是关注罪犯的未来,行刑的目标更为科学合理。

2. 行刑模式的科学化

行刑主体通过把握和遵循行刑规律,将现代科学技术的最新成果应用于行刑实践,使行刑模式由经验转向科学,由粗疏转向精细,促使行刑质量不断提高。行刑理念的发展变化,促使行刑模式也在发生变化。而一国的行刑模式的选择是和该国的社会形势相契合的。

3. 行刑制度的科学化

行刑制度是刑罚由静态进入动态,从而发挥其效益的重要保证。在现代社会,尽管世界各个国家刑罚执行的法律不同,具体的行刑制度有别,但随着科学理论和科学技术的发展,各国的行刑制度不同程度将其融入其中,对传统的行刑制度予以革新。例如,受刑人分类调查制度的出现,从精神病学、犯罪学、心理学、教育学等角度,在对受刑人的性格、体质、犯罪史以及改造的可能性和难易性等进行调查的基础上,实施受刑人分类,有的放矢实施个别处遇,使分类更为科学。

4. 行刑方法的科学化

在刑罚执行过程中,多种学科知识,如心理学、教育学、行为学、社会学、管理学、医学等学科领域的知识正逐渐被运用到刑罚执行中。同时,现代科学技术的发展也影响着刑罚执行。这些使刑罚执行方法不再是简单、单一的,促使行刑方法朝着多样、科学化的方向发展。例如:在死刑的执行方法中,注射、电杀的出现既是人道化的体现,也显现出现代科学技术的应用;在自由刑的执行方法中,心理科学知识被运用于刑罚执行中,对罪犯进行心理矫治,解决罪犯的心理问题;现代信息技术的应用丰富了行刑的手段和方法;原是医学领域的循证矫正被运用于罪犯矫正;进行刑期管理;开展罪犯危险评估;实施矫正项目,等等。方法的科学促进了行刑效能的提高。

(三)我国的行刑科学化的现状和发展

在死刑执行方面,我国增加了注射的死刑执行方法,并倡导执行死刑要采用注射执行方法。在自由刑执行方面,我国一直注重监狱管理和罪犯矫正的科学化建设,并采取各项举措推进管理矫正工作的科学化。在20世纪,我国监狱探索推广办"特殊学校",实行分管、分押、分教,个别谈话、亲情教育、心理矫治等有助于提高管理矫正科学性的做法。2003年提出要进一步推进监狱工作法制化、科学化、社会化建设,2015年召开的全国监狱工作会议再次强调要提高管理矫正工作的科学化水平。为此,我国监狱开展了"罪犯改造质量评估试点""监狱信息化建设""教育改造'标准库'、'案例库'和'专家库'建设""'5+1+1'教育改造模式"等活动,制定出台了一系列制度规定,主要目的都是增强管理矫正工作的科学性。这些说明我国在为行刑科学化努力。尽管如此,我们也要充分认识到我国行刑工作的技术含量还不够高、科学性还不够强的实际情况,实现路径和具体做法还不够得力、有效,需要加以改进和完善。同时,要注意到,科学技术固然能够给刑罚执行提供非常大的支持和帮助,但是现代科技无论多么先进,也无法代替人在刑罚执行中的作用,对其只可利用而不可依赖。单纯依赖现代科学技术,刑罚不可能取得理想的执行效果。

思考题

1. 简述行刑的概念和主体。
2. 行刑的基本原则有哪些?
3. 行刑的趋势表现在哪些方面?
4. 简述行刑个别化原则的基本内涵。
5. 简述行刑人道化原则的基本内涵。
6. 简述行刑社会化的基本内涵。

第十六章　行 刑 制 度

行刑制度,即刑罚执行制度,是指在刑罚执行过程中有关机关通过一定程序变更原判决内容的一些制度。

审判机关对罪犯所判处的刑罚,是根据其犯罪事实、犯罪性质、情节和对社会的危害程度,根据罪刑相适应的原则评价其刑事责任,决定其应当承担的法律后果。但是,对犯罪人判处的刑罚是否完全执行将受到刑罚目的的制约。有关机关根据罪犯的服刑表现,有可能对原判刑罚以变通的方式执行或者部分地执行。行刑制度为适应这一需要应运而生。

行刑制度是刑罚执行的基本构件,为刑罚的根本目的服务是其价值所在,行刑制度的设置应当符合合理、有效的基本要求。行刑制度设置不合理,则无论行刑程序如何精密,都无法通向预设的行刑目的。同时,行刑制度的设置还应当符合科学性的基本要求,具有一定的工具性价值。

刑罚执行制度主要有假释和减刑两种。对缓刑犯的考验并非刑罚执行,缓刑犯的积极后果是缓刑考验期满,原判的刑罚就不再执行,消极后果是撤销缓刑,决定执行刑罚,因存在变更原判决的可能性,故将其列入行刑制度一章进行介绍。

第一节　缓 刑 制 度

缓刑是对判处一定刑罚的犯罪人在具备法定条件的情况下,在一定期间内附条件地不执行原判刑罚的一种制度。缓刑适用于人身危险性较小的轻刑犯,是弥补短期自由刑的不足而设立的制度。通过缓刑的适用,可以在没有实际执行刑罚的情况下,达到对犯罪人教育改造之目的,因而该制度具有明显的刑事政策意蕴。

关于缓刑制度的创设有不同的版本。一说是法国的布伦格是缓刑之父,他在世界范围内提出了第一个缓刑法案。布伦格认为,缓刑是一个人道的、个别化的、可以避免短期自由刑害处的理想药方,从而积极起草缓刑法案并力主其通过。[①] 另一说是缓刑制度源于美国波士顿一个叫约翰·奥古斯都的鞋匠。奥古斯都长期在法庭外修鞋,无数因为偶然或者轻微犯罪的青年人被判处监禁并因此改变了人生,在认识到监禁对于青年犯罪人所造成的伤害后,奥古斯都出于怜悯之心向法官提出申请,希望法官不要急于对年轻人实际判处刑罚,自己保证其在一定的期限内不再重犯并且能够改过自新。法官答应了奥古斯都的请求,这成为缓刑制度的起源。[②]

缓刑的基本类型是缓宣告缓刑和缓执行缓刑。刑罚缓期宣告制是指对于犯罪性质较轻的犯罪人,虽然依法认定其有罪,但暂缓有罪宣告或罪与刑宣告,只规定一个监督考验期,如果在此期间犯罪人无违规或重新犯罪,则考验期后不再作罪或刑宣告。刑罚缓期执行制是指对于犯罪性质较轻的犯罪人,虽做了罪与刑宣告,但暂缓执行刑罚,并规定一个监督考验期,考验期内若犯罪人无违规或重新犯罪,考验期后则原判刑罚不再执行。这里的缓刑为缓执行缓刑。

一、缓刑制度的特点

(一)缓刑以被告人有罪且已经被判处一定的刑罚为前提

一方面,审判机关必须认定被告人的行为已经达到犯罪的程度,有可能将对其处以一定的刑罚;另一方面,被告人的行为构成犯罪,还必须被实际判处一定的刑罚才可以使用缓刑。如果虽然其行为构成犯罪,但是因情节轻微,审判机关认为不必对其判处刑罚,则也没有对其适用缓刑的必要。

(二)缓刑以附条件地不执行原判刑罚为内容

附条件地不执行原判刑罚是缓刑制度的本质特征,这使它与刑罚的实际执行区别开来。如果罪犯在缓刑考验期内没有违反相关规定,则在缓刑考验期满后就不再执行原判刑罚;否则将被撤销缓刑,收监执行原判刑罚。

二、缓刑的条件

(一)形式要件

缓刑的形式要件涉及的是哪些犯罪人可以或应当适用缓刑。通常情况下,适用缓刑的犯罪人所实施的行为社会危害性不大,被判处的刑罚较轻。

---

① 李贵方:《自由刑比较研究》,吉林人民出版社 1992 年版,第 267 页。

② 余定宇:《寻找法律的印迹》,法律出版社 2004 年版,第 220 ~225 页。

从各国的立法例来看，适用缓刑的为被判处短期自由刑者和罚金者。一是被判处短期自由刑者。缓刑制度本是因短期自由刑之弊端而创设，因此缓刑的适用对象应为被判处短期自由刑的犯罪人。二是被判处罚金者。缓刑既是短期自由刑的替代措施，也是为了鼓励犯罪人改过自新。从这一角度来说，作为比自由刑轻的罚金刑也应当能适用缓刑，如日本、德国都规定了被判处罚金刑的可以适用缓刑。

（二）实质要件

缓刑的实质要件是适用缓刑所要考虑的实质性内容。犯罪人人身危险性和再犯可能性的大小是能否对其适用缓刑的实质性条件，这是缓刑制度对犯罪人个人表现条件提出的衡量指标。对于一些罪行较轻，所判刑期不长的罪犯，如果其具有较为明显的人身危险性和再犯可能性，也不应对其适用缓刑。各国规定的缓刑实质条件包括犯罪人实施犯罪的情节、悔罪表现、犯罪人个人的情况、所居住社区对犯罪人适用缓刑的调查情况等，具体规定有所不同。

（三）排除要件

排除条件是哪些犯罪人不能适用缓刑。对于人身危险性大的犯罪人会被排除在缓刑之外。累犯不适用缓刑，因为其因故意犯罪被判处有期徒刑以上刑罚，5 年以内再次实施应该被判处有期徒刑以上刑罚的故意犯罪，基本表明监狱矫正效果不足，其不能在社区接受矫正，应接受更强程度的矫正。犯罪集团的首要分子同样不适用缓刑。

（四）我国缓刑的条件

依据《刑法》第 72 条和第 74 条的规定，我国缓刑的条件为：

1. 形式要件

我国缓刑的适用对象限定为被判处拘役和 3 年以下有期徒刑的犯罪人。相对来讲，被判处拘役和 3 年以下有期徒刑的犯罪人，属于罪行较轻的，行为的社会危害性较小，人身危险性亦相对较小。

一般情况下，被判处拘役和 3 年以下有期徒刑的，可以宣告缓刑，但对于同样条件下的不满 18 周岁的、怀孕的妇女、年满 75 周岁的犯罪人，则应当宣告缓刑。

2. 实质要件

犯罪情节较轻、具有悔罪表现、没有再犯罪危险，且宣告缓刑对所居住社区没有重大不良影响。

3. 排除要件

累犯、犯罪集团的首要分子不能适用缓刑。

三、缓刑的执行

(一)缓刑考验期

缓刑考验期,又称缓刑期间,它是对被宣告缓刑人进行考验所需要的时间,表明缓刑的开始和结束。只有当这个期限届满而受刑人未再犯新罪或者未违反应当遵守的规定时,才宣告缓刑结束,并发生刑罚消灭的后果。从一定意义上讲,缓刑考验期是对被宣告缓刑人的一种保护;若无此规定,其会处于无限期的考验之中,时时刻刻受到执行原判刑罚的威慑,这对受刑人而言是不公平的,与缓刑创立的宗旨有悖。

1. 国外的缓刑考验期规定

总体上看,世界各国关于缓刑考验期的规定,大致有以下三种情况:

(1)法定主义。即缓刑期间以法律明文规定为准,法官对此没有自由裁量的权力。例如,《罗马尼亚刑法典》第 82 条规定:缓刑期限为原判刑罚加上 2 年;罚金的缓刑期限为 1 年。

(2)裁定主义。法律不明文规定缓刑期间,而由法官对此自由裁量。

(3)折中主义。法律规定一定幅度的期间,法官在此期间内裁量决定缓刑的期限。这包括两种情况:一种是只规定期限的上限,另一种是同时规定上限和下限。

法定主义明确、具体,易于操作,但是过于机械,不能适应不断变化的社会现实,不利于充分发挥缓刑的作用;同时,对所有人都规定统一考验期,无法体现出罪与刑的相称性,有失公平;裁定主义虽然可以避免法定主义的僵化,但是毫无限制地自由裁量,会因法官素质的高低而产生缓刑期间过长或过短的现象;相对而言,折中主义综合以上两种做法的优点,避免二者的缺陷,既不限制过死,又不放任自流,能较为合理地发挥缓刑的功效。

以上三种立法例只是对缓刑考验期的粗线条描述,从微观的角度看,世界各国关于缓刑考验期的规定相当复杂。具体来讲有以下情形:根据不同的罪的轻重确定不同的考验期;根据不同的刑种或刑期确定不同的考验期;根据不同的犯罪人确定不同的考验期;根据不同的缓刑类型确定不同的考验期;根据不同的需要确定不同的考验期。

2. 我国的缓刑考验期规定

(1)缓刑考验期的规定。《刑法》第 73 条规定,“拘役的缓刑考验期限为原判刑期以上一年以下,但是不能少于二个月。有期徒刑的缓刑考验期限为原判刑期以上五年以下,但是不能少于一年”。这一规定带有明显的折中主义特点。它以原判刑罚为基础,以等于或者略高于原判刑期为原则,既体现了罪刑相适应原则,又符合区别对待的刑事政策的要求。

(2)缓刑考验期的起算。缓刑考验期从判决确定之日起计算,也就是说,判决前的羁押期间不折抵考验期。因为缓刑考验期是对宣告缓刑犯罪人在社会上进行考验的期限,如将判决前羁押的时间计算在内,对被宣告缓刑的犯罪人的考验的时间随之缩短,而考察的价值也大大减小,所以缓刑的考验期限从判决确定之日起。但撤销缓刑,执行原判刑罚时,其在宣告缓刑前羁押的时间折抵刑期。

(二)缓刑人应当遵守的事项和应当履行的义务

缓刑是不实际执行刑罚,但附有缓刑人应当遵守的事项,这构成缓刑考验的具体内容。应当说,这是缓刑制度的最为核心的内容,能很好地体现和贯彻立法意图。规定应当遵守的事项和应当履行的义务,是各国缓刑制度的普遍做法。如果不遵守规定的事项和不履行法定义务,就可能导致缓刑的撤销和考验期的延长。

1. 应当遵守的事项

应当遵守的事项通常有下列情形:禁止重新犯罪;遵守关于居所的有关规定;尽量避免或者不得与某些可能导致犯罪的人接触和交往;不得光顾某些特定的场所,如酒馆、“红灯区”、重要地区或者犯罪易发区;不得私藏、携带或者使用某些特定物品,如枪支、化学药品等危险物品和违禁物品;不得从事某种职业或者必须从事某种与其相当的职业;定期或不定期地向指定机关汇报自己的生活状况及改造情况等。

2. 必须履行的义务

必须履行的义务有:财产方面,包括指定无偿劳动、支付被害人的损失赔偿等。处遇方面,包括必须接受指定的文化教育、职业训练、戒酒或者戒毒等。工作生活方面,包括认真努力工作,积极承担供养家庭、抚养子女和配偶、赡养老人等职责。

缓刑犯应当遵守的事项和必须履行的义务,一般是由审判机关根据国家法律规定和犯罪人的自身特殊情况来设定的,根本出发点是规范犯罪人行为,促使其改过自新。

3. 我国关于缓刑人应当遵守的事项和应当履行的义务

该项包括:遵守法律、行政法规,服从监督;按照考察机关的规定报告自己的活动情况;遵守考察机关关于会客的规定;离开所居住的市、县或者迁居,应当报经考察机关批准。

(三)缓刑期间的管理

这主要涉及管理的主体,即负责对被宣告缓刑的犯罪人进行监督考察的机构和人员。由于缓刑在各国存在很大的区别,因此各国负责监督考察的机构和人员的设置也各不相同。

1. 法院及其指定的人员或法院负责刑罚执行的法官

由法院指定并经本人同意,负责法院对被判处缓刑的犯罪人进行监督考察的人员被称为缓刑官。

缓刑官可以是专职,也可以是名誉性的。缓刑官有管理的权力,主要是监督管理,对于严重违反注意事项或者拒不履行义务的罪犯,有权要求法院延长考验期或者撤销缓刑。同时,缓刑官也负有一定的义务,内容主要是尽力解决其工作、生活方面的困难,为其进行有效的改造提供较好的环境和条件;向法院定期报告缓刑人的表现。

除法院指定的人员外,在一些国家缓刑官由负责刑罚执行的法官担任,如法国。

2. 专门负责缓刑监督考察工作的机构和人员

随着缓刑制度的发展,为了强化缓刑的效果,一些国家设立专门的缓刑机构,负责缓刑考验事务,如英国的缓刑局。这类专门负责缓刑监督考察工作的机构和人员主要负责对缓刑人员的监管和教育,而不负责对缓刑人员是否应当撤销缓刑的判定工作。

3. 其他非专门机构

缓刑的管理主体还有的为法院和专门负责的机构和人员之外的其他非专门机构。

4. 我国的缓刑监督考察机构

根据我国《刑法》第 76 条的规定,被宣告缓刑的犯罪分子,在缓刑考验期内,依法实行社区矫正。这意味着我国的缓刑监督考察机构为社区矫正机构,具体由社区矫正机构委托的基层司法所来负责。

(四)缓刑的效力

1. 不再执行原判刑罚

缓刑人在缓刑考验期内没有违反应当遵守的事项和拒绝履行应当履行的义务的情形,原判刑罚就不再执行。各国对不再执行原判刑罚有不同的规定:

(1)缓刑考验期届满,刑罚的宣告失去效力,罪和刑同时消灭。这样的缓刑也被称为附条件的有罪宣告制缓刑。

(2)缓刑考验期届满,免除原判刑罚的执行,但罪的宣告并不因此而消灭,仍然算作犯罪记录,其所涉及的是刑罚执行权的消灭。这样的缓刑也被称为附条件赦免制缓刑。

(3)在我国,对于不再执行原判刑罚也有不同的理解:有的观点认为,不再执行原判刑罚就是执行完毕。他们认为缓刑是一种特殊的执行方式,是执行方式的变更,是一种不收监关押,实行社区矫正的执行方式,因此缓刑考验期满,不是不再执行原判刑罚,而应该为原判刑罚的执行完毕。有的观点认为,不再执行就等于没有执行,更不存在执行完毕的问题。第一种观点不符合法理,也不符合法律规定,法律之所以作出这样的规定,是给被宣告缓刑的犯罪人提供一个改过自新的机会,只保留着执行刑罚的可能性,视其考验期间的表现情况来判断其人身危险性的大小,然后再看是否需要执行刑罚。考验期间表现良好,也被视为已经执行了刑罚,考验的意义也就不存在了。第二种观点认识到了是不执行原判刑罚了,但没有认识到“不再执行原判刑罚”的法律性质。

缓刑是附条件的不执行,是执行犹豫。缓刑不是执行方式或者执行场所的变更,一旦撤销缓刑,缓刑期间不能折抵刑期。这与暂予监外执行是不同的。不再执行原判刑罚实质是免除原判刑罚的执行,但定罪与判刑的客观事实依然存在,仅是执行权的消灭。那么,我国所规定的“不再执行原判刑罚”应当从两个方面来理解:一是原判宣告的罪与刑不因缓刑考验期满而消灭;二是原判刑罚因缓刑考验期满而免除执行,不再执行原判刑罚是刑罚执行权的消灭。

2. 撤销缓刑

缓刑撤销的情形主要有以下几种:

(1)因为犯新罪而被撤销,前、后罪实行数罪并罚。新罪必须发生在缓刑考验期内。对于新罪内容的要求各国有不同的规定:一是只要是犯罪,无论故意还是过失,同种还是异种罪,都撤销缓刑。二是新罪如果是重罪,则一定撤销;如果是轻罪,则不一定撤销。三是新罪如果是同种罪,则必须撤销;新罪为异种之罪,则由法官裁定是否撤销。四是新罪只有是故意犯罪才撤销,过失犯罪不撤销。五是发现漏罪,缓刑撤销。

(2)因为违反应当遵守的规定事项和不履行应当履行的义务而撤销缓刑,执行原判刑罚。

(3)因为发现缓刑人在缓刑前犯他罪而撤销缓刑。

3. 其他情形

在通常的缓刑制度中,当缓刑被撤销后,就要执行原判刑罚。这并非唯一的处理方式。在世界各国的缓刑实务中,还有以下几种处理方式:

(1)不撤销缓刑,延长考验期;

(2)对新罪再处缓刑,同原缓刑连续计算;

(3)重新制定应当遵守的事项等。

(五)特殊缓刑

1. 对于犯罪军人的战时缓刑

对于犯罪军人的战时缓刑,由于特殊的主体和特定的时间,故有着不同的考察内容,又称特殊缓刑制度。其核心是,对被判处缓刑的犯罪军人允许其戴罪立功;如果被判刑的犯罪军人有立功表现,可以撤销原判刑罚,不以犯罪论处,即罪与刑全部消灭。特殊缓刑的执行,由军事司法机关将被宣告缓刑的犯罪军人交原单位或者基层连队予以考验,原单位或者基层连队应积极组织帮教活动,为犯罪军人创造和提供必要的立功机会,因势利导促使其将功赎罪,实现战时缓刑的宗旨。

2. 我国的死刑缓期执行制度

死刑缓期执行制度实质也是一种缓刑,是一种对于死刑的缓期执行。其主要体现在:附条件地不执行某种刑罚;具有一定的考验期和一定的考验内容;如果在考验期内违反考验规定的要求,原判刑罚将要实际执行。具体内容参见死刑的执行部分。

四、缓刑制度评价

(一)缓刑制度的优点

1. 缓刑可以避免短期自由刑的各种弊端

在适用短期自由刑的实践中,人们逐渐认识到短期自由刑所具有的教育性不足、感染性强、经济性不高等弊端。在不判处短期自由刑会违背罪刑相适应原则,判处短期自由刑又会面临以上问题的两难境界中,为短期自由刑的执行设计科学、合理的行刑方式就成为顺其自然的事情。缓刑制度通过附条件地不执行原判刑罚,既避免了短期自由刑的各种弊端,还将是否执行的主动权交到犯罪人手中,提高了其社会责任感和预防再犯的自主性。

2. 缓刑符合行刑个别化、行刑社会化和行刑经济化的发展趋势

缓刑制度从犯罪人的罪、刑、人身危险等方面着眼,确定特定的考察内容和考察方式,深得行刑个别化原则之精髓。缓刑将符合条件的罪犯投放到特定社区中考察监督,既在一定程度上保持了其社会适应能力,也吸收了社区中的各种积极力量参与到刑罚执行中来,与行刑社会化一脉相承。缓刑还为国家节省了大量的监禁设施,有利于国家将有限的司法资源进行科学合理的调配,集中力量去矫正和改造那些严重犯罪分子和累惯犯,以最大限度地提高刑罚执行的效益。应当说,缓刑

正是行刑经济化在司法实践中的具体践行。

(二)缓刑制度的缺点

1. 缓刑体现的惩罚性弱

刑罚具有惩罚性,作为刑罚制度的缓刑也应当具有惩罚性。惩罚性是通过对犯罪人权益的剥夺而让其感受到痛苦体现出来的。缓刑不执行原判刑罚,而是在社会上接受考验,犯罪人的生活与工作都不受影响,其难以感受到刑罚的痛苦,刑罚的惩罚性也难以体现。另外,尽管被宣告缓刑的犯罪人在考验期间要遵守一定的事项,但这些事项所起到的约束作用有限,所体现的惩罚性也自然有限。

2. 缓刑难以发挥刑罚的威慑功能

刑罚的威慑功能是指通过刑罚的制定、适用与执行,让犯罪人或社会上的其他人对刑罚产生畏惧心理,从而使人不敢实施犯罪行为。畏惧心理的产生是基于对刑罚的感受,基于刑罚痛苦性的认识。而缓刑因是不实际执行刑罚,在社会接受考验,一方面,让社会公众看到的是犯罪人和社会正常的人没有太大的区别,难以看到刑罚给犯罪人所造成的痛苦;另一方面,犯罪人也因此而难以感受到刑罚的痛苦。在此情况下,畏惧心理无从产生,刑罚的威慑功能也无法发挥。

综上所述,缓刑制度有着其他行刑制度不可替代的作用,它顺应了当今世界行刑发展的潮流,是一项设计合理、实际运行效果良好的行刑制度。至于存在的缺陷,主要是在实际操作过程中存在的技术问题造成的,并非制度本身的先天性缺陷。

第二节 假释制度

假释又称假释放、假出狱,是一种附条件释放制度,是对服自由刑之受刑人,在执行已达一定期间后,认为确有事实,足资证明其业已改过迁善,则附条件暂予释放,并责令其接受观护机关辅导考核,如能继续保持良善,在其剩余刑期内未经撤销假释,则该剩余刑期即视同执行完毕的刑罚制度。[①] 从我国法律规定看,假释是指被判处自由刑的犯罪分子,在对其执行一定时间的刑罚后,如果确有悔改表现,没有再犯罪危险,专门机关可以将其附条件地予以提前释放的刑罚执行制度。

假释制度在现代刑罚制度中占有非常重要的地位。一般认为,假释制度源于

---

① 林山田:《刑罚学》,台北,台湾商务印书馆2010年版,第239页。

英国人亚历山大·麦克诺基,他在任澳洲新南威尔士州州长期间,首创假释之制,因此被尊为“假释之父”。[①] 19世纪中期,英国著名的狱制改革家、爱尔兰监狱总监委员会主席克罗夫顿,在前人的基础上加工完善,创制了一套完备的爱尔兰假释制度;19世纪中后期,各国先后效仿,并且在本国的刑法典中确立了假释制度的地位。1928年伦敦的万国监狱会议后,假释制度便成了各国无不采用的行刑制度。

通常认为,假释制度的产生至少需要两方面的条件:一是自由刑占据刑罚体系的主导地位;二是教育刑的思想产生、传播并用于行刑实践中。其中,教育刑思想的兴起对于假释制度的产生具有决定性的作用。

一、假释的特点

假释具有以下特点:

(一)假释是附条件的提前释放的一种刑罚执行变更制度

附条件的提前释放,这是假释制度的主要特点。如果没有附加条件,则不是假释,而是真正的释放。不同类型的假释,其差异性主要是通过附加的条件表现出来的。另外,从附加条件的具体内容上,也可以了解到假释犯在假释考验期间应当遵守的相关规定和应当履行的相关义务。

(二)假释的剩余刑期是暂缓不执行

假释并不是对所有原判刑罚都附条件地不予执行,已经执行的部分不存在变更执行的问题,其附条件不执行的仅限于原判决中尚未执行的刑罚。尚未执行的刑罚,即剩余的刑期只是暂缓不执行,当出现撤销假释的情形时,罪犯就将会被撤销假释,收监执行自假释之日起尚未执行完毕的刑罚。

(三)假释是刑罚执行方式发生变化的一种刑罚执行变更制度

假释作为一种刑罚执行变更制度,其所变更的是刑罚执行方式,即将被假释的犯罪人的执行方式由监禁变为非监禁,以期被假释的犯罪人在刑罚执行完毕回归社会时能真正适应社会。

二、假释的条件

对于假释,各国和地区基本上都规定一定的适用条件,包括对象条件、时间条件和行为条件、社区影响条件等。

---

① 也有人认为,最早推行假释制度的应为英国人菲利普,他在1790年任澳洲新南威尔士州州长期间首创假释制度。

(一)对象条件

1. 一般对象条件

在绝大多数国家和地区,假释对有期自由刑和无期自由刑都适用,如《瑞士联邦刑法典》第 38 条第 1 款规定,受刑人之重惩或轻惩自由刑刑期已执行三分之二,轻惩自由刑至少已执行三个月,其在执行期间状况良好,并可认为其于获释后亦能保持此一良好行为时,主管官署可批准假释。终身重惩自由刑受刑人已执行 15 年的,主管官署亦得将其假释。

根据我国法律规定,假释的适用对象是被判处有期徒刑、无期徒刑的罪犯。

2. 对象限制条件

绝大多数国家未作此限制。作出限制的或从犯罪人类型上,或从罪次与罪种结合上,或从犯罪人类型和罪种上,或从犯罪人类型、罪与刑结合上来限制假释的适用。

我国《刑法》规定,对累犯,故意杀人、强奸、抢劫、绑架、放火、爆炸、投放危险物质或者有组织的暴力性犯罪被判处 10 年以上有期徒刑的罪犯不得假释。

这里的累犯包括一般累犯和特殊累犯。

"故意杀人、强奸、抢劫、绑架、放火、爆炸、投放危险物质或者有组织的暴力性犯罪"是指犯罪行为,而不宜将其理解为罪名,即犯罪分子因为故意杀人、强奸、抢劫、绑架、放火、爆炸、投放危险物质或者有组织暴力性犯罪行为,被判处 10 年以上有期徒刑的,就不得假释。

"10 年以上有期徒刑"既指 10 年以上有期徒刑(包括 10 年有期徒刑),也指无期徒刑,即因实施这些犯罪行为而被判处无期徒刑的,也不得假释。那么,因此被判处死刑缓期执行的呢?根据最高人民法院《关于办理减刑、假释案件具体应用法律的规定》第 25 条第 2 款的规定,有累犯情节的和因故意杀人、强奸、抢劫、绑架、放火、爆炸、投放危险物质或者有组织的暴力性犯罪被判处死刑缓期执行的罪犯,被减为无期徒刑、有期徒刑后,也不得假释。

之所以作这样的限定和禁止,是因为累犯和以故意杀人等八种方式实施犯罪行为的犯罪分子人身危险性大,对他们宜采用剥夺自由的方式来防止其重新犯罪,通过隔离与剥夺而使其不再危害社会。并且,对这些犯罪分子以假释的方式执行刑罚也不容易为公众所认同和接受。这种限制和禁止其实是平衡刑罚的报应和功利两种价值的结果。

除从犯罪人类型和罪与刑的结合上对假释做了限制外,还有两点需要注意:

一是我国的假释与罪犯是否履行财产性判项也有关系,根据最高人民法院《关于办理减刑、假释案件具体应用法律的规定》第27条的规定，对于生效裁判中有财产性判项，罪犯确有履行能力而不履行或者不全部履行的，不予假释。

二是当依照《刑法》规定被撤销假释的，一般不得再假释。但因漏罪被撤销假释的罪犯，如果罪犯对漏罪曾作如实供述但原判未予认定，或者漏罪系其自首，符合假释条件的，可以再假释。

（二）时间条件

假释是附条件的提前释放，它必然以实际执行一定的刑期为前提。只有在执行了一定期限的刑罚后，罪犯因受刑罚的威慑或者接受教育改造才有可能真正地悔过自新，不再重新犯罪，执行机关才有条件对其服刑表现予以客观评价，从而根据其人身危险性的大小和再犯可能性的高低决定是否假释。因此，各国的假释制度在运行过程中，都要求拟被假释者必须在监狱内实际执行一定的刑期方可提出假释申请，只是对于期限的具体规定各不相同。

1. 一般时间条件

依据我国《刑法》的规定，一般情况下，被判处有期徒刑的犯罪分子，执行原判刑罚二分之一以上，可以提请假释；被判处无期徒刑的犯罪分子，实际执行13年以上，可以提请假释；被判处死刑缓期执行的，在被减为无期徒刑或者有期徒刑后，实际执行15年以上，方可假释，该实际执行时间应当从死刑缓期执行期满之日起计算，且死刑缓期执行期间不包括在内，判决确定以前先行羁押的时间不予折抵。

2. 特殊时间条件

一般情况下，被判处有期徒刑、无期徒刑的犯罪分子适用假释要受到刑期的限制，只有在原判刑期达到一定时间的情况下才能提请假释，而《刑法》第81条第2款则规定，如果有特殊情况，经最高人民法院核准，可以不受执行刑期的限制，也就是说，在特殊情况下，被判处有期徒刑不必执行原判刑期二分之一以上，被判处无期徒刑的罪犯实际执行刑期不必到13年以上，只要存在"特殊情况"，经由最高人民法院核准，便可以假释。

2016年最高人民法院《关于办理减刑、假释案件具体应用法律的规定》第24条对"特殊情况"作出了解释，是指有国家政治、国防、外交等方面特殊需要的情况。此解释是对2012年最高人民法院《关于办理减刑、假释案件具体应用法律若干问题的规定》中对"特殊情况"的"与国家、社会利益有重要关系的情况"的解释的修改，缩小了"特殊情况"的范围，而与1997年最高人民法院在《关于办理减刑、假释案件具体应用法律若干问题的规定》中所作的解释一样。根据这一解释，仅因罪犯本人的特殊才能极为需要，并且是为政治、国防、外交等方面需要，可以经最高人民法院考虑对罪犯假释。

（三）行为（实质）条件

具备假释的对象条件和时间条件只是表明罪犯有适用假释的可能性，只有具备假释的行为条件，才能使假释的可能性变为现实性。假释适用的行为条件是适用假释的关键条件，除实行必要假释制度的国家外，实行裁量假释制度的国家都对假释规定了行为条件。各国关于假释行为条件的具体规定主要有三种情形：一是罪犯在监狱服刑期间行为良好或具有悔改表现，足以让专门机关认为其已经改过自新，假释后没有再犯罪危险。这是适用假释的最主要的实质性条件。二是罪犯假释后有从事正当职业谋生的能力，或者保证重获自由后能过诚实守信的生活。三是履行因为自己犯罪而产生的民事义务。这三种有的国家只要求其中的一种或两种，有的国家则要求三种全部具备。

我国《刑法》关于假释的行为条件的规定是：在刑罚执行期间，认真遵守监规，接受教育改造，确有悔改表现，假释后没有再犯罪危险。

1. 确有悔改表现

假释的"确有悔改表现"和减刑所要求的"确有悔改表现"在认定上是一样的，即：认罪悔罪；遵守法律法规及监规，接受教育改造；积极参加思想、文化、职业技术教育；积极参加劳动，努力完成劳动任务。

2. 没有再犯罪危险

"没有再犯罪危险"是对原"不致再危害社会"的修改，应当说，与"不致再危害社会"相比，"没有再犯罪危险"更好操作。如何评估罪犯"没有再犯罪危险"？最高人民法院《关于办理减刑、假释案件具体应用法律的规定》对此作出规定，除符合《刑法》第81条规定的情形外，还应根据犯罪的具体情节、原判刑罚情况，在刑罚执行中的一贯表现，罪犯的年龄、身体状况、性格特征，假释后生活来源以及监管条件等因素综合考虑。

（四）社区影响条件

假释尽管是附条件的释放，并对其予以监管，但犯罪人毕竟是要回归社会，因此适用假释还需要考虑罪犯假释对所居住社区的影响。为此，我国《刑法》第81条规定，对犯罪分子决定假释时，应当考虑其假释后对所居住社区的影响。这里的影响不是考虑被假释的罪犯对社区居民安全所造成的威胁，这个威胁已经在"没有再犯罪危险"中予以考虑，所考虑的应是社区对被假释罪犯的评价或者反应，是否可以被社区多数居民所接受。

三、假释的考验

假释是附条件的不执行原判刑罚,附加的条件主要包括考验的期限长短、考验的内容等。另外,假释考验问题还涉及假释的决定机关和执行机关、假释的效力等问题。

(一)假释的考验期限

假释的考验期是影响假释效果的重要因素之一。考验期过长,不利于受刑人的再社会化;考验期过短,达不到考察目的。因此,各国大都较为重视假释的考验期限并予以明文规定。

我国假释制度中,假释的考验期有两种:无期徒刑的假释考验期是10年;有期徒刑的假释考验期为没有执行完毕的刑期。个别国家对假释考验期不做具体的规定,假释考验期的长短完全由司法机关裁量决定。

(二)假释期间的考验内容

我国法律规定,被假释的犯罪人应当遵守下列规定:遵守法律、行政法规,服从监督;按照监督机关的规定报告自己的活动情况;遵守监督机关关于会客的规定;离开所居住的市、县或者迁居,应当报经监督机关批准。

其他国家也有类似的规定,不过有的国家从罪犯的实际情况和个人特点出发,对于假释犯的考察监督内容规定得更为具体,行刑个别化的特点表现明显。例如,《奥地利刑法典》规定,假释者必须遵守下列事项:"居于特定场所、特定家庭或特定住宅,回避特定住宅、特定场所或特定之交际,禁绝酒精饮料,学习或者经营适合于其知识、能力及性格之职业,其住所或工作地一有变更,应立即通知,且每隔一定时间,应向法院或者其他官署报告。"

(三)假释的主体

罪犯是被假释的主体,假释主体包括假释的提请主体、决定主体和执行监督的主体。

假释的提请主体通常是刑罚执行机关,因为只有刑罚执行机关才有条件通过对罪犯执行一定期限的刑罚后判断其是否符合被假释的条件。当然,在一些国家,由于法律规定了法定假释,即只要服过一定期限或者比例的刑期即可获得假释的资格,符合条件的罪犯也可以根据自己的实际情况和法律规定的条件,由自己向有权机关提出假释申请。我国是由刑罚执行机关监狱提请对罪犯进行假释。

对假释决定主体的法律规定,各国也不尽相同,有的国家由审判机关作出假释决定,有的国家由行政机关以及行政首脑作出假释决定,有的国家由专门机关如假释委员会来决定罪犯假释。其中,由假释委员会这一具有专业水平的专门机构来决定对罪犯进行假释是国际上比较普遍的做法。假释委员会的成员通常包括法官、矫正官员、社会工作者、心理学家和行为分析家等。假释委员会成员虽然包括法官,但其地位往往独立于法院。我国的假释决定权由人民法院行使。

对假释的执行监督主体的规定大致有以下几种:一是对假释罪犯由专门的机构予以监督考察;二是由法院或者专门机构指定考验人对假释罪犯进行监督考察;三是由有关机关、团体或者个人共同对假释罪犯进行监督考察。我国法律规定,罪犯在假释考验期内,由社区矫正机构监督考察。

四、假释的撤销

在假释考验期限内,如果被假释人员没有违反法律规定的情形,假释考验期满,就认为原判刑罚已经执行完毕,并公开予以宣告。但在假释考验期内,被假释人员有违反法律规定情况的,应当撤销假释。由于撤销假释的原因不同,撤销假释的内容也有所不同。从世界各国来看,撤销假释的条件包括:再犯新罪;发现漏罪;违反假释的约束规定;有违法或不良行为。我国法律规定,在再犯新罪、发现漏罪、违反假释监督管理规定的情况下撤销假释。

(一)因犯新罪而撤销

被假释罪犯假释期间重新犯罪的,根据《刑法》第 86 条的规定,在假释考验期限内犯新罪,人民法院在刑罚裁决中应当撤销假释,依照《刑法》第 71 条的规定对罪犯所判刑罚与罪犯没有执行完毕的刑罚实行数罪并罚。即判决宣告后,刑罚执行完毕以前,被判刑的犯罪分子又犯罪实行“先减后并”。被假释罪犯假释期间所犯新罪无论是故意犯罪还是过失犯罪,都应当撤销假释。

(二)因漏罪而撤销

《刑法》第 86 条第 2 款规定,在假释考验期限内,发现被假释的犯罪分子在判决宣告以前还有其他罪没有判决的,应当撤销假释,依照《刑法》第 70 条的规定实行数罪并罚。即判决宣告后,刑罚执行完毕前发现漏罪实行“先并后减”。漏罪既包括故意犯罪,也包括过失犯罪。

(三)因严重违反有关规定而被撤销假释

《刑法》第 86 条第 3 款规定,在假释考验期限内,有违反法律、行政法规或者国务院有关部门关于假释的监督管理规定的行为,尚未构成新的犯罪的,应当依照法定程序撤销假释,收监执行未执行完毕的刑罚。因撤销假释,其已经经过的假释考验期不计算在刑期之内。

五、假释制度评价

(一)假释制度的优点

1. 假释制度有利于罪犯自新

假释的主要作用就在于鼓励罪犯自尊并能改过向善。追求自由是服刑罪犯心理需求结构中最突出的需求,对自由的渴望可以刺激罪犯改造的决心、信心和责任心,走自新的道路,而假释则可以激励罪犯通过自身的努力来缩短监禁的期限,提前获得自由。同时,假释制度兼具刑罚的威慑性与执行的灵活性,罪犯倘若在假释考验期间故态复萌,将被撤销假释,收监执行剩余刑期,从而约束了罪犯的行为。处于假释考验期的罪犯,为了不致被撤销假释而重新收监执行,就必须认真遵纪守法。假释制度的这种激励作用和约束机制,对于实现个别预防具有重要意义。

2. 假释制度可以减少行刑成本,提高行刑效益

自由刑是一种高消耗刑,监狱作为行刑机关,为保障改造罪犯需要大量成本投入。假释作为非监禁措施之一,通过将改造好的罪犯或者老弱病残无犯罪能力的罪犯放到社会上继续改造,可以集中有限资源改造顽危罪犯,从而减少刑罚运作的成本,提高行刑效益。

3. 假释制度有利于罪犯回归社会

由完全监禁状态下释放的出狱人,由于身心不能很好地适应社会自由生活,一旦遇到外界不良因素的诱惑,容易失去自控而重新犯罪。然而,假释的罪犯有假释考验期,这个期限的作用在于,罪犯虽然离开了监狱,但并非完全获得自由,处于限制自由状态,要受到诸多约束和限制。只有在整个考验期内严格要求自己,确实经受住考验,假释考验期满,才能过渡到完全自由状态。这样假释为罪犯从完全监禁到完全自由提供了心理和行为过渡所必需的缓冲期,为罪犯搭设了从完全剥夺自由到限制自由,从限制自由再到完全自由状态逐步过渡的桥梁,使罪犯与外界社会的发展逐步适应,以顺利回归社会。因此,假释制度具有使罪犯从监禁状态逐步过渡到完全自由状态的桥梁作用,弥补自由刑的不足。

(二)假释制度的缺点

1. 有可能增加社会不安全因素

罪犯在刑罚执行期间,不仅要悔改表现突出,而且要没有再犯罪危险,才有可能被适用假释。但没有再犯罪危险结论的得出还需要依据评估,然而,评估的准确度并不一定能够完全保证。也就是说,可能会出现评估某一个罪犯没有再犯罪危险,可事实是此罪犯却有再犯罪危险,出现“错误肯定”;评估某一个罪犯有再犯罪

危险,可此罪犯最终没有再犯罪危险,出现"错误否定"。错误的评估所导致的结果是将有再犯可能性的罪犯放到社会上去执行刑罚,无疑会增加社会的不安全因素。

2. 削弱刑罚一般预防的效果

对于社会公众来说,他们会因罪犯的假释而产生罪犯出狱比较容易的错觉,这会让不稳定犯罪分子觉得即使被判了刑,但能通过假释出狱,无形中会将刑罚的威慑力降低。当人们对刑罚的感受性发生变化时,刑罚的威慑力与警戒作用也在减弱,而依靠刑罚威慑来实现刑罚一般预防效果随之被削弱。

综上所述,假释制度利大于弊,它为解决长期监禁之弊而设,又顺应行刑发展的整体趋势,在自由刑还将长期占据刑罚体系中心位置的大背景下,假释还有很大的空间去发挥本身所蕴含的巨大功效。

第三节 减刑制度

减刑是减轻原判刑罚的一种刑罚执行制度,既包括由较重的刑种变更为较轻的刑种,也包括由较长的刑期变更为较短的刑期。减刑借助刑罚本身的强制规导力,以迫使或者诱导罪犯接受某种社会规范为交换,为其提供尽快改变现实境遇的途径,具有很好的激励作用。在我国,减刑是一项非常重要的刑罚执行变更制度,它在调整原判刑罚、鼓励罪犯积极服刑改造、减轻监狱压力等方面都发挥着重要的作用。其他国家法律规定有减刑的情形很少,因此减刑制度的相关内容主要是我国的。

一、减刑的特点

减刑具有以下特点:

(一)减刑是根据服刑期间罪犯的表现而对其刑期减少的一种刑罚执行制度

减刑是教育刑思想的体现,是为了有利于罪犯的改造,减刑必须依据罪犯的服刑表现而减。并且,因其是在刑罚执行过程中根据罪犯的服刑表现而减少罪犯刑期,所以减刑与减轻处罚不同。减轻处罚是法院的一种量刑活动,是根据应当判处刑罚的犯罪人的犯罪情节和犯罪后的认罪态度等对应当判处的刑罚予以减轻;减刑是在刑罚执行过程中对已经判处的刑罚的适当减轻。

(二)减刑是一项对原判刑期减少的刑罚执行变更制度

减刑是对原判刑期的适当减轻,是在肯定原判决认定事实和适用法律正确的基础上的减轻，因此不能将减刑与改判相混淆。同时，也需将减刑与减轻处罚区别开来，减刑是在刑罚执行过程中发生的，而减轻处罚是在审判过程中发生，减刑是将已判决刑罚减轻，减轻处罚则是应当判处刑罚的减轻。

二、减刑的条件

（一）减刑的限度条件

经过一次或多次减刑后，罪犯的实际服刑期限有一定的限制，判处不同刑罚的罪犯的实际服刑期规定是不一样的。

一是对判处管制、拘役、有期徒刑的罪犯而言，减刑的限度条件是罪犯的实际服刑期限不少于原判刑期的二分之一。

二是对判处无期徒刑的罪犯而言，减刑的限度条件是罪犯的实际服刑期限不少于13年。

三是被判处死刑缓期执行的罪犯经过一次或者几次减刑后，其实际执行的刑期不得少于15年，死刑缓期执行期间不包括在内。

四是对限制减刑的死刑缓期执行的罪犯，缓期执行期满后依法减为无期徒刑的，罪犯实际服刑期限不能少于25年；缓期执行期满后减为25年有期徒刑的，罪犯实际服刑期限不能少于20年。

（二）减刑的实质条件

1.“可以减刑”的条件

根据《刑法》第78条的规定，有期徒刑犯和无期徒刑犯在执行期间，如果认真遵守监规，接受教育改造，确有悔改表现的，或者有立功表现的，可以减刑。“可以减刑”适用的实质条件是确有悔改表现或者立功表现。综合考察罪犯犯罪的性质和具体情节、社会危害程度、原判刑罚及交付执行后的一贯表现等因素。

（1）悔改表现的把握。最高人民法院《关于办理减刑、假释案件具体应用法律的规定》对“确有悔改表现”作出了具体解释，是“确有悔改表现”认定的法律性依据与基础。依据该解释，“确有悔改表现”是指同时具备以下条件：认罪悔罪；遵守法律法规及监规，接受教育改造；积极参加思想、文化、职业技术教育；积极参加劳动，努力完成劳动任务。

认罪悔罪是指服刑罪犯承认自己的犯罪事实，服从人民法院的判决、裁定，认识到所犯罪行对社会的危害性并悔恨自己的犯罪行为。认罪与悔罪具有一定的依赖关系，悔罪应当是在认罪的基础上，只有真正认罪，才会悔罪。认罪悔罪的认定需注意两方面：一是对罪犯的申诉应区别对待，罪犯在刑罚执行期间的申诉权利应当依法保护,对其正当申诉不能不加分析地认为是不认罪悔罪。二是要正确处理罪犯执行财产刑和履行附带民事赔偿义务的问题。依据最高人民法院《关于办理减刑、假释案件具体应用法律的规定》,“可以减刑”的,在办理时应当考虑生效裁判中财产性判项的履行情况。罪犯是否积极缴纳财物,执行财产刑,是否积极履行附带民事赔偿义务,可以在一定意义上反映罪犯是否“认罪悔罪”,但也需要根据具体情况来判断,特别是要注意查明罪犯是否“确有执行、履行能力”。

遵守法律法规及监规,接受教育改造是指罪犯在刑罚执行期间严格遵守国家法律法规和监内各项规章纪律。

积极参加思想、文化、职业技术教育是指罪犯在刑罚执行期间积极参加监所组织的各种形式的思想、文化以及职业技术教育,思想、文化、职业技术教育是教育改造的基本内容。

积极参加劳动,努力完成劳动任务是指罪犯在刑罚执行期间积极参加监所组织的劳动生产活动,并能完成所布置的劳动任务。

“确有悔改表现”应当是将这四个方面有机结合起来考察,这四方面相辅相成、相互渗透。

另外,对职务犯罪、破坏金融管理秩序和金融诈骗犯罪、组织(领导、参加、包庇、纵容)黑社会性质组织犯罪等罪犯的“确有悔改表现”的认定本着从严的考虑。这些罪犯的“确有悔改表现”不仅要具备上述的四个方面,还应当考虑其是否积极退赃,是否协助追缴赃款赃物,是否赔偿给国家和个人造成的损失,是否利用不正当手段获得减刑。当这些罪犯不积极退赃、协助追缴赃款赃物、赔偿损失,或者服刑期间利用个人影响力和社会关系等不正当手段意图获得减刑的,不认定其“确有悔改表现”。利用不正当手段包括:一是利用个人影响力。何谓“利用个人影响力”?为有力打击贿赂犯罪,《刑法修正案(七)》增设“利用影响力受贿罪”。这里的“利用影响力”是指该国家工作人员对其他国家工作人员具有职务上或工作联系上的影响力,是“利用本人职权或者地位形成的便利条件”,具体是指行为人与被其利用的国家工作人员之间在职务上虽然没有隶属、制约关系,但是行为人利用了本人职权或者地位产生的影响和一定的工作联系,如单位内不同部门的国家工作人员之间,上下级单位没有职务上隶属、制约关系的国家工作人员之间,有工作联系的不同单位的国家工作人员之间等。我们可以比照此来看职务犯罪、破坏金融管理秩序和金融诈骗犯罪、组织(领导、参加、包庇、纵容)黑社会性质组织犯罪等罪犯的“利用个人影响力”。“利用个人影响力”是指利用了本人未被判处刑罚并被执行刑罚前的因职权或者地位而产生的影响和一定的联系。由于罪犯处于刑罚执行期间，因此所利用的只能是其未被判处刑罚并被执行刑罚前因职权或者地位所产生的影响和一定的联系。二是利用社会关系。

（2）立功表现的把握。这里的立功是减刑的依据，而不是作为量刑情节来考虑。最高人民法院《关于办理减刑、假释案件具体应用法律的规定》第4条规定，具有下列情形之一的，可以认定为有“立功表现”：阻止他人实施犯罪活动的；检举、揭发监狱内外犯罪活动，或者提供重要的破案线索，经查证属实的；协助司法机关抓捕其他犯罪嫌疑人的；在生产、科研中进行技术革新，成绩突出的；在抗御自然灾害或者排除重大事故中，表现积极的；对国家和社会有其他较大贡献的。

2. 应当减刑的条件

《刑法》第78条规定，有期徒刑犯和无期徒刑犯有重大立功表现之一的，应当减刑。最高人民法院《关于办理减刑、假释案件具体应用法律的规定》第5条规定，具有下列情形之一的，应当认定为有“重大立功表现”：阻止他人实施重大犯罪活动的；检举监狱内外重大犯罪活动，经查证属实的；协助司法机关抓捕其他重大犯罪嫌疑人的；有发明创造或者重大技术革新的；在日常生产、生活中舍己救人的；在抗御自然灾害或者排除重大事故中，有突出表现的；对国家和社会有其他重大贡献的。

三、减刑的起始时间、幅度、间隔时间

在刑罚执行期间，确有悔改表现或立功表现，可以减刑。但何时开始减刑、保持多大幅度、前后两次减刑需要间隔多长时间，这些都是在具体适用减刑时所要解决的问题，在我国刑法中并没有具体规定，而由最高人民法院通过司法解释的方式在《关于办理减刑、假释案件具体应用法律的规定》中作出了规定。之所以需要对减刑的起始时间、幅度、间隔时间作出规定，原因包括：一是罪犯的主观恶性不同，其人身危险性大小不一样，对于不同的刑罚、不同的犯罪人需要作出不同的规定，以体现刑罚个别化；二是罪犯的悔改需要一定的时间考察，而罪犯的悔改也需要一个过程；三是减刑并不是无限制的，需要一定的制约，以发挥刑罚的作用。

（一）减刑的起始时间

减刑的起始时间是指罪犯服刑多长时间才可以开始减刑。不同刑期的罪犯、一定犯罪类型的罪犯其减刑的起始时间也是不一样的。

1. 一般罪犯规定

（1）被判处有期徒刑的，按其刑期分为三个档次：应当执行一年以上方可减刑；应当执行一年六个月以上方可减刑；应当执行二年以上方可减刑。

(2)被判处无期徒刑的罪犯在刑罚执行期间,符合减刑条件的,执行二年以上,可以减刑。

(3)判处死刑缓期执行的罪犯减为无期徒刑后,符合减刑条件的,执行三年以上方可减刑;被判处死刑缓期执行的罪犯减为有期徒刑后,符合减刑条件的,执行二年以上,可以减刑。

2. 特殊罪犯规定

这里的"特殊罪犯"是指符合减刑条件的,对其从严要求的一些罪犯,包括11类:职务犯罪罪犯;破坏金融管理秩序和金融诈骗犯罪罪犯;组织、领导、参加、包庇、纵容黑社会性质组织犯罪罪犯;危害国家安全犯罪罪犯;恐怖活动犯罪罪犯;毒品犯罪集团的首要分子及毒品再犯;累犯;确有履行能力而不履行或者不全部履行生效裁判中财产性判项的罪犯;因故意杀人、强奸、抢劫、绑架、放火、爆炸、投放危险物质或者有组织的暴力性犯罪被判处10年以上有期徒刑的罪犯(包括无期徒刑和死刑缓期执行的);数罪并罚且其中两罪以上被判处10年以上有期徒刑的罪犯和数罪并罚被判处无期徒刑和被判处死刑缓期执行的罪犯;被限制减刑的死刑缓期执行罪犯。

(1)前10类被判处有期徒刑的罪犯,无论是被判处10年以下有期徒刑,还是10年以上有期徒刑,执行2年以上方可减刑。

(2)前10类被判处无期徒刑的和被判处死刑缓期执行,减为无期徒刑后的罪犯,执行3年以上方可减刑。

(3)对符合减刑条件的职务犯罪罪犯,破坏金融管理秩序和金融诈骗犯罪罪犯,组织、领导、参加、包庇、纵容黑社会性质组织犯罪罪犯,危害国家安全犯罪罪犯,恐怖活动犯罪罪犯,毒品犯罪集团的首要分子及毒品再犯,累犯,确有履行能力而不履行或者不全部履行生效裁判中财产性判项的罪犯,被判处10年以上有期徒刑的,以及因故意杀人、强奸、抢劫、绑架、放火、爆炸、投放危险物质或者有组织的暴力性犯罪被判处10年以上有期徒刑的罪犯,数罪并罚且其中两罪以上被判处10年以上有期徒刑的罪犯,执行2年以上方可减刑。

(4)被限制减刑的死刑缓期执行罪犯,减为无期徒刑后,符合减刑条件的,执行5年以上方可减刑。

(二)减刑的幅度

减刑的幅度是罪犯的一次减刑能被减多少刑期。

1. 一般罪犯的减刑幅度

罪犯的减刑幅度按照其服刑表现进行区分,分为四个档次:确有悔改表现或者有立功表现的;确有悔改表现并有立功表现的;有重大立功表现的;确有悔改表现并有重大立功表现的。

(1)有期徒刑的减刑幅度按其服刑表现依次为:不超过9个月有期徒刑,不超过1年有期徒刑,不超过1年6个月有期徒刑,不超过2年有期徒刑。

(2)无期徒刑的依次为:减为22年有期徒刑,减为21年以上22年以下有期徒刑,减为20年以上21年以下有期徒刑,减为19年以上20年以下有期徒刑。

(3)死刑缓期执行被减为无期徒刑的依次为:减为25年有期徒刑,减为24年以上25年以下有期徒刑,减为23年以上24年以下有期徒刑,减为22年以上23年以下有期徒刑。死刑缓期执行被减为有期徒刑的依次为:减为22年有期徒刑,减为21年以上22年以下有期徒刑,减为20年以上21年以下有期徒刑,减为19年以上20年以下有期徒刑。

2. 特殊罪犯的减刑幅度

特殊罪犯即为前述的11类罪犯。

(1)前8类被判处10年以下有期徒刑的及10年以上有期徒刑的,减刑幅度比照上述一般罪犯从严掌握,其一次减刑不超过1年有期徒刑。

(2)前10类被判处无期徒刑的罪犯,减刑幅度应当比照被判处无期徒刑的一般罪犯从严掌握,其减刑后的刑期最低不得少于20年有期徒刑;并且,这些罪犯减为有期徒刑后再减刑时,减刑幅度要比照被判处不满5年有期徒刑的,5年以上不满10年有期徒刑的及10年以上有期徒刑的减刑幅度从严掌握,一次不超过1年有期徒刑。

(3)前10类被判处死刑缓期执行的罪犯,减为无期徒刑后,减刑幅度分为两个档次:一是一般减为25年有期徒刑;二是有立功表现或者重大立功表现的,可以比照被判处死刑缓期执行的一般罪犯减刑幅度减为23年以上25年以下有期徒刑。减为有期徒刑后再减刑时,减刑幅度要比照被判处不满5年有期徒刑的,5年以上不满10年有期徒刑的减刑幅度从严掌握,一次不超过1年有期徒刑。

(4)被限制减刑的死刑缓期执行罪犯,减为无期徒刑后,减刑幅度应当比照被判处无期徒刑的一般罪犯从严掌握,其减刑后的刑期最低不得少于20年有期徒刑;被限制减刑的死刑缓期执行罪犯,减为有期徒刑后再减刑时,一次减刑不超过6个月有期徒刑,有重大立功表现的,间隔时间可以适当缩短,但一次减刑不超过1年有期徒刑。

(三)减刑的间隔时间

1. 被判处有期徒刑罪犯的减刑间隔时间

被判处不满10年有期徒刑的罪犯,两次减刑间隔时间不得少于1年;被判处

10 年以上有期徒刑的罪犯,两次减刑间隔时间不得少于 1 年 6 个月。减刑间隔时间不得低于上次减刑减去的刑期。

2. 被判处无期徒刑罪犯的减刑间隔时间

被判处无期徒刑的罪犯在刑罚执行期间,符合减刑条件的,减为有期徒刑后再减刑时,两次减刑间隔时间不得少于 2 年。

3. 被判处死刑缓期执行罪犯的减刑间隔时间

(1)被判处死刑缓期执行的罪犯减为有期徒刑后再减刑时,两次减刑间隔时间不得少于 2 年。

(2)被限制减刑的死刑缓期执行罪犯,减为无期徒刑后再减刑时,两次减刑之间应当间隔 2 年以上;被限制减刑的死刑缓期执行罪犯,减为有期徒刑后再减刑时,两次减刑间隔时间不得少于 2 年,有重大立功表现的,间隔时间可以适当缩短,但一次减刑不超过 1 年有期徒刑。

四、减刑制度评价

(一)减刑制度的优点

1. 减刑具有变更原判刑罚的调控功能

自由刑有刑罚过剩和刑罚不足的弊端,减刑制度可以在一定程度上对刑罚过剩的情况予以调控和补救。在我国监狱行刑中,刑罚不仅与犯罪的客观程度相适应,而且与罪犯接受改造的程度相适应,这是我国坚持惩罚与改造相结合,注重改造罪犯的行刑思想的具体体现。减刑的调控功能,使刑罚执行富有弹性,也使刑罚执行更加讲究效益,避免了刑罚的浪费。

2. 减刑具有引导罪犯积极服刑改造的功能

服刑改造罪犯最普遍和最基本的心理需求是缩减刑期,早日获得自由。减刑制度的实施为罪犯正确地实现这一愿望提供了法定的途径和机会。正因如此,减刑的法定条件便成为罪犯服刑改造的目标,而这一目标与监狱改造罪犯的目标是完全一致的。可以说,罪犯为获得减刑而努力的过程,就是罪犯努力贴近监狱改造罪犯目标的过程,因此减刑具有引导罪犯积极服刑改造的功能。

3. 减刑具有对罪犯的强大激励功能

减刑的激励功能在于罪犯在积极服刑改造具备悔改或者立功表现时,能得到兑现减刑的奖励。减刑的激励功能的实现,要求减刑的裁定不仅要客观、公正,而且必须及时。一般来说,及时的奖励比延迟的奖励效果要好,更能激发罪犯进一步产生改造的愿望和继续努力的动机。

（二）减刑制度的缺点

1. 减刑在一定程度上有违罪刑法定原则

减刑是在原判决不存在任何错误的情况下，不附加任何条件地减去原判刑罚中的一部分，在激励罪犯的同时，也在一定程度上违背了罪刑法定原则。这是减刑制度受到诟病最多的方面，也是一些国家法律没有规定减刑制度的原因所在。

2. 减刑容易使罪犯产生功利服刑的动机

与缓刑、假释两种行刑制度相比，减刑机关对于减去的刑罚没有设置任何的附加条件，减刑裁定一经生效，减去部分的刑罚便不再执行，哪怕罪犯随后的表现不好，也不得再执行已经减去的刑罚。由于缺乏预后性，很多罪犯在减刑后的一段时间内，都出现了改造滑坡的现象。对于那些伪装积极、并没有真正改造好的罪犯，当其在获得减刑后原形毕露时，执行机关对他们束手无策。这是减刑制度存在的另一大缺陷。

综合以上两方面，并将减刑制度与缓刑和假释做一比较，不难发现，减刑制度的优点和缺点同样都很明显。减刑所具有的功效其他行刑制度无法替代，这是保留减刑制度的价值基础。减刑制度存在的缺陷，则是对该制度进行改造和完善的现实依据。

思考题

1. 简述缓刑制度的特点及条件。
2. 缓刑制度有哪些优点？
3. 简述假释制度的特点及条件。
4. 假释制度有哪些优点？
5. 评述减刑制度。

第十七章　各种刑罚的执行

不同的刑罚具有不同的功能，不同的刑罚方法在执行上也形式各异。如何设计、改革、完善各种刑罚的执行方式，对于充分发挥各刑种的功能有非常重大的理论和现实意义。本章就各种刑罚在历史上、域内外的执行方式进行分析的基础上，对我国现行的各个刑种的执行方式进行了深入分析，并结合我国司法实践中的新动态，提出了若干改革和完善刑罚执行方式的建议。

第一节　生命刑的执行

生命刑是刑罚体系中最为严厉的刑罚方法，它剥夺的是犯罪人最基本的也是最为宝贵的权利。无论是在中国还是在世界上的其他国家，生命刑在刑罚历史发展过程中都占据着非常重要的地位，并且长期占据刑罚体系的中心位置，对其他刑罚方法起着牵引和制约作用。

生命刑具有威慑力大、满足社会报应观念、执行简便等优点，但是，它也具有其他刑罚方法所没有的巨大的副作用。正因为生命刑优劣并存，世界各国对于生命刑的存废采取了不同的态度，有完全废除的，有部分废除的，有事实废除的，有保留的，而保留的国家为了减少其副作用而在实践中对生命刑进行了严格限制，如我国。

一、生命刑的执行原则

生命刑的严厉性和不可逆性，决定了生命刑执行有着与其他刑罚不同的执行原则。

（一）慎重执行原则

在执行阶段，要对死刑犯进行最后的审查，以对其身份和所犯罪行、判决过程和结论进行最后的确认。为贯彻慎重执行原则，我国法律规定，第一审人民法院在接到执行死刑命令后、执行前,发现罪犯揭发重大犯罪事实或者有其他重大立功表现可能需要改判的,罪犯怀孕的,判决、裁定可能有影响定罪量刑的其他错误的等,应当暂停执行,并立即将请求停止执行死刑的报告和相关材料层报最高人民法院,由最高人民法院作出最后裁定。在执行的整个过程中,检察机关全程监督,保证执行机关按照法律规定的方式和程序执行死刑。

(二)不公开执行原则

历史上,死刑的公开执行是主要执行方式,以增加死刑的威慑力量。西方国家通常在闹市设断头台;中国古代的死刑执行也往往在人员聚集的集市,公开行刑,陈尸于市,即所谓的示戮制度。随着刑罚人道主义的兴起,死刑的执行方式由公开转向不公开。因此,目前世界范围内的死刑大多选择在秘密场所由专门的行刑人员不公开执行。死刑的执行不公开,但相关信息需向社会公布,而且在执行现场必须有法律规定的人员参加、监督。例如,英美法系国家的死刑一般在监狱内执行,现场有执行吏、狱医、法定官员等;日本也在监狱内执行死刑。我国法律明文规定,死刑应当在指定的刑场或者羁押场所内执行;应当公布,不应当示众。

(三)尽可能减少受刑人痛苦原则

为了从死刑犯身上最大限度地挖掘刑罚的威慑效果,早期的死刑执行残酷而血腥,极尽制造、增加受刑人痛苦之能事,延长死刑执行的时间,砍、剐、烧、溺、绞、裂、饿、剥等各种手段无不用其极。这些做法在给受刑人本人造成极大的肉体痛苦的同时,也给其亲属带来长期、刻骨铭心的精神创伤。随着刑罚思想的转变,当今的死刑执行都尽可能地贯彻减少受刑人的痛苦的原则。使受刑人受最小限度的痛苦,不仅指肉体上,还包括精神方面,死刑执行由刻意给死刑犯制造痛苦向尽量减少死刑犯痛苦、尊重死刑犯人格的方向发展。联合国1984年通过的《关于保护面对死刑的人的权利的保障措施》中要求:“判处死刑后,应以尽量减轻痛苦的方式执行。”即使面临即将执行死刑的人,也不能对其进行肉体折磨和精神侮辱。

二、生命刑的执行方式

当今世界范围内的死刑执行方式主要有以下六种:

(一)枪决

枪决,即由枪支发射子弹击毙死刑犯的死刑执行方式。这一方法简便易行,可以使被执行人在非常短的时间内死亡,减少其因执行死刑所造成的痛苦,故为世界大多数国家所采用。该种执行方式存在的问题是:执行死刑往往造成死刑犯躯体的某个部位残缺,枪击部位的选择也容易受到人道主义的责难。心脏和头部是枪决史上最主要的射击部位。由于射击心脏不能在最短的时间内致人死亡,因此枪决多选择头部作为射击目标。枪击头部能在最短的时间内致死刑犯死亡,极大地减少了其在执行过程中所承受的痛苦。但是,枪击头部往往使受刑人面目全非,且执行现场过于血腥,对公众和行刑手都造成一定的不良影响。

(二)斩首

斩首,即用刀切断死刑犯颈部致其死亡的死刑执行方式。这种方式为少数阿拉伯国家和非洲的一些国家所采用。

(三)绞死

绞死,即使用特制的绞索架,通过绞、勒死刑犯颈部致其死亡的死刑执行方式。这种方式在历史上曾经盛极一时,一些重要的历史事件中都能找到绞刑的痕迹。现在这种执行死刑的方式在世界范围内已较少被采用。

(四)电击死

电击死,即用强大的电流击死死刑犯的死刑执行方式。该种方法首创于美国。这种方式具有执行时间短、执行场面不血腥等特点,为较多国家所采用。

(五)毒死

毒死,即以毒气处死死刑犯的死刑执行方式。通常情况是将受刑人置于密封的空间或容器内,注入毒气,死刑犯在吸进有毒气体后中枢神经麻痹并最终导致死亡。这种方式可以使受刑人迅速死亡,并且执行场面相对温和,缺点是执行费用过于昂贵。

(六)注射致死

注射致死,即将特定的化学药剂注射进死刑犯体内而致其死亡的死刑执行方式。注射致死其实也是毒死的一种方式,其执行过程短暂,手法相对温和,被认为是一种较为理想的死刑执行方式。

我国法律规定的执行死刑的方式有两种:枪决和注射。注射的方式在死刑执行实务中有逐渐推广的明显趋势。

三、我国生命刑的执行

我国生命刑的执行有两种情况:死刑立即执行和死刑缓期执行。

(一)死刑立即执行

1. 死刑立即执行的程序

(1)签发死刑执行命令。最高人民法院院长根据最高人民法院对死刑犯的最终复核裁定,签发死刑执行命令。死刑执行命令签发后,应当立即送达负责执行死刑的人民法院,即第一审人民法院。在接到最高人民法院院长签发的死刑执行命令后,负责执行死刑的人民法院应当按照法律规定,在7日内将死刑犯交付执行。

(2)交付相关的人民法院执行。负责执行死刑的人民法院在接到死刑执行命令后,应当尽快确定死刑执行的具体日期,并选择恰当的死刑执行方式和场所;确定行刑的指挥、参与和执行人员;及时通知检察机关派员监督行刑过程;安排好押解路线和行刑场所的安全警戒工作;起草和印刷执行死刑的布告;通知死刑犯家属,以方便其领取死刑犯的骨灰或者尸体。有条件的可以安排死刑犯与家属进行最后会面。

(3)验明正身。由指挥执行的审判员对死刑犯进行最后的身份确认,同时,讯问死刑犯有无遗言或信札,并制作笔录。

(4)押赴刑场,执行死刑。根据执行方式的不同,确定不同的执行场所。枪决通常选择在较为偏僻、安全、容易疏散的场所,这样既可以保证射出的子弹不会伤及他人,也不会造成群众围观,同时还能够保证死刑的顺利执行。用注射的方式处死死刑犯时,执行场所通常选在监狱等特殊单位的医疗部门,现在我国个别省份配备有专门执行注射死的行刑车。

(5)制作执行笔录。负责执行死刑的人民法院应当对死刑的整个执行过程制作笔录,对执行方式、场所、参加人员、罪犯死亡时间、法医确认罪犯死亡证明等进行详尽记载,同时还应对执行过程进行拍照或者录像。

(6)做好善后工作。对死刑犯的尸体、遗物、遗言等及时处理。

2. 死刑立即执行中应当注意的问题

由于死刑剥夺的是人最为重要的权利,与死刑相关的任何问题都受到社会的极大关注。在对待死刑犯以及执行死刑的方式上,应当保持应有的理性,特别注意以下几种情形:

(1)避免集中宣判,集中执行。集中宣判和执行,势必影响到按照法律规定的时效制度,一部分案件被提前上报,一部分案件被延后上报。同时,集中宣判和执行的日期通常选择在重大节日之前,这种做法使死刑犯家属的生活长期与大众形成强烈反差,节日和亲属的忌日接近,喜庆和悲伤对比鲜明,他们会感觉到自己的家庭与整个社会格格不入,从而产生严重的被抛弃感。

(2)禁止游街示众。这种做法一方面激发了普通人的残忍心理,易导致社会心理对于死刑的麻木不仁;另一方面会使一部分人对死刑犯产生怜悯心理,影响刑罚功能的正常发挥。

(3)死刑执行的方式应当体现平等。法律只规定一种死刑执行方式时,不存在死刑执行的方式是否平等这一问题。但是,当法律规定了两种以上的死刑执行方式时,这一问题便不可避免。这一问题的解决取决于两个因素:一是死刑犯是否有权利选择死刑的执行方式;二是执行机关是否有为死刑犯提供其所选择的死刑执行方式的条件。

(二)死刑缓期执行

为了限制生命刑的实际执行,给那些尽管罪行极其严重,罪应处死但不必立即执行的犯罪人一个改过自新的机会,我国创造性地设立死刑缓期执行制度,取得了良好的社会效果和刑罚效果。我国的死缓制度主要内容由缓期执行死刑考验期和考验条件两部分构成。生命刑的缓期执行的内容主要是对死缓犯在法律规定的考验期内进行考验,并根据考验结论决定是否对其实际执行死刑。

1. 死刑缓期执行的考验期

(1)缓期执行考验期起始时间的确定。我国法律对死缓犯规定了二年的缓期执行考验期。《刑法》第 51 条规定,"死刑缓期执行的期间,从判决确定之日起计算"。最高人民法院《关于适用〈中华人民共和国刑事诉讼法〉的解释》第 498 条第 1 款规定:"死刑缓期执行的期间,从判决或者裁定核准死刑缓期执行的法律文书宣告或者送达之日起计算。"具体来讲,就是由高级人民法院作出的死刑缓期执行判决的犯罪人,其缓刑考验期从判决宣告之日起计算;由高级人民法院或者中级人民法院作出的死刑缓期执行判决的犯罪人,其缓刑考验期从高级人民法院裁定核准死刑缓期执行的裁定书送达之日起计算。因此,不能把将死缓犯交付监狱执行之日作为缓刑考验期的起算日期。

(2)对死缓犯的考验方式。死刑缓期执行并不是一个独立的刑种,对死缓犯的考验,其实质就是对死缓犯的执行。我国现行的做法是将其羁押于监狱,由监狱人民警察负责监督、考察,其具体执行的方式与自由刑的执行并无明显区别。

2. 死刑缓期执行的变更

(1)变更为立即执行。如果死缓犯在考验期内的任何时间又故意犯罪,情节恶劣的,则应当结束考验,报请最高人民法院核准后对其执行死刑。其执行程序与死刑立即执行相同。

(2)重新计算考验期。二年考验期满后,故意犯罪未执行死刑的,死刑缓期执行的期间重新计算,并报最高人民法院备案。

(3)变更为自由刑。考验期内没有故意犯罪,则在考验期届满时视情况变更为无期徒刑或者有期徒刑。死刑变更为徒刑后,对犯罪人的刑罚执行方式与自由刑的执行方式相同。

第二节　自由刑的执行

自由刑是剥夺或者限制犯罪人人身自由的刑罚方法。自由刑在刑罚发展史上出现较晚，但是由于该刑种不夺命、不伤体、不损财，能够实施矫正计划使犯罪人改过自新，并且具有可分割性，能够满足惩治不同犯罪的需要，实现刑罚的诸多目的，因此在18、19世纪初资产阶级革命胜利后，自由刑的地位逐渐上升并最终占据了刑罚体系的中心位置，从而宣告了以死刑和肉刑为中心的传统刑罚体系的终结，同时也推动了刑罚向着轻缓化的方向发展。

自由刑承载着无数刑罚学家和社会学家的太多的理想和期待，被誉为近代“刑罚之花”。然而，在长期的行刑实践中，被人们期待的自由刑的行刑效果并不能尽如人意。随着自由刑的广泛运用，人们发现自由刑不仅未能有效地威慑潜在犯罪者，也未能实现使罪犯重返社会的理想。相反，作为自由刑载体的监狱却往往成为滋生犯罪的温床和生产累犯的工厂。这使很多人对自由刑产生明显的失望情绪。尽管这样，自由刑依然占据着各个国家刑罚体系的中心位置。既然如此，我们所要考虑的就是在自由刑的执行中，如何充分发挥自由刑的优点，消除自由刑在实现刑罚目的过程中的不利因素。

根据执行方式的不同，自由刑可以分为监禁性的自由刑和非监禁性的自由刑两种。

一、监禁性的自由刑的执行

根据是否实际执行，监禁性的自由刑还可以分为实际执行和缓期执行两种。监禁性的自由刑一旦被决定缓期执行，其执行的方式与非监禁性的自由刑的执行方式相同。本处所探讨的监禁性的自由刑仅指实际执行的部分。

（一）监禁

监禁是监禁性的自由刑的最基本的执行方式，通常是将犯罪分子羁押于特定的封闭性非常强的物理设施之中，并对其实施全方位、全天候的严格看管。为了保证执行场所的安全和防止服刑罪犯脱逃，监禁场所的物理设施一般由围墙、电网、大门、警戒地带等构成，同时配备带有武器的武装力量，使监禁场所与外界严格隔离开来。罪犯只能与法律规定的有限的外界关系进行联络。

1. 监禁的功能

从历史上看，自由刑的执行方式只有监禁性一种，其主要功能有两个方面：一是惩罚犯罪人；二是通过监禁的方式剥夺犯罪人的再犯罪能力，防止其再对社会造成新的危害，达到个别预防的目的。失去选择的权利和必须接受执行机关的指令是剥夺自由的终极含义，严格监禁是自由刑的最好的选择。

2. 监禁的缺陷

监禁作为一种手段，它在实现刑罚目的的过程中并非尽善尽美。现代自由刑以矫正和改善罪犯，使其适应社会生活为目的，而监禁的封闭性与这一目的形成一对悖论。对此，苏联刑法学家 A. M. 亚科夫列夫曾做过全面透彻的分析。他认为：第一，自由刑的目的是最大限度地使犯罪人适应社会正常条件下的生活，但又不得不把他与社会隔离开来。第二，希望以正确的观点取代犯罪人头脑中的有害想法和习惯，希望他能养成有益于社会的品质，可是要把他同其他犯人放在一起，而在这里却最容易相互传染各种恶习。第三，虽然力求使犯罪人适应在公民正常的劳动环境中的生活，却又要把他放在与自由公民的生活截然不同的环境中。对一个人来说，剥夺自由基本上是一种不正常和不自然的状态。第四，为了不重新犯罪，一个人应能跨过通往自由的大门，在正确的道路上积极地活动。从事公益活动的本领乃是一个人同罪恶的生活方式彻底决裂的不可缺少的条件。然而，剥夺自由这种刑罚却使人失去很大的一部分独立生活的能力，养成一种按照定好的规则被动行动的习惯。①

3. 监禁的类型

（1）杂居制。杂居制是自由刑执行早期的基本方式。最初的监狱中，犯人不分年龄、性别、犯罪类型等混同关押在一起。杂居制在运行过程中，恶习交互感染、流行病传染、恃强凌弱、暴力冲突不断等现象十分严重。

（2）独居制。为了改变杂居制所存在的罪犯之间恶习交互感染问题，美国的宾夕法尼亚州最早尝试对押犯进行单独关押，每个犯人都被关押于单独的牢房，史称“独居制”，又称“宾夕法尼亚制”。该制度较为彻底地解决了杂居制中存在的各种问题，但是具有本身不可克服的缺点：不仅建造单独牢房的成本过高，而且独居制长期使罪犯处于孤寂、颓废的精神状态之中，许多罪犯因此出现精神疾病问题，独居制也因此受到批评，被认为是“荒谬绝伦”。

（3）沉默制。针对独居制在改革中所产生的新的问题，美国的奥本监狱又进行

---

① ［苏联］巴格里·沙赫马托夫：《刑事责任与刑罚》，韦政强等译，法律出版社 1984 年版，第 310 页。

了一种新的尝试。该监狱要求犯人们共同生活在一起,共同劳动,但是所有的罪犯都必须保持沉默,目光向下,在任何时候都不得有任何形式的交谈,包括手势和眼神。这种尝试史称"沉默制",又因由奥本监狱率先实施而被称为"奥本制"。该种关押方式的尝试同样以失败而告终。不仅完全的沉默不可能,并且因"禁止世界上唯一会使用语言的动物使用语言"而受到人道主义者的抨击。

(4)自治制。自治制是监狱将服刑罪犯的自身事务(主要是生活处遇方面)交由罪犯自己管理,监狱管理人员不予强制干涉,而只进行监督指导,由服刑罪犯自己维护生活秩序,改善自己,为回归社会做好准备的一种处遇方式。① 这种方式优点是在严格监禁环境中使罪犯保持一定的自制力和社会适应能力,以便其顺利回归社会;缺点是过高地估计了在押罪犯的自控能力和改善自己的自觉性,容易滋生牢头狱霸和造成监管秩序失控。

(5)分类制。即将罪犯按照一定的标准进行分类后,对不同类型的罪犯实施不同程度的监管和不同方式的教育。这是一种较为科学的行刑方式,能满足行刑个别化和行刑科学化的基本要求,为世界各国监狱所采用。该制度存在的难以解决的问题是:最恰当的罪犯分类标准是什么?

(6)累进处遇制。这是到目前为止,被认为对严格监禁进行改革最成功的努力。其具体做法是,在横向分类的基础上,根据罪犯的具体情况对其纵向分级。不同的级别有不同的处遇,罪犯经过自己的努力可以上升到较高的处遇级别,享受较好的狱内处遇。反之,则要降低处遇级别,享受较差处遇。该制度将在监狱内享受何种处遇的决定权交到罪犯手中,能有效激发罪犯的积极性。执行机关只要设计好科学、合理的分级制度和处遇管理制度,就可以引导罪犯向着执行机关设定的方向发展。

(二)劳动

在刑罚发展史上,劳动曾经被作为惩罚犯罪人的一个手段而被广泛运用于徒刑的执行之中。现代自由刑在执行过程中,也把劳动作为一个重要的要素,用以培养服刑罪犯的劳动技能和劳动习惯。通常情况下,有劳动能力的罪犯都要参加执行机关所规定的劳动,并且以是否完成一定的劳动量作为评定其服刑表现的一个重要指标。一些西方国家曾经尝试纯监禁的执行方式,但是,都因缺乏劳动的监禁会使服刑罪犯的精神长期处于颓废状态,不利于复归社会而告终结。

(三)教育改造

单纯的监禁可以避免社会在一段时间内免受犯罪人的再次侵害,但是,仍然存

---

① 王泰:《现代监狱制度》,法律出版社2003年版,第89页。

在其刑满释放后再次危害社会之虞。要改变这种情况,就有必要利用罪犯被监禁这一有利条件,对其进行教育改造和行为训练(西方国家多称为矫正)。教育和训练的内容,不同的国家有所不同,同一国家针对不同类型的罪犯所开展的教育方式和内容也不尽相同。教育并非万能的,一些因生理或者心理缺陷而犯罪的人,正常的教育方式和内容可能难以对其产生积极的影响。

心理矫治是执行机关利用心理科学的研究成果来教育和改造罪犯的一种新方式。心理矫治可以弥补传统教育改造功能的不足,二者形成一种互补关系。传统的教育改造侧重于通过灌输某种思想来对罪犯进行教诲,而心理矫治则侧重于通过医学技术来对罪犯进行矫正。

二、非监禁性的自由刑的执行

监禁性的自由刑的执行是通过剥夺犯罪人的人身自由,以监禁的形式来执行刑罚;非监禁性的自由刑的执行则是通过限制犯罪人的人身自由,以不对犯罪人进行关押的形式来执行刑罚。

如前所述,严格的监禁存在诸多弊端,随着人们对于严格监禁给受刑人所带来的各种不良影响以及对社会资源造成巨大消耗的情况的认识越来越深入,一些国家在继续完善以自由刑为中心的刑罚体系的同时,也在积极地寻找监禁刑的替代措施,限制犯罪人人身自由的非监禁性的自由刑成为较理想的选择。

非监禁性的自由刑的执行是在社会上执行刑罚,被判处非监禁性自由刑的罪犯仍像正常人一样生活在社会中,保持正常的社会联系。有的国家法律规定,罪犯在劳动中还与他人享受同等的报酬待遇。罪犯在服刑期间,必须遵守法律规定的一些约束,履行法院依法确定的罪犯必须履行的义务,如限制行动范围、定期向有关机关汇报活动情况、参加判决确定的义务劳动等。

三、我国自由刑的执行

在我国,监禁性的自由刑包括拘役、有期徒刑和无期徒刑。非监禁性的自由刑只有管制刑。

(一)拘役的执行

我国《刑法》第 43 条第 1 款规定:“被判处拘役的犯罪分子,由公安机关就近执行。”拘役属于短期自由刑,最长的拘役期限是 6 个月,在将审判前羁押的日期折抵后,被判处拘役的罪犯的刑期已所剩无几,没有必要将其送交监狱执行。此处的就近执行,指的是在罪犯原来工作、生活、居住地的附近执行。具体的执行场所可以是专门的拘役所,也可以是看守所。如果公安机关没有拘役所,看守所也不具备关押条件的,也可以在附近的监狱执行。在看守所执行时,要注意将被判处拘役的罪犯与未决犯分开关押。

1. 拘役的执行时间

拘役的执行时间,从判决执行之日起计算;判决执行以前先行羁押的,羁押一日折抵刑期一日,其起算时间和折抵方法与有期徒刑的执行相同。

2. 拘役的执行方法

拘役的执行方法主要有监管、劳动和教育。拘役犯在服刑期间,由执行机关对其进行严格监管,《刑法》第 43 条第 2 款规定,被判处拘役的犯罪分子参加劳动的,可以酌量发给报酬。执行机关还要对拘役犯进行思想教育。针对被判处拘役的犯罪分子往往罪行较轻、主观恶性不深,犯罪往往是因为缺乏应有的社会责任感和法律意识,同时由于拘役犯的刑期较短,无法系统地开展文化教育和职业技术教育,因此对拘役犯的教育重点是培养遵纪守法的思想意识和树立较强的社会责任感,以促使其端正为人处世和对待工作的态度,避免再次走上犯罪道路。

与被判处徒刑的罪犯不同,拘役犯享有以下两项权利:(1)每月可以回家 1～2 天,路途较远或者交通不便的,探亲假期可以集中使用;(2)参加劳动的拘役犯可以获得一定的劳动报酬。以上两项权利的行使,由执行机关根据拘役犯的实际表现来决定。

(二)有期徒刑和无期徒刑的执行

《监狱法》第 2 条第 2 款规定,被判处无期徒刑和有期徒刑的罪犯,在监狱内执行刑罚。另外,《刑事诉讼法》第 264 条第 2 款规定,罪犯在交付执行刑罚前,剩余刑期在 3 个月以下的,由看守所代为执行。有期徒刑和无期徒刑是自由刑中适用率较高的两个刑种,二者是刑罚执行的主要内容。

1. 有期徒刑和无期徒刑的执行时间

有期徒刑的刑期,从判决执行之日起计算;判决执行以前先行羁押的,羁押一日折抵刑期一日。无期徒刑只有执行的起始时间,而没有终了时间。但是无期徒刑犯在服过一段时间的刑期后,在大多数情况下会变更为有期徒刑,这种变更对无期徒刑犯的实际服刑时间有特殊的限制和要求。因此,执行机关不能因为无期徒刑只有执行的起始时间而没有终了时间,从而忽视对无期徒刑犯服刑时间的计算。

2. 有期徒刑和无期徒刑执行的方法

(1)监管改造。监管改造是有期徒刑和无期徒刑最基本的执行方式,也是教育改造和劳动改造的基础工作。在我国,监管改造的内容有监禁、分类关押、分类管束、考核罪犯和管理罪犯处遇级别等;具有隔离、惩罚、保障和改造几方面的功能。

(2)教育改造。教育改造是我国自由刑执行中的一个必不可少的要素,也是监狱彻底实现自由刑的个别预防功能的重要手段。我国对罪犯进行教育改造的主要内容有思想品德教育、文化知识教育和专业技能训练等。

(3)劳动改造。劳动改造是我国监狱执行自由刑的一个鲜明的突出特点。《刑法》第46条规定,凡有劳动能力的,都应当参加劳动,接受教育和改造。《监狱法》第69条规定,有劳动能力的罪犯,必须参加劳动。罪犯劳动的数量、质量、劳动态度等都会影响其考核成绩,并最终影响到罪犯在处遇级别中的位置。罪犯劳动的组织和安排,应当有利于罪犯习得赖以立足社会的劳动技能。

(三)我国非监禁性的自由刑的执行

我国非监禁性的自由刑执行只涉及管制。管制作为我国的唯一限制自由刑,不对其实行关押,而是实行社区矫正。

1. 管制的执行时间

被判处管制的,刑期从判决执行之日起计算;判决执行以前先行羁押的,羁押一日折抵刑期二日。

2. 执行方法

(1)执行期间应遵守一定的规定

被判处管制的,在刑罚执行期间,应遵守《刑法》第39条所规定的五项内容,即遵守法律、行政法规,服从监督;未经执行机关批准,不得行使言论、出版、集会、结社、游行、示威自由的权利;按照执行机关规定报告规定自己的活动情况;遵守执行机关关于会客的规定;离开所居住的市、县或者迁居,应当报经执行机关批准。

(2)依法实行社区矫正

其一,进行监督管理。该项内容包括:被判处管制的,在社区矫正期间,应当遵守关于报告、会客、外出、迁居、保外就医等监督管理规定,服从社区矫正机构的管理;社区矫正机构针对其性别、年龄、心理特点、健康状况、犯罪原因、犯罪类型、犯罪情节、悔罪表现等情况,制订有针对性的矫正方案,进行分类管理、个别化矫正;社区矫正机构应当了解掌握其活动情况和行为表现;根据其表现,社区矫正机构依照有关规定对其实施考核奖惩。被判处管制的,实行社区矫正期间,出现下面所列情形的,经批准,可以使用电子定位装置,以加强监督管理:违反人民法院禁止令的;无正当理由,未经批准离开所居住的市、县的;拒不按照规定报告自己的活动情况,被给予警告的;违反监督管理规定,被给予治安管理处罚的。

其二,进行教育帮扶。社区矫正机构根据需要,对被判处管制的人员进行法治、道德等教育,要因人施教。对就业困难的,开展职业技能培训、就业指导,帮助在校学生完成学业。根据被判处管制的人员个人特长,组织其参加公益活动,修复社会关系,培养社会责任感。被判处管制的人员可以按照国家有关规定申请社会救助、参加社会保险、获得法律援助,社区矫正机构应当给予必要的协助。

第三节　财产刑的执行

财产刑是指以剥夺犯罪人财产利益为内容的刑罚。在奴隶制和封建制社会时期,死刑、肉刑等残酷的刑罚方法处于刑罚体系的中心位置,财产刑则处于辅助、从属的地位。在自由刑占据刑罚体系中心位置以后的很长时期内,财产刑仍然未受到足够重视。财产刑主要有罚金和没收财产两种,随着社会的发展,二者在刑罚体系中的地位却日益悬殊。进入20世纪以后,一些西方资本主义国家中,由于严重的经济犯罪层出不穷,法人犯罪现象日益严重,短期自由刑受到越来越多的责难。罚金刑既是对付经济性犯罪及财产性犯罪的有力武器,执行简单并且具有较好的经济性,同时还可以替代短期自由刑而避免犯罪人打上犯罪的烙印。因此,罚金刑已由过去无足轻重发展为与自由刑占有同等重要的地位。没收财产刑在封建制时代被广泛运用,但因与资本主义私有财产神圣不可侵犯原则相冲突,一些国家在进入资本主义时期后,都从法律上废除了没收财产刑。

一、罚金刑的执行

罚金刑是强制犯罪人向国家缴纳一定数量金钱的刑罚方法。罚金刑的执行是指罚金的数额的确定、缴纳的方式和时间以及不缴纳罚金时的处理。

(一)罚金的数额的确定

罚金数额的确定对罚金的执行有非常大的影响。综合各国立法例,罚金数额的确定方式主要有以下几种:

1. 限额罚金制。即在法定的罚金数额的上、下限幅度内酌情确定罚金的数额。这种方式为大多数国家所采用。

2. 无限额罚金制。即法律不规定罚金的数额,由法院根据犯罪人的犯罪行为、个人表现、经济状况等酌情裁量确定罚金的具体数额。这种方式容易导致审判人员滥用自由裁量权,导致司法专横和罪罚不当,缺陷明显,故较少被采用。

3. 比例罚金制。即按照一定金额的倍数或者比例来确定罚金的数额。这种制度适用于具有一定金额的贪利性犯罪。法律一般规定按照犯罪人的非法所得或者可能得到的金额,造成损失或者可能造成损失的金额的若干倍或者若干百分数来确定罚金的数额。

4. 日额罚金制。即按照应缴纳罚金的天数和每天应缴纳的罚金数额逐日缴纳罚金的方法。罚金的天数与每天应缴纳罚金的数额的乘积,即为所科处的罚金总数。此制盛行于北欧各国。应缴纳罚金的天数和每天应缴纳的罚金数额由法官根据犯罪人的具体情况酌情裁定。

我国现行的刑法典所规定的罚金数额的确定方式有限额罚金制、无限额罚金制、比例罚金制。

(二)罚金的缴纳方式和时间

罚金的缴纳方式和时间主要有以下几种情形:

1. 立即缴纳。即罚金一经判决,犯罪人立即缴纳、付清罚金。这种方式主要适用于罚金数额较少,或者立即缴纳不存在困难的情况。

2. 一次或者分期缴纳。即对罚金的缴纳规定一个期限,犯罪人在规定的期限内一次或者分期缴纳。这种方式可以适应不同的犯罪人的具体情况,方式灵活,便于执行,为多数国家所采用。

3. 延期缴纳。即犯罪人在规定的期限内因法律规定的原因而不能按期缴纳罚金时,允许其延长一定的期限缴纳。这种方式在于确保判决能够得到切实执行。

(三)对于不缴纳罚金的处理

执行难是罚金刑的一个重要的缺陷。由于犯罪人的经济状况和个人的主观意志方面的原因,一些犯罪人无法或者不愿意按照判决确定的数量和方式缴纳罚金。对于不缴纳罚金的犯罪人通常有以下几种处理措施:

1. 减免执行。在判处罚金后,犯罪人由于天灾人祸等主观意志以外的原因,缴纳罚金确实困难,经申请并经查证属实后,执行机关可以酌情减少罚金数额或者免除罚金缴纳。

2. 暂缓缴纳。在判处罚金后,犯罪人因故确实无力缴纳时,可以暂不缴纳,执行机关相应暂不执行。暂不执行不是免于缴纳,也不是延期缴纳,而是待犯罪人经济情况好转后再予缴纳。

3. 强制缴纳。在判决确定的期限内,犯罪人有能力缴纳而拒不缴纳时,执行机关可以采用查封、扣押、拍卖等方式强制其缴纳。这是保证罚金刑得到真正执行的必要措施,当今世界各国的刑法中一般都有此项规定。

4. 以自由劳动偿付罚金。即当犯罪人不能缴纳罚金时,令其从事一定的不剥夺自由的劳动,以劳动报酬抵充罚金。

5. 以服劳役或者自由刑代替。即犯罪人不缴纳罚金时,以服劳役或者自由刑替代罚金刑。这是为补救罚金刑不能执行的最后措施。

(四)我国罚金刑的执行

罚金刑在我国的刑罚体系中处于从属地位,是附加刑的一种,既可单独适用,也可附加适用。

根据《刑法》第 53 条的规定,我国罚金刑的执行方式有:

1. 一次缴纳。在判决确定的期限内,强制犯罪人将判决所确定的罚金一次性全部缴清。这种方式主要适用于那些经济条件好,能够一次性全部缴纳的犯罪人。一次性缴纳不应当影响犯罪人及其所抚养、赡养的人的基本生活。

2. 分期缴纳。在判决确定的期限内,强制犯罪人按照判决所确定的次数和数量分数次缴清。这种方式主要针对那些无法一次性缴纳完所有罚金的犯罪人,或者如果一次性缴纳完所有罚金,影响犯罪人及其所抚养、赡养的人的基本生活。但是,应当注意防止犯罪人有能力一次性缴纳却故意隐瞒经济实力或者隐藏、转移财产。

3. 强制缴纳。对于有能力在规定的期限内一次或者数次缴纳罚金的犯罪人,在其不主动缴纳罚金的情况下,执行机关予以强制执行。具体做法如下:既可以通过罪犯所在单位扣发犯罪人的工资,又可以到银行冻结罪犯的存款,也可以查封、拍卖罪犯的其他财产。

4. 随时追缴。对于不能全部缴纳罚金的,执行机关在任何时候发现被执行人有可以执行的财产,随时追缴。这种方式主要针对那些个人所有财产无法在规定的时间内一次或者数次缴清罚金的犯罪人。强制缴纳的前提是被执行人有能力缴纳而拒不缴纳或者逃避缴纳,而追缴的前提则是被执行人愿意缴纳却无实际缴纳能力。

5. 延期缴纳。因遭遇不能抗拒的灾祸等原因,犯罪人缴纳罚金确实有困难的,可以裁定犯罪人延期缴纳。我国《刑法》第 53 条第 2 款规定,“由于遭遇不能抗拒的灾祸等原因缴纳确实有困难的,经人民法院裁定,可以延期缴纳”。

6. 减少或者免除。当犯罪人遭遇不能抗拒的灾祸等原因,缴纳罚金确实有困难时,除延期缴纳外,还可以视犯罪人的具体情况,对其所判处的罚金予以减少或免除。这既是刑罚人道主义的体现,也与刑罚所追求的感化目的吻合。

二、没收财产刑的执行

没收财产刑是将犯罪人的一部或者全部财产强制罚没，无偿收归国有的一种刑罚方法。没收财产是一种古老的刑种，在我国古代被称为籍没，又称籍刑、没官等。在奴隶社会、封建社会两个历史阶段，没收财产刑广泛适用于各种犯罪。到了资本主义时期，没收财产由于与资产阶级的私有财产神圣不可侵犯的原则相冲突，被许多国家废除。时至今日，没收财产刑在资本主义国家仍未被普遍采用。一种观点认为，是否被判处没收财产是区分重罪和轻罪的重要标志之一，西方国家在历史上主要将其适用于强盗和纵火者，目前主要是用于严重的营利性犯罪、国事犯罪和其他某些严重的故意犯罪。没收财产表明了国家不希望被执行人复归自由社会的态度和意愿。

没收财产刑虽然是较为严厉的刑罚，但是在刑罚体系中的地位却并不高。几乎在所有规定了没收财产刑的国家的刑法中，没收财产刑都是附加刑。

没收财产刑的执行比罚金的执行复杂，原因在于没收财产时必须对犯罪人的个人财产予以清查和分割，同时还要进行债务清偿。我国《刑法》第59条第2款规定："在判处没收财产的时候，不得没收属于犯罪分子家属所有或者应有的财产。"根据这一规定，在执行没收财产时，通常从以下几方面进行：

第一，清查或者分割犯罪人的个人财产。清查犯罪分子的所有财产，这是对其执行没收财产的首要步骤，也是分割犯罪人财产的先决条件。其主要是查清楚哪些财产属于犯罪人个人所有，哪些是其与家庭共有，哪些是犯罪人代为保管的财产，哪些是借贷他人的财产。分割财产时，一方面要从犯罪人与其家庭成员的共有财产中分割出属于犯罪人的个人财产，另一方面要从犯罪人与其他公民或组织共有的财产中分离出属于犯罪人个人所有的财产。在查清和分割清楚犯罪人个人全部所有财产后，按照判决确定的一部或者全部财产执行即可。

第二，保留犯罪人本人及其扶养的家属所必需的生活费用。扶养的家属主要包括由被执行人抚养的未成年人和由其赡养的无经济来源的老人等。必需的生活费用包括饮食、住宿、穿戴、交通、医疗等方面的费用，不能仅限于饮食费用。

第三，清偿犯罪人的正当债务。我国《刑法》第60条规定："没收财产以前犯罪分子所负的正当债务，需要以没收的财产偿还的，经债权人请求，应当偿还。"

此外，在执行过程中应当注意以下几点：(1)没收财产仅限于犯罪人的个人财产，不得没收其其他家庭成员的财产；(2)没收财产既包括金钱，也包括物品；(3)执行的方式是一次性执行，不可分次执行，也不可减免。

第四节　资格刑的执行

资格刑是刑罚史上较早出现的刑罚方法之一。我国历史上的资格刑大多是针对官吏犯罪,资格刑的内容主要是剥夺担任官职和享有爵位等特权,如“夺爵”“削爵”“免官”“除名”等。在西方国家,资格刑的内涵在中世纪与近代有所不同。中世纪至19世纪,资格刑的目的主要是使犯罪人在精神上遭受痛苦与折磨,它伴随着肉刑出现,是刑罚报复观念的产物。随着教育刑思想的发达,资格刑的重心放在了通过剥夺犯罪人一定资格,限制或剥夺犯罪人的犯罪能力上,以防卫社会。现代意义上的资格刑,一方面旨在表达国家对犯罪人政治上的否定,以强调剥夺公权以及其他权利的重要性;另一方面为教育改造犯罪人,适应犯罪人的不同情况来剥夺其再犯能力,从而表现出了多样性和针对性的特征。① 各国刑法规定了不同类型的资格刑。

在我国,资格刑主要有两种:一是针对犯罪的本国公民的剥夺政治权利;二是针对犯罪的外国人的驱逐出境。

一、剥夺政治权利刑的执行

剥夺政治权利是指人民法院依法剥夺犯罪人参加国家管理和政治活动的权利的刑罚。

（一）剥夺政治权利刑执行的机关

我国《刑事诉讼法》第270条规定,对被判处剥夺政治权利的罪犯,由公安机关执行。

（二）具体执行

1. 选举权和被选举权的剥夺

选举权和被选举权是成年公民参加国家管理的最基本的方式,也是一个人行使政治权利的最基本途径。凡被剥夺政治权利的公民,均无权参加全国人民代表大会和地方各级人民代表大会代表的选举,更不能作为候选人参加竞选。这样,其政治主张便难以实现。选举权与被选举权的剥夺要求:(1)在对选民进行登记时,不把被剥夺政治权利的人列入选民名单或者候选人名单;(2)如果发现将被剥夺政

① 高铭暄、赵秉志主编:《刑罚总论比较研究》,北京大学出版社2008年版,第365页。

治权利的人列入选民名单或者候选人名单,应当及时撤销;(3)在选举期间,应当加强对被剥夺政治权利的人的监督,防止其私下进行影响选举的活动。

2. 宪法规定的其他政治权利的剥夺

我国宪法规定的其他政治权利,主要包括《宪法》第35条规定的言论、出版、集会、结社、游行、示威的自由。言论自由是指公民通过口头或者书面表达自己对国家大事的政治性意见的自由,不是指一般意义上的说话自由。出版自由是指发表、出版带有政治性见解的文章或著作的自由。集会自由是指公民具有的在一定场所举行政治性集会,商讨政治性问题或者表达政治性意愿的自由。结社自由是指公民具有的为实现一定的政治目的而组成某种社会组织的自由。游行自由是指公民具有的在公共场所采取列队进行的方式表达政治意愿的自由,它不包括一般性的组队旅游或者行走,也不包括政府组织的有积极意义的游行。示威自由是指公民通过集会或者游行来表达强烈的个人意愿的自由。公安机关一旦发现被剥夺政治权利的犯罪人非法行使以上政治自由的权利,应当立即予以制止并进行批评。

3. 担任国家机关职务权利的剥夺

担任国家机关职务是一个人参与国家管理的一种重要途径,不允许犯罪人担任任何国家机关职务是剥夺政治权利的应有之义。被判处剥夺政治权利的人,不仅自己不能担任国家机关任何职务,而且也不能接受任何人的委托担任国家机关职务。

国家机关包括国家权力机关、国家行政机关、国家审判机关、国家检察机关。国家权力机关包括全国人民代表大会及其常务委员会、地方各级人民代表大会及其常务委员会和各专门委员会及其办事机构。国家行政机关包括:国务院及其所属各部委、各直属机构和办事机构;派驻国外的大使馆、代办处、领事馆和其他办事机构;地方各级人民政府及其所属的各工作部门;地方各级人民政府的派出机构,如专员公署、区公所、街道办事处、驻外地办事处;其他国家行政机关,如海关、商品检验局、监狱管理局、公安消防队、看守所、监狱、基层税务所等。国家审判机关包括最高人民法院、地方各级人民法院、专门人民法院和派出的人民法庭。国家检察机关包括最高人民检察院、地方各级人民检察院、专门人民检察院和派出机关。被判处剥夺政治权利的人,将丧失在以上机关中任职的资格。

公安机关应当将被剥夺政治权利的人员通报给所在区域的各级国家机关,同时,在对拟录取为国家机关工作人员的人进行政审时,应当查清其是否被剥夺政治权利。如果发现被剥夺政治权利的人已经担任了某一国家机关职务,应当立即通知相关的国家机关予以纠正。

4. 担任企事业单位、人民团体领导职务权利的剥夺

担任企事业单位、人民团体领导职务,虽然不能直接参与到国家的政治活动中来,但是这些部门的领导能够通过其在单位或者工作中所树立起来的威信,对所在单位的全体成员造成一定的影响,并进而可以通过本单位的其他人对国家政治产生间接影响。因此,我国刑法将担任企事业单位、人民团体领导职务的资格,认定为是具有政治意义的资格。

对此的要求是:一方面,在选举或者任命国有、集体企事业单位或者人民团体领导人时,公安机关应当认真注意审查候选人的资格,不能将被剥夺政治权利的人列为候选人。另一方面,国有、集体企事业单位或者人民团体在任命或者聘用领导人时,都应当报经公安机关进行审批。公安机关如果发现被剥夺政治权利的人被任命或者聘为国有、集体企事业单位或者人民团体领导人,应当立即通知有关单位,宣布该选举或者任命无效。

(三)剥夺政治权利的起始时间

在我国,剥夺政治权利是一种附加刑,既可以单独适用,又可以附加适用。依据其适用方式和所依附的主刑的不同,执行的起始时间也各不相同。根据我国刑法的相关规定,单处剥夺政治权利的,按照判决确定的日期执行;判处管制附加剥夺政治权利的,与主刑同时执行,同时结束;判处拘役、有期徒刑附加剥夺政治权利的,从其主刑执行完毕之日起开始执行该附加刑,由公安机关执行;并且根据法律规定,在主刑执行期间,犯罪人也不能享有政治权利,此间的剥夺政治权利由主刑的执行机关执行;无期徒刑犯在服刑期间不享有政治权利,当其主刑被变更为有期徒刑时,附加的剥夺政治权利终身也要相应变更为一定期限的剥夺,具体执行方式与有期徒刑的情形相同;死刑犯在被执行死刑之前或者在死刑缓期执行的考验期内,不享有任何政治权利。

剥夺政治权利期限届满时,执行机关应当及时通知本人,并向其所在单位或者基层组织、居住地周围的群众公布,恢复其政治权利。

二、驱逐出境刑的执行

驱逐出境是强迫犯罪的外国人在规定的时间内离开我国国境或者边境的刑罚方法。作为一种资格刑,驱逐出境剥夺的是犯罪的外国人在我国居留的资格。在我国,驱逐出境有两种情况:一种是由政府或者公安机关对违法的外国人适用,此时的驱逐出境是一种行政处罚措施;另一种则是由人民法院针对犯罪的外国人适用,此时驱逐出境是一种刑罚方法。

（一）驱逐出境的期限

根据驱逐出境的期限，可以将驱逐出境分为永久性的驱逐出境和限期性的驱逐出境。我国刑法对驱逐出境未作具体的期限规定，说明我国的驱逐出境属于永久性的。

（二）驱逐出境的具体执行

驱逐出境的执行由担负外国人出入境管理职责的公安机关负责。公安机关对于被判处驱逐出境的外国人，责令其在规定的期限内离开我国国境或边境。对于在规定的期限内未离开的外国人，公安机关可以采取强制措施强制其离境。

驱逐出境是一种附加刑，既可以单独适用，也可以附加适用，二者在具体执行时有所不同。单独适用驱逐出境的，从判决生效之日起执行；附加适用驱逐出境的，从主刑执行完毕之日起执行。

思考题

1. 简述生命刑执行的原则。
2. 监禁性自由刑执行的方式有哪些？
3. 罚金刑如何执行？
4. 剥夺政治权利刑剥夺哪些权利？

第十八章　刑罚消灭

第一节　刑罚消灭概述

刑罚因为罪而产生和存在，罪刑关系的这种依存性早为人们所认识和研究。但是这种关系只存在于逻辑学的范畴之中，司法实践的复杂性使人们逐渐意识到，罪与刑的依存关系只是一种常态，在特定情形下，这种依存关系将不复存在，如刑罚消灭。刑罚消灭这一概念在很多国家的法律中有明确规定。我国刑法中没有明确该制，但是在司法实践中存在一些刑罚消灭的事实。

一、刑罚消灭的概念及特征

刑罚消灭是指由于法定或者事实的原因而致使国家对犯罪人的刑罚权归于消灭。[①] 根据这一概念，刑罚消灭有以下几方面特征：

（一）刑罚消灭以行为人的行为构成犯罪为前提

正如死亡以生命存在为前提一样，刑罚的消灭也是以犯罪及犯罪人的存在为前提。如果一个人的行为没有触犯刑事法律，其行为构不成犯罪，则刑罚不会施加于他，遑论刑罚的消灭。只有那些行为达到国家规定之犯罪的最低限度，事实上已经触犯刑事法律的情形存在时，才会涉及刑罚消灭的问题。

（二）刑罚消灭归结为国家对犯罪人刑罚权的消灭

我们知道，刑罚权包括刑罚的创制权、刑罚请求权、刑罚裁量权和刑罚执行权。刑罚一经创制，就不会存在消灭的问题，因此刑罚权的消灭所涉及的是除刑罚创制

---

① 马克昌主编：《刑罚通论》，武汉大学出版社1999年版，第656页。

权以外的刑罚请求权、刑罚裁量权、刑罚执行权的消灭。[①]

（三）刑罚消灭是由法定的或者事实的原因引起的

刑罚消灭是一种结果，这种结果由一定的原因引起，包括法定原因和事实上的原因，引起刑罚消灭的原因，有的是法律明确规定的，成为法定原因。如时效期满、因犯罪情节轻微而不起诉、免除刑罚处罚、赦免、减刑等，有的是客观发生的使刑罚自然不存在的事实，成为事实上的原因，如犯罪人死亡、刑罚执行完毕等。

二、刑罚消灭的事由

根据消灭的刑罚权力的性质，刑罚消灭的事由有四大类，即刑罚请求权消灭的事由、刑罚裁量权消灭的事由、刑罚执行权消灭的事由和刑罚后遗效果消灭的事由。

（一）刑罚请求权消灭的事由

1. 犯罪人死亡

犯罪人在起诉前死亡，使起诉的对象不复存在，求刑权自然归于消灭。

2. 追诉时效完成

犯罪发生后，司法机关超过法律规定的追诉时效而未起诉，从而使求刑权因为追诉期满而归于消灭。

3. 告诉才处理之罪，有权告诉的人不予告诉的

对于依照刑法规定告诉才处理的犯罪，如果有权告诉的人不予告诉，即使尚未超过追诉时效，求刑权亦告消灭。

4. 犯罪后，起诉前，法律已经废止其刑的

如果某种行为依照行为时的法律规定构成犯罪，但在起诉前依照新的法律规定该行为不再作为犯罪处理的，对该行为的求刑权自告消灭。

5. 大赦

当犯罪人未被起诉时即被大赦，司法机关则不得再进行起诉，求刑权归于消灭。

（二）刑罚裁量权消灭的事由

1. 犯罪人死亡

犯罪人在起诉后、审判前死亡，使刑罚裁量的对象不复存在，量刑权自然归于

---

① 刑罚消灭中的刑罚权，从狭义层面来理解，仅指刑罚执行权的消灭。而从广义层面来理解有两种观点：一是刑罚消灭中的刑罚权包括刑罚请求权和刑罚的执行权（参见陈兴良：《本体刑法学》，商务印书馆2001年版，第870页）；二是刑罚消灭中的刑罚权不仅包括刑罚请求权和刑罚执行权，还包括刑罚的裁量权（参见马克昌主编：《刑罚通论》，武汉大学出版社1999年版，第658页），本书即采用此种观点。

消灭。

2. 告诉才处理之罪,有权告诉的人撤回告诉的

对于依照刑法规定告诉才处理的犯罪,如果有权告诉的人在起诉后又在审判前撤回告诉,审判机关则不再审理此案,量刑权亦告消灭。

3. 因犯罪情节轻微不起诉

在因犯罪情节轻微不起诉的情况下,被告人被检察机关确认有罪,但不予交付审判。由于不将犯罪人交付审判,审判机关也就不能行使对犯罪人的刑罚裁量权,量刑权即归于消灭。

4. 犯罪后,审判前,法律已经废止其刑的

如果某种行为依照行为时的法律规定构成犯罪,但在判决尚未确定前旧法废止,如果依照新的法律规定该行为不再作为犯罪处理的,审判机关就不得对该行为人予以量刑,对该行为的量刑权自告消灭。

5. 大赦

当犯罪人被起诉而判决尚未确定时即被大赦,司法机关则不得再进行量刑,量刑权归于消灭。

6. 前科消灭

前科消灭对刑罚的裁量有一定的意义。当犯罪人具有前科时,其在刑法上往往成为从重处罚的情节(如累犯、再犯)或者适用某种资格刑的条件。因此,审判机关对于有前科的犯罪人就有依法裁量更重刑罚或者适用某种资格刑的理由;而当前科消灭后,审判机关的这种权力也随之消灭。由此可见,前科消灭所引起的刑罚裁量权的消灭,不是刑罚裁量权的全部消灭,而只是从属于从重处罚或者适用某种资格刑的那部分权力的消灭。这是前科消灭作为量刑权消灭事由而与其他刑罚消灭事由的不同所在。

(三)刑罚执行权消灭的事由

1. 大赦

当犯罪人受到罪刑宣告后被大赦,其罪与刑的宣告均归于无效,无论对于尚未服刑的犯罪人,还是对于已经进入刑罚执行机关正在执行的犯罪人,刑罚执行权均随之消灭,其原判刑罚或者剩余刑罚将不再执行。

2. 特赦

当犯罪人受到罪刑宣告后被特赦的,或者其所判刑罚得以赦免,而其罪不可赦,或者罪与刑均赦,刑罚执行权均归于消灭,其原判刑罚或者剩余刑罚将不再执行。

3. 有罪判决确定后，刑罚尚未执行或者尚未执行完毕，法律已经废止其刑的

如果某种行为依照行为时的法律规定构成犯罪，但在执行前或者执行过程中，如果依照新的法律规定该行为不再作为犯罪处理的，执行机关就不得对该行为人继续执行，对该罪犯的刑罚执行权即告消灭。

4. 免除刑罚

审判机关经对犯罪人审判，确认其罪成立，但是可以免除刑罚处罚，在这种情况下，刑罚执行权予以消灭。

5. 行刑时效完成

刑罚宣告后，超过法定执行时效而未执行的，刑罚执行权归于消灭，原判刑罚不再执行。

6. 缓刑期满

被宣告缓刑的犯罪人，在缓刑考验期内没有违反考验规定内容的行为，缓刑考验期满后，原判刑罚不再执行，刑罚执行权即告消灭。

7. 减刑

被宣告减刑的犯罪人，被减除的那部分刑罚便不再执行，该部分的刑罚执行权归于消灭。

8. 假释期满

被宣告假释的犯罪人，在假释考验期内没有违反考验规定内容的行为，假释考验期满后，原判刑罚的剩余部分便不再执行，该部分刑罚的刑罚执行权即告消灭。

9. 刑罚执行完毕

这是刑罚执行权的自然消灭。

10. 犯罪人死亡

在刑罚执行前或者刑罚执行过程中罪犯死亡的，因为服刑主体不复存在，其全部或者剩余刑罚便因无法执行而归于消灭。

11. 减免刑罚执行

这种情形通常只发生在被判处罚金刑的罪犯身上，被减免部分的刑罚执行权消灭。

12. 复权

被判处资格刑的犯罪人，在刑罚尚未执行完毕时即恢复其权利或资格，这时的权利刑或者资格刑的执行权归于消灭。

（四）刑罚后遗效果消灭的事由

刑罚后遗效果是受过罪刑宣告的犯罪人在回归社会后，其所受的罪刑宣告的

事实对其再社会化所产生的长期的或终身的不利影响。由法定的或事实的原因造成这些不利影响不再存在时,即为刑罚后遗效果的消灭。引起刑罚后遗效果消灭的原因有大赦、前科消灭等。

以上四类刑罚消灭的事由,从罪刑关系上讲,可以概括为以下几种:因罪灭而刑灭;罪刑同灭;刑灭而罪不灭;罪刑对应关系的终结。

在我国,没有规定的制度有大赦、复权、行刑时效、前科消灭。

第二节 刑罚消灭的情形

一、因时效而导致的刑罚消灭

（一）时效的概念

刑法上的时效是指刑事法律规定的国家对犯罪人行使刑罚请求权或者刑罚执行权的有效期限。超过时效而不行使刑罚请求权或者刑罚执行权的,该权就归于消灭。

（二）时效的种类

1. 追诉时效

追诉时效是指刑事法律所规定的,对犯罪人追究刑事责任的有效期限。在追诉时效内,国家司法机关或者有权告诉人,有权追究或者请求追究犯罪人的刑事责任;超过时效,司法机关或者有权告诉的人追究或者请求追究犯罪人刑事责任的权利就归于消灭。这是刑罚请求权消灭的一个重要事由。

2. 行刑时效

行刑时效是指刑事法律所规定的,对被判处刑罚的犯罪人执行刑罚的有效期限。只有在行刑时效内,刑罚执行机关才有权对犯罪人执行所判处的刑罚,超过行刑时效,刑罚机关执行的行刑权就归于消灭,不得再对犯罪人执行原判刑罚。这是刑罚执行权消灭的一个重要事由。

（三）时效的立法根据

1. 基于犯罪人的根据

一个人犯罪后,经过一定的期间虽然未被追诉或者执行刑罚,但是没有实施新的犯罪,据此推断其已经具有悔改表现,不致再危害社会,刑罚对其失去个别预防意义。

2. 基于刑罚效果的根据

犯罪后经过一段时间未犯新罪,如果不对其追诉或者执行刑罚,犯罪人可能感念国家的政策,彻底去恶从善,成为守法公民;否则会使其反社会性增强,与刑罚的目的相反。

3. 基于司法审判的根据

案件在经过一定时间后没有追诉、审理,证据的收集会困难重重,侦查和审理工作就不能顺利进行,从而无法使案件正常审理。与其增加司法机关麻烦,使案件的处理存在疑虑,还不如设立该制,消灭刑罚权。

4. 基于社会秩序的根据

犯罪发生后经过一定的时间,其所造成的对于社会秩序和人们心理秩序的破坏已经基本恢复。此时如果旧事重提,往往引起新的不安定因素,不利于社会稳定,也与法律维护社会秩序的宗旨相悖。

(四)追诉时效

1. 追诉时效的期限

追诉时效的规定,通常都是以犯罪的社会危害程度为根据设置长短不等的追诉时效期限。罪重,则追诉时效的期限较长;罪轻,则追诉时效的期限较短。追诉时效的期限与罪行的轻重相均衡,具有较大的合理性。例如,我国《刑法》第 87 条确定了四个不同档次的追诉时效期限:法定最高刑为不满 5 年有期徒刑的,追诉时效期限为 5 年;法定最高刑为 5 年以上不满 10 年有期徒刑的,追诉时效期限为 10 年;法定最高刑为 10 年以上有期徒刑的,追诉时效期限为 15 年;法定最高刑为无期徒刑、死刑的,追诉时效期限为 20 年。如果 20 年后认为必须予以追诉的,必须报请最高人民检察院核准。

2. 追诉时效的计算

追诉时效作为一个期间,存在对其起始时间的计算问题。由于犯罪类型的不同,追诉时效的计算也不同。一般来说,追诉时效是按照犯罪行为实施的时间起算的,而犯罪行为又有即时完成、持续或者连续进行完成的不同形态。因此,追诉时效的计算也有两种方式:一是对于即成犯的追诉期限;二是对于连续犯和继续犯的追诉期限。

对于即成犯追诉时效的计算有以下几种观点:(1)实施犯罪之时起计算;(2)从行为终了或者结果发生时计算;(3)从犯罪之日起计算;(4)从犯罪构成之日起计算。我国采用的是从犯罪之日起计算。因为其他几种方法不能解决以下两种犯罪:一是犯罪行为发生在我国领域外,结果发生在我国领域内;二是结果犯案件。

继续犯和连续犯因其犯罪行为具有持续性或连续性,因而其追诉时效的起算时间不同于一般的犯罪形态,这种类型的犯罪其追诉时效期限从犯罪行为终了之日起计算。对于继续犯而言,其犯罪行为终了之日为最后一个犯罪行为结束之日;对于继续犯而言,其犯罪行为终了之日为其犯罪行为的持续状态结束之日。

3. 追诉时效的中断

追诉时效的中断是指在追诉时效进行期间,因为发生法律规定的事由,已经经过的时效期间归于失效,追诉期限从法律规定事由发生之日起重新开始计算的制度。导致追诉时效中断的法定事由通常是犯罪人在追诉时效内又犯新罪或者司法机关对犯罪人采取了一定的措施。

追诉时效中断的后果是使已经经过的时效归于失效,追诉时效的计算重新开始。重新起算追诉时效的日期为新的犯罪行为终了之日。

4. 追诉时效的停止

追诉时效的停止是指在追诉时效进行期间,因为发生法律规定的事由,追诉时效不能开始,或者追诉时效的进行暂时中止,当法律规定的事由消除后,追诉时效期限继续进行的制度。

通常情况下,导致追诉时效停止的法定事由主要包括自然灾害、战争或者被告人患病无法应诉等情形。对于犯罪人而言,时效停止较于时效中断更有利于犯罪人。

5. 追诉时效的延长

追诉时效的延长是指由于发生了法律规定的事由而致使追诉期限无限伸延的制度。导致追诉时效延长的法定事由主要是犯罪人逃避侦查和审判。例如,我国《刑法》第 88 条第 1 款规定,“在人民检察院、公安机关、国家安全机关立案侦查或者在人民法院受理案件以后,逃避侦查或者审判的,不受追诉期限的限制”;该条第 2 款规定,“被害人在追诉期限内提出控告,人民法院、人民检察院、公安机关应当立案而不予立案的,不受追诉期限的限制”。这些规定其实是追诉时效的无限期延长。

(五)行刑时效

行刑时效制度的基本内容是:由法律规定对判处刑罚的犯罪人执行刑罚的有效期限,超过有效期限,刑罚不再执行。我国目前只规定了追诉时效,而未在法律中确立行刑时效。

1. 行刑时效的期限

通常情况下,行刑时效的期限比追诉时效的期限长,各国一般规定最长的行刑时效的期限为 30 年。

关于行刑时效的期限的分配,各国刑法中有以罪为标准和以刑为标准两种情形。前者是指按照犯罪的类型、性质确定行刑时效的期限。后者是按照宣告刑的轻重来确定行刑时效的期限。相比较而言，以刑为标准来确定行刑时效的期限具有较大的合理性，也为大多数国家的立法所采用。

行刑时效的期限计算，通常是从判决确定之日，即刑罚开始生效执行之日起计算。

2. 行刑时效的停止

行刑时效的停止是指在行刑时效进行期间，因发生法律规定的事由而使行刑时效不能开始或者不能继续计算，行刑时效的期限从影响其开始或计算的法定事由消失之日起继续计算的一种制度。导致行刑时效的期限停止的法定事由通常是犯罪人本身的原因如生病、怀孕等，使刑罚无法施加于犯罪人，或者施加于犯罪人不符合人道主义精神。在这种情况下，行刑时效暂告停止，待法定情形消失后行刑时效继续计算。

3. 行刑时效的中断

行刑时效的中断是指在行刑时效进行期间，因发生法定事由而使已经经过的行刑时效归于无效，行刑时效从法定事由结束之日起重新计算的一种制度。导致行刑时效中断的法定事由通常是罪犯再犯新罪。新罪发生后，以前经过的行刑时效归于无效，新的行刑时效的期限从对后罪的判决确定之日起计算。

4. 行刑时效的延长

行刑时效的延长是指在行刑时效进行期间，因法定事由的出现而导致行刑时效永久性延长，允许超过法律规定的行刑时效期限的制度。导致行刑时效无限延长的法定事由通常是正在执行刑罚的犯罪人脱逃。只有个别国家的法律中规定了行刑时效延长制度。

5. 我国建立行刑时效的必要性

执法必严只是一种主观追求，意在使犯罪者受到法律实实在在的惩罚，以实现正义和威慑不法分子，安抚被害人及其家属。然而，在司法实践中，由于一定的原因，犯罪人在被判处一定的刑罚后却没有得到实际的执行。这些原因主要有战争或者重大的自然灾害、审判机关或者刑罚执行机关的疏漏、罪犯脱逃等。考虑到前两种情况在司法实践中没有出现，而对于脱逃犯超过一定的期限就不再对其执行刑罚，容易起到变相的鼓励作用，因此我国的 1979 年《刑法》没有规定行刑时效制度。[①]

---

① 高格等编著:《刑法教程》，吉林大学出版社 1987 年版，第 226 页。

1997 年修改后的《刑法》也没有确立该制度。①

刑事立法固然是建立在社会现实生活的基础之上,但同时也应当具有一定的前瞻性。如果一切都要等到社会生活中已经发生才立法,那么,刑事司法实践就会经常处于被动应付的境地。而且,在我国的行刑实践中,已经出现了由于审判机关或者刑罚执行机关的疏漏而未对已经被判处一定刑罚的犯罪分子实际执行的案例。《法庭宣判有罪　本应服刑罪犯却骑车回家》的报道就是因为司法机关的疏漏而未对被判处一定刑罚的犯罪分子实际执行的案例。② 这个案件的发生,固然是由收押制度存在的缺陷以及相关责任人员的失职等原因造成的,现在的问题是,对于这些受到过有罪宣告但未实际执行的罪犯,还要不要执行原判刑罚？要执行,根据何在？不执行,依据又在哪里？在原判刑罚已经期满才发现判决没有被实际执行,司法机关陷入了是对其重新执行还是宣告执行结束的两难境地,因为无论哪种选择都缺乏法律依据。如果刑法规定了行刑时效,则这类"漏刑"案件的处理有法可依,纷争将止于法律规定前:在行刑时效内的,重新对罪犯执行原判刑罚;超过行刑时效的,则不能再要求当事人服刑,原判刑罚不再执行。

建立行刑时效制度,是现实给我们提出的不容回避的重要课题,是适应建构依法治国的刑法文化的制度创新,是实现刑罚公正与效率的必然要求。建立行刑时效制度,不仅与我国的刑罚目的相一致,有利于将人力、物力、财力集中使用于关押和改造正在执行刑罚的犯罪人,而且有利于我国在时效制度方面与国际方面的接轨。行刑时效早已成为世界上许多国家的一项刑事法律制度。德国、意大利、瑞士、土耳其、荷兰、挪威、泰国、越南等国的刑法都有关于行刑时效的专门规定;日本、法国、比利时三国的刑法甚至只规定了行刑时效,其追诉时效则规定在刑事诉讼法中;埃及则将行刑时效规定在刑事诉讼法中。

二、因赦免而导致的刑罚消灭

赦免制度可以导致刑罚消灭,它是一种特殊的刑罚消灭制度。赦免又称恩赦,是指国家免除或者减轻犯罪人刑事责任或者刑罚的制度。现代各国的赦免制度一般由宪法或者行政法所规定,而不在刑法中规定。

---

① 1997 年《刑法》第 89 条规定,追诉期限从犯罪之日起计算,犯罪行为有连续或者继续状态的,从犯罪行为终了之日起计算。由于脱逃行为表现为一种持续的状态,因此该条规定事实上明确了脱逃犯罪不受追诉时效的限制,同样的道理,脱逃也不应当受行刑时效的限制。

② 《法庭宣判有罪　本应服刑罪犯却骑车回家》,载新浪网,http://news.sina.com.cn/society/2000-10-29/139210.html。

赦免制度,源远流长。我国古代有三赦制度,《周礼·司判》中规定的三赦是:一赦曰幼弱,二赦曰老耄,三赦曰惷愚。战争中对于一些有功人员或者才能出众的人员“将功折罪”等做法也属于一种特殊的刑罚消灭。以后各朝代还有因为受帝位、改年号、婚庆、获奇物等而“大赦天下”,对某些类型的罪犯或者特定犯罪人实施赦免。当今的赦免制度主要有两种,即大赦和特赦。

(一)赦免制度的优点

刑罚的复仇时代,刑罚适用残酷并且缺乏理性,赦免制度与其风格不同而缺乏产生和存在的条件。封建专制时期,赦免制度适用的广度和频率都是其他时代不可比拟的。这一方面是封建专制社会的皇权高度集中的专制特点造成的,另一方面也暗示着赦免制度具有某种特殊的功效,能够配合专制政治来共同维护社会秩序,巩固封建政权。通常认为,赦免制度具有以下几方面的功效:

1. 赦免制度可以收拢人心,谋求政敌的谅解,对于社会政治、经济情况和国事的气候起到调节作用

古代社会多为人治社会,缺乏民主管理,因此政治、经济以及国与国之间的关系受拥有最高权力的君主的个人性格、修为等的影响较大;不仅如此,一些拥有特殊才能或者特殊地位的人物也能在一定程度上影响到社会的各方面,君主甚至会对某些集团或者个别人物存在某种依赖。但皇权的随意性常常将刑罚施诸他们,当这种做法给国家的政治、经济、外交等造成难以解决的困难时,通过对特殊人物进行赦免的方式,则在一定程度上能够笼络统治集团内部的各方力量,也可以取得政敌的谅解,从而对于社会政治、经济情况和国事起到调节作用。特别是在剥削阶级统治的国家里,赦免的实施往往是剥削阶级为平息被剥削阶级对其军事、政治镇压的不满情绪,缓和阶级矛盾,或者为笼络人心,粉饰太平,借庆典之机显“皇恩浩荡”,或者为缓和统治阶级内部的矛盾,作为开脱某些内部人物罪责的手段,或者为谋求政敌的谅解,为表示对某一国家、民族的友好等而实施。①

2. 赦免制度可以对重刑起缓解作用

博爱时期以前的社会,刑罚异常严酷,轻罪重罚在统治者最大限度地追求刑罚威慑力发挥的过程中已成为常态。重刑只在有限的时间内起到维持秩序的作用,更多的时候则是激起社会各界的反抗。中国社会的多次武装起义均是无法忍受过于残酷的刑罚所致。赦免制度在此方面可以对重刑起到一定的缓解作用,从而能缓解阶级矛盾,延长封建专制统治的时间。

---

① 马克昌主编:《刑罚通论》,武汉大学出版社1999年版,第695页。

3. 赦免制度可以弥补法律的不足

刑罚发展到博爱时期，用法律来治理社会逐渐成为社会治理的最主要的方式，但是人们也注意到法律虽然具有规范、稳定的特点，但当立法技术存在瑕疵，难以适应社会快速发展的形势的时候，法律便会因僵化、反应速度慢而阻碍社会的发展。赦免制度由政令所出，适用灵活，能够对法律的缺陷进行及时的补救。这是当今学者的共识，认为弥补法律的不足是赦免制度最大的价值所在。

(二)赦免制度的缺点

如前所述，赦免制度在专制社会中能够因其灵活而在一定程度上弥补专制统治的弊端。但是在法治社会中，当人们已经养成时时将自己的行为放在法律的天平上进行价值评估的时候，赦免制度就受到了各种质疑。这些质疑总结起来主要有：

1. 助长受刑人的侥幸心理，不利于改造

赦免制度的存在，总会使一部分受刑者心存侥幸，希望国家能够赦免自己的罪行，而不是积极地服刑改造。

2. 无原则的宽大，会降低国家威信，破坏法律尊严

赦免制度往往是超越法律规范而解除个别或部分犯罪人的罪责，如果适用不当，则会降低国家威信，破坏法律尊严。因此，赦免制度的适用在当今社会变得尤为敏感。①

3. 社会影响不好，尤其对被害人颇显不公

赦免固然有很明显的社会作用，对受刑者来讲甚至是某种恩典，当事人可能会因此而改恶从善。这是刑罚所无法收到的效果。但是，从在犯罪行为中受到伤害的被害人的角度来审视赦免制度，就会感觉到赦免制度打破了罪刑之间的均衡关系，犯罪分子并未对其犯罪行为付出法律所规定的代价，这是不公平的。这会导致受害人的心理不平衡，从而引发社会矛盾。

(三)大赦

大赦是指对某一时期内犯有一定罪行的不特定的犯罪人免于追诉或免除其刑罚执行的制度。大赦不同于其他的赦免制度，主要表现在以下两个方面：

1. 大赦的适用条件和适用对象

大赦适用的条件，通常是国家有政治、国防和外交等方面的需要。具体适用条

---

① 陈兴良教授将赦免制度的利弊之争总结为三点：(1)赦免是宽容还是纵容；(2)赦免是补救还是破坏；(3)赦免是人治还是法治。陈教授认为，对于赦免制度的优点和缺点都应当理性对待，优点客观存在，弊端不可忽视，关键是把握一个适当的度，应当慎用赦免而不是滥用，否则赦免就会变成一种恶。具体内容参见陈兴良：《本体刑法学》，商务印书馆 2001 年版，第 889 ~ 891 页。

件视每次事件的具体情况而定。

大赦的对象既可能是整个国家某一时期的各种罪犯，也可能是某一地区的特定罪犯或者全体罪犯，还可能是某一事件的全体罪犯，如卷入一些事件中的政治犯。

2. 大赦的效力

在所有赦免制度中，大赦的效力是最大的，也是最彻底的。其主要表现有：如果是正在侦查或者提起诉讼的，应作撤销案件或者不起诉处理，求刑权归于消灭；已受罪刑宣告的，其宣告无效；如果是正在执行刑罚的，其罪刑均告消灭。受大赦赦免者，刑与罪全部消灭，原所犯之罪不能作为累犯成立的条件，也不能视为前科。

（四）特赦

特赦是指对受罪刑宣告的特定犯罪人免于追诉或者免除其刑罚执行的制度。

1. 特赦的对象

特赦只针对特定的犯罪人实行赦免。

2. 特赦的效力

关于特赦的效力，各国的规定有所不同。通常有两种类型：一种是特赦的效力及于罪和刑，它既可以使罪犯所受到的有罪宣告归于无效，也可以使其刑罚归于消灭。如果特赦后再犯罪，被赦免之罪不能成为累犯成立的条件。另一种是特赦的效力只及于刑，而不及于罪。即特赦只是对所宣告的尚未开始执行或者尚未执行完毕的刑罚予以免除，而不能使所宣告的罪消失。如果特赦后再犯罪，被特赦之罪可以成为累犯成立的条件。我国的特赦属于第二种类型。也有些国家同时采用双制，实行普通特赦和特别特赦。普通特赦的效力只及于刑，不及于罪；特殊特赦的效力及于刑，也及于罪。

三、因复权而导致的刑罚消灭

复权是指对于被判处资格刑的犯罪人，当其具备法律规定的条件时，审判机关提前恢复其被剥夺的权利或者资格的制度。

（一）复权适用的对象

复权的适用对象是因受资格刑宣告而丧失一定权利或者资格的犯罪人。被判处其他类型刑罚的犯罪人因其权利或者资格未受剥夺而不适用复权。

（二）复权的条件

通常情况下，复权需具备两方面的条件：(1)时间条件。时间条件要求复权必须是在资格刑执行了一定的时间后才可提起。在时间长短的确定上主要有两种方式:一是比例制,即犯罪人丧失某种资格或者被剥夺某种权利必须达到原判资格刑的一定比例才可以提出复权申请;二是定期制,即无论原判资格刑的时间长短,只要达到法律所规定的实际被剥夺权利或者丧失资格的时间就可提出复权申请。相对而言,比例制具有较大的合理性,为多数国家所采用。(2)个人表现。对犯罪人适用复权,需犯罪人具有一定的表现。个人表现由于资格刑内容的不同而有差异。除从整体上要求必须遵纪守法、能积极履行特定法律义务等以外,还包括:对于剥夺公职的人员要求行为表现良好,足以认定其具有恢复其公职的各种条件;对于被剥夺亲权的犯罪人则要求恢复其权利或资格,不会有重犯之虞;对于被禁业者,要求其行为表现足以认定其无再滥用之虞等。

(三)复权的效力

复权实际上是对刑的消灭,其罪并未消灭,权利和资格的恢复并不会影响以后所犯罪行成立累犯。只不过其消灭方式相较于其他刑罚的消灭方式特殊而已。其他刑罚的消灭是停止执行,而复权则表现为权利和资格的恢复。

四、因前科消灭而导致的刑罚消灭

前科消灭是一项特殊的刑罚消灭制度,与其他刑罚消灭制度不同,前科消灭的不是求刑权或者刑罚执行权,而是对刑罚后遗效果的消除。但因这种后遗效果的消除会影响到后罪的裁量,所以学者们都将前科消灭放在刑罚消灭部分予以研究。①

(一)前科

前科是指曾经被宣告犯有罪行或者被判处刑罚的事实。前科制度对于打击和预防顽危犯罪分子有一定的作用。

1. 前科的效力

前科会引起两种不同类型的法律后果:一种是民法或行政法上的后果。例如,我国《法官法》《检察官法》《人民警察法》《教师法》等几部法律中,都有因受过刑事处罚而不得担任法官、检察官、警察和不得取得教师资格等的规定。另一种是刑法上的后果,主要表现为在一定范围内构成累犯,属从重情节。我国刑事立法中未规定和承认前科消灭制度,但如前所列举的相关规定,在司法实践中虽无前科之名,却行前科之实。

---

① 前科在大多数国家是累犯成立的条件之一,而累犯通常又是法定的从重情节。前科消灭后,累犯不成立,法院对于后罪不得从重处刑,因此前科消灭在某种程度上是对刑罚裁量权进行了限制。

2. 前科的弊端

前科的永久存续在无形中形成了对前科者参与正常社会活动的制度阻隔，一系列资格与权利的限制或剥夺以及社会的歧视、不信任使前科人员成了社会的“局外人”，无法成为市场活动的真正主体。例如，社会对前科人员就业的歧视、排斥，许多行业与职业成了前科人员永远无法进入的领域，对于这些行业和职业，法律甚至明令禁止前科人员得到这样的就业机会，这显然与市场规律以及市场经济的客观内在需求是不相一致的。

前科制度主要是为了更好地发挥刑罚的个别预防功能而创设，但是，前科制度的存在却使一部分人被贴上了犯罪的标签，影响到其顺利回归社会，导致一部分人因此而走上重新犯罪的道路，从而使前科制度在适用过程中产生目的和手段之间的矛盾，即求之于个别预防，却又失之于个别预防。另外，理论界和实践部门强烈呼吁加强对出狱人的社会保护，前科的存在使刑释人员在上学、就业、择偶、迁居等方面困难重重，对出狱人进行保护的强烈意愿却难以突破前科制度编制的藩篱，极大地增加了其复归社会的难度，也使监狱对其所作的各种改造工作的效力大打折扣，影响到监狱刑罚执行效益的最大化。

因此，为了更好地发挥保留前科的积极作用，抑制保留前科的消极因素，当今世界各国已广泛地采用前科消灭制度。

（二）前科消灭

前科消灭是指曾受过有罪宣告或受过刑事处罚的人在具备法定条件时，国家抹销其犯罪记录，使其复归社会的不利状况消失，恢复正常法律地位的一种刑事法律制度。

1. 前科消灭的条件

通常情况下，前科消灭需具备两方面的条件：一是时间条件。这是前科消灭的形式性条件。时间条件要求前科的消灭必须是在有罪宣告或者服刑期满或者被赦免之后经过一定的时间才可提起。各国立法均是根据原判刑罚的轻重来确定前科消灭成立的时间条件。罪轻者，前科消灭所需时间相对较短；罪重者，前科消灭所需时间相对较长。二是个人表现。前科消灭制度是为鼓励犯罪人接受法律惩罚和积极改造所设立，个人的表现是是否对其消灭前科的实质性条件。个人表现主要考核日常行为是否合法、是否能积极履行特定法律义务等方面。

还有一些国家对此做了特殊的规定，如一些国家对于犯有国事罪或者其他严重罪行的刑事犯罪人永远保留其前科，有的国家的前科消灭制度只适用于刑轻者，刑重者永远保留前科。

2. 前科消灭的效力

前科一旦消灭，罪刑记录也就一笔勾销，行为人在法律上被视为从未犯过罪。从刑事法律的意义上来说，“前科消灭”意味着再次犯罪不会成为累犯、再犯，不会因此有从重情节。从民事意义上来说，所有因前科而限制、剥夺的权利则全部恢复。这种制度有利于消除社会矛盾，化消极因素为积极因素。

前科消灭的效力表现在：(1)罪、刑记录一并取消，行为人在法律上也就视同为未犯过罪的人，人事档案中不再做有关记载。(2)不再履行前科报告义务，即曾依法受到刑事处罚而构成前科的人，在入伍、就业的时候无须向单位报告自己曾受到刑事处罚的事实。(3)因前科而引起的刑法上的不利后果消灭，即被消灭前科的人再次犯罪时，不构成累犯、再犯；在量刑时，曾经被定罪量刑的事实亦不再作为量刑中考虑的情节。(4)因前科所引起的民事、行政上的不利后果消灭，即前科被消灭的人和普通人一样依法平等地享有各种权利，所有因前科被限制、剥夺的权利全部恢复。(5)任何企事业单位、机关、团体或者个人，不得以当事人曾经有前科为由，对其入伍、就业、求学、担任公职等采取歧视待遇。①

3. 前科消灭的程序

关于前科消灭的程序，各国法律一般规定，由具有前科的人或者其所在的社会团体向原审法院提出消灭前科的申请，原审法院根据申请，审查具有前科者在法定期限内的个人表现，作出是否撤销前科的决定。

(三)前科消灭制度对我国监狱行刑活动的影响

前科消灭制度主要是针对受过罪刑宣告或者实际受过刑罚处罚的人，它对监狱的行刑活动有较大的影响。我国目前政治、经济形势以及法治的发展状况已为前科消灭制度的成长提供了肥沃的土壤，并且在司法实践中有强力的需求。2003年12月，河北省石家庄市长安区法院提出的《未成年人前科消灭实施办法》，以及2009年12月四川省彭州市法院与彭州检察院、公安局、司法局共同会签《关于未成年人“前科消灭”制度实施办法》，②通过前科消灭的办法，将感性的道义与刚性的法律相融合，为部分已改恶从善的前科者提供发展的空间。这一制度顺应了司法文明的大趋势，立法机关应当对此作出积极的建设性回应，尽快在刑事立法中构建有中国特色的前科消灭制度。前科消灭制度至少在以下两个方面会影响到监狱的刑罚执行：

---

① 骆轶：《前科消灭制度在基层法院适用可行性研究》，载法律之星，http://www.law-star.com/cacnew/200812/215027565.htm。

② 《成都少年审判 五招“烩”出四川特色》，载《人民法院报》2010年5月18日，第8版。

1. 刑释人员在服刑期间的表现是决定是否消灭其前科的重要依据

前科消灭的效力是在对某人刑罚执行完毕以后发挥,但是,刑释人员在服刑期间的表现应当是决定是否对其消灭前科的重要依据之一。在实行前科消灭的国家中,对于前科消灭的适用对象的规定通常有两方面:(1)不能适用前科消灭的情形,如犯有国事罪和严重刑事犯罪的人。(2)可以适用前科消灭的情形,主要是结合拟适用对象在刑罚执行完毕以后的一段时间内,如果其行为达到法律规定的标准,就可以向法院提出消灭其前科的申请。当前的前科消灭制度中,一种是刑罚执行完毕就可以消灭前科,另一种是在刑罚执行完毕后经过一段时间的检验,如果达到规定条件才可以申请消灭前科。在执行完毕就可以消灭前科的情形中,执行期间的表现是适用前科消灭的决定性因素。不仅如此,对于在监狱内执行刑罚的服刑人员而言,其人身危险性的降低和社会适应能力的提高,是其刑释后能否在一定时间达到法律所规定的消灭前科条件的基本保证。因此,应当将监狱在刑罚执行期间对服刑人员在此两方面的考核结果作为是否消灭其前科的基本依据之一。

2. 前科消灭制度在监狱贯彻执行宽严相济的刑事政策过程中,可以丰富罪犯考核的手段,对罪犯起到最大限度的激励作用

当前我国监狱对罪犯的考核制度中,对罪犯最有吸引力的是那些能够改变刑期或者刑罚执行方式的奖励,如减刑、假释、离监探亲等,考核的方式主要是单纯的以分论奖。这些奖励措施让罪犯着眼于当下眼前,但也使罪犯功利服刑思想严重。前科消灭可以对当事人产生一系列积极的法律后果,这些后果对于服刑人员而言是梦寐以求的,它将成为激励罪犯的极大动力。相较于当前的狱内考核内容而言,其对罪犯影响更深远,具有更强有力的牵引作用。

(四)关于前科消灭制度在监狱行刑中运作的构想

其一,在罪犯出监管理阶段,刑释人员可以向人民法院提出消灭其前科的申请。监狱根据对罪犯考核的结果,对刑释人员整个服刑过程作出客观准确的出监鉴定结论。人民法院则根据监狱的鉴定结论,决定何时对其适用前科消灭。其具体程序的构建,可以参照假释制度。

其二,监狱在给刑释人员办理释放手续时,应根据人民法院的决定,在罪犯释放证明中注明是否要消灭前科、前科存续的期间等。公安机关据此进行户籍登记及其管理。

五、因犯罪人死亡而导致的刑罚消灭

犯罪人包括自然人和法人两种。无论自然人还是法人,主体的死亡都会导致

刑罚执行因对象的缺失而归于消灭。但是，自然人毕竟不同于法人，二者在法律上的死亡有不同的形式和标准，犯罪自然人和犯罪法人在此方面所导致的刑罚消灭也存在一定的差异。

（一）犯罪自然人死亡导致的刑罚消灭

犯罪自然人死亡是指实施了犯罪的自然人的生命已经结束。关于死亡的标准问题经历了一个从呼吸停止说，到心肺功能停止说，再到现在的脑死亡说这样一个变迁过程。目前世界上很大一部分国家采用脑死亡的标准来确定自然人生命的结束；还有一部分国家仍以心肺功能停止作为确定自然人死亡的标准。从我国医学技术发展水平来看，我国已完全具备更新死亡标准的条件，我国法学理论界也对脑死亡标准广泛认同，但是立法上却迟迟没有确立之。

自然人死亡后，作为刑事法律关系主体的一方已不复存在，刑罚自然归于消灭。犯罪自然人在起诉前死亡的，刑罚请求权归于消灭；在审判过程中犯罪自然人死亡的，刑罚裁量权归于消灭；在刑罚执行期间犯罪自然人死亡的，刑罚执行权归于消灭。

犯罪自然人在判决确定后死亡的，判决所确定的尚未执行的财产刑是否也归于消灭，不予执行呢？理论界对此有不同的观点。赞成论认为，自然人死亡，原判决中尚未执行完毕的财产刑就不再执行。① 反对论认为，在科处刑罚的判决确定后，犯罪人服刑前或者服刑中死亡的，其全部或未执行部分刑罚的行刑权自然归于消灭，但是有些财产刑如没收财产等仍可执行。② 后者具有较大的合理性。因为财产权毕竟和生命权、人身自由权、资格等权益不同，后几种权益对生命本身有着强烈的依附性，因为生命是其载体；而财产权对于生命的依附性相较而言较弱，即使生命不存在，死亡犯罪人所遗留的财产仍然具有被执行的可能性和现实性。因此，犯罪自然人死亡后，其尚未执行完毕的财产刑仍然可以执行，除非死亡犯罪人的个人财产已经没有任何剩余。

（二）犯罪法人死亡导致的刑罚消灭

法人死亡与自然人死亡不同，自然人是生物生命有机体的消亡，而法人死亡则是社会有机体的消亡。根据法律规定，法人死亡的形式有破产、依法被撤销和解散三种。法人犯罪后如果被宣告破产，或者依法被撤销、解散，则都意味着法人已经死亡。无论哪一种形式的死亡，犯罪法人死亡这一事实都会导致刑罚权的消灭。

---

① 马克昌主编：《刑罚通论》，武汉大学出版社 1999 年版，第 724 ~ 725 页。

② 赵秉志、吴振兴主编：《刑法学通论》，高等教育出版社 1993 年版，第 469 页。

这里也有一个需要注意的问题，即犯罪的法人死亡后，在法人犯罪中负有直接责任的主管人员和其他责任人员的刑事责任是否能够免除呢？也就是说，法人死亡是否就意味着刑罚对于这些人也宣告消灭呢？当前，世界范围内对于法人犯罪通常都实行双罚制，即既对犯罪的法人予以刑罚处罚，又对在法人犯罪中负有直接责任的相关人员予以刑罚处罚。双罚制存在的本身就表明，法律认为法人和自然人属不同类型的主体，不能等同视之。因此，当犯罪法人死亡时，只意味着国家对于犯罪法人刑罚权的消灭，而对在法人犯罪中负有直接责任的其他相关人员的刑罚权依然存在，除非其死亡。

—— 思考题 ——

1. 简述刑罚消灭的概念及特点。
2. 刑罚消灭的情形有哪些？
3. 简述时效的概念、种类及确立的依据。
4. 简述前科及前科消灭的概念及效力。
5. 简述赦免制度的种类和赦免制度的优缺点。
6. 如何理解刑罚学中的犯罪人死亡？